写意画大师

李苦禅及其艺术

徐志兴 著

南方日报出版社
NANFANG DAILY PRESS
中国·广州

图书在版编目（CIP）数据

写意画大师李苦禅及其艺术 / 徐志兴著. -- 广州 : 南方日报出版社, 2011.12

ISBN 978-7-5491-0246-4

Ⅰ. ①写… Ⅱ. ①徐… Ⅲ. ①李苦禅（1899～1983）－评传 Ⅳ. ①K825.72

中国版本图书馆CIP数据核字(2011)第174126号

写意画大师李苦禅及其艺术 徐志兴 著

出版发行：南方日报出版社

地　　址：广州市广州大道中289号

电　　话：（020）83000502

经　　销：全国新华书店

印　　刷：广州市岭美彩印有限公司

开　　本：787mm×1092mm　1/16

印　　张：16.75

字　　数：280千字

版　　次：2011年12月第1版

印　　次：2011年12月第1次印刷

定　　价：38.00元

投稿热线：（020）83000503　读者热线：（020）83000502

网址：http://nf.nfdaily.cn/press/

发现印装质量问题，影响阅读，请与承印厂联系调换

目录

自序

著名剧作家曹禺在《李苦禅画集·序》中写道：

苦禅老人的一生，我听到过许多传说。在我的头脑中，他仿佛是一个传奇式的人物。他画得一手好画，写得一手好字，还练得一身武艺。他拉过人力车，唱过大戏，听说他扮演“铁笼山”的姜维，还唱得很好。他读过很多书，但却没有迂腐气。他是一个有血性的山东汉子，在街上打抱不平，火气上来便会把欺压百姓的恶棍痛打一顿……。因此，他经历着种种人生的磨难，受过异常的痛苦，在风云变幻的苍穹下前进着。

那时我还没见过苦禅先生，然而，想到他，我往往会联想到司马迁“游侠列传”中的人物。他引起我很多的想象，在我心里他是活生生的。

对于他，我仿佛有一种心灵上的向往。他于旧社会不容，于恶事物不容。他用他的笔描绘着大自然，是那么神灵！我有时想象着他的样子，必定是力大无比的壮士。苦禅老先生是山东人，我总觉得山东人民的剽悍、朴实，一定集于老人之身。

在我的想象中，苦禅先生是雄壮之美的化身。

李苦禅先生的一生确如曹禺先生所说是“传奇”的一生，是经历了种种磨难的一生。他能文、能武，能书、能画，能拉车、能唱戏、“读过很多书”却不迂腐；他如司马迁“游侠列传”中的人物，路见不平，拔刀相助；他“于旧社会不容，于恶事物不容”；他“能好人，能恶人”，爱憎分明；对于各种苦难与磨砺，他总是坦然大度，虚怀若谷，他直率、爽快、朴实、坚强、乐观，他的艺术已与他刚正豪放的人格融为一体——“是雄壮之美的化身”。

老子于《道德经》有云："死而不亡者寿。"一位艺术家身殁之后，其道犹存，其艺犹存，是谓真正的寿者。我认为，一代写意画大师李苦禅先生即是这样一位寿者。其高尚的人品广为流传，其卓妙的艺术与时俱进，其人、其事、其书、其画，在人们的视野中，愈来愈加鲜活、闪光、耀眼，且深入人心。他就像他笔下的雄鹰，"泰而不骄，威而不猛"（《论语·尧曰》第十二）；他就像他笔下的劲竹，豪气高节，云水胸襟；他的艺术犹如他的为人、犹如他笔下的荷花散发着无尽的妙香，回荡在时代的天地里、人们的心田里……

苦禅先生的人格可用三个字概括："直、方、大"（《易经·坤卦》第二）——正直而真率、端方而朴厚、宏大而笃实。他常于危难之际，舍己救人、扶贫救弱；即便在日本鬼子的严刑拷打之下，他也是大义凛然、刚正不阿；为保护党的地下组织与同志，他置生死于度外，视死如归。对自己的学生，他则是倍加呵护：生活有困难者、学费交不上者、因参加进步活动而受处分者，他都毫不犹豫地出手相助。在杭州艺专时，因帮助进步学生而被解除公职，他也在所不惜。对校内外学生，他从来都是热情接纳，尽心教导，"有教无类"——讲解、演示、赠画，几欲将己所知，全部传授学生。苦禅先生曾说："孔子云：'四海之内皆兄弟也。'既为兄弟，何能有私。能助人之困、急人所需、成人所想，哪怕只是点滴小事，我也感到欣慰。"还说："国家民族有难，人人都应该挺身而出，乃至献出自己的生命。"苦禅先生以助人为乐为好尚，以国家兴亡为己任，却从不自我炫耀，故益加显示他人格的朴厚与高尚，令人崇敬，令人难忘。如《道德经》所说："不自见，故明；不自是，故彰；不自伐，故有功；不自矜，故长。"（《道德经·二十二章》）

艺术家的人格与其艺术是相互渗透的，特别是人格对艺术产生着决定性的重要影响。苦禅先生人格中所具有的"直、方、大"的特征溢于其作品中则表现为刚正、朴厚与大气磅礴的阳刚之美。再加上苦禅先生于艺术领域里的广泛才华：能书、能画（中与西）、能诗、能文、能武术、能京剧——文武兼备、学贯中西，遂使其绘画非止于技，而达于道。他是以禅入画、以易入画，以孔孟老庄入画，他将诗、书、武、戏皆融入画幅之中。有独到之修养者，必有独到之艺术，内涵而物化，物化而展示其精神、气质与情操，遂形成其独有的艺术风格。因此我们说，先生是“以一管之笔，拟太虚之体”（王微《叙画》）；是以不似之似之意象，映现无形之大象与无边之大境。故其画能以其特有的大气魄、大境界感人肺腑且令人味之无穷，这在中国近现代绘画史上是十分令人瞩目的。

李苦禅先生无论是人格还是艺格都已攀上了时代的高峰，故愈来愈被时人所称道。或有誉之为“人民艺术家”、“爱国艺术家”，抑或“写意画大师”及“一代写意画宗师”等等，皆说明了他在人民当中所产生的深远影响。今天我们评述苦禅先生，其对我们最大的人生启示正在于他所具有的非同一般的人格与艺格——壮美的人格产生壮美的艺格，伟大的爱国主义精神产生具有强烈民族风格的伟大的艺术。下面我们将从道德、艺术及教育等三个方面，介绍先生为后人所留下的精神财富与艺术遗产。

李苦禅先生生前是我的一位授业恩师，其热情的教诲、无私的品德及气势磅礴的画风，都时时影响着我，昭示着我，启迪着我，其音容笑貌常常浮现在我的眼前……。我爱老师的艺术，更爱老师的为人——老师对人、对艺、对天地万物所表现出的那份坦率、素朴与真诚。这本书一方面固然表达了我对老师由衷的追思、怀念与评价，但与此同时，我却更希望老师那可敬的爱国主义精神、爱民族文化的无私情怀以及“仁者爱人”的高尚品格，能在后代艺术家中得到承传，得到发扬。愈来愈多的人已经明白了这样一个道理：唯有民族的，才是世界的。一切真正的艺术唯有根植在自己国家、自己民族的土壤里，才能在世界艺术的园林之中放射出灿烂的、夺目的光芒，才能像苦禅老师所说的那样：

“不负先祖，不失气节，精诚共进，铭耻奋志。自可续千秋余烈，开我中华今后千百年宏巍大业，与日月恒明！”

上篇

道德立身，仁义铸风骨

——李苦禅的人格气魄

孔子曾说：『志于道，据于德，依于仁，游于艺。』（《论语·述而》第七）道乃天地万物之本，能明识大道者，自能展示出高尚之『德』与良善之『仁』，而于各种艺事的学习与把握中，亦能不断进入自然无为的美的艺术境界。苦禅先生为捍卫人间正道，曾不屈不挠，终生不懈。苦禅先生于人品与艺品上都表现出了『临大节而不可夺也』的阔大气魄。

苦禅先生的艺术体现了他的人品，那他的人品是怎样形成的？他的民族气节、爱国情怀与传统文化精神有何内在联系？他为什么能从一个贫苦农民的儿子成长为堪与徐渭、八大、吴昌硕、齐白石相比肩的一代大师？

这一系列问题绝非三言两语所能说清的，苦禅老师的一生几乎贯穿在整个二十世纪，他的脚步、他的坎坷、他的磨难，与整个国家、整个民族的风云变幻是息息相关的，他的典型性、代表性是当代一切画家中屈指可数的，故对他的研究是很有意义的。为了说清其人品与艺品成长发展的整个脉络，我们必须从他童年的成长环境、所受的影响及其兴趣爱好讲起。

1899年1月11日，一代写意画大师李苦禅先生出生在山东省高唐县西30里李奇庄的一户贫苦农家。他刚一落地，父亲就不住叹道："今年收成不济，又添了一口子人，往后吃什么？唉，辈辈苦啊！"老奶奶却异常兴奋，一边亲着小孙孙，一边对儿子说："天无绝人之路，这孩子俺替你养。古来小庄小户出过多少英雄豪杰，俺这孙孙将来准有大出息。他是英字辈的，就叫他李英杰，长大了一定能成为英雄豪杰。"爷爷也说："每一根草上都顶有一颗露珠，每一个人都有自己的一片天地，天底下还是穷人多，穷人一样金贵，一样能做大事。"爷爷和奶奶颇有些预言家的气派，希望自己的孙孙将来能"做大事"，"有大出息"，"成为英雄豪杰"式的人物，而这孙孙在日后的人生道路上也果然没有辜负老人们的厚望、预言与期待，终于以自己惊人的毅力，真的为国家、为社会、为民族做出了一番惊天动地的事业。

当英杰离开襁褓，刚能迈开双脚跟着娘和奶奶到处活动的时候，他最喜欢做的一件事，便是捕捉小动物，比如蚂蚱、蝉、蝈蝈等。他把它们放到自己的瓶子里。他常趴在草地上，看着瓶子里的动物小朋友，它们透亮的翅膀，它们不同的体态，甚至一抬腿一伸足，都能引起他浓厚的兴趣。年龄稍大一点，他便拿起树枝、瓦片或木炭条，在地上、石板上、墙上和门上，照着小虫的样子，画得到处都是。开始画不像，渐渐便有几分像的意思。爷爷奶奶都高兴得合不拢嘴，逢人便说："俺英杰将来一定能当教书先生，跟俺不一样。"

自孩提时代，英杰即流露出对艺术非同一般的求知欲与表现欲。他非常喜爱李奇庄古庙里的泥塑神像和壁画，他常常看得着迷，其中不仅有美丽的历史神话故事，而且每一个人物、场景都塑画得十分生动，像四大天王、文武财神、《虎牢关三英战吕布》、《关云长过五关斩六将》、《岳武穆精忠报国》及《二十四孝图》等。

有一天，一群乡村艺人被请来修复古庙内的雕塑与壁画，他们在院子里搭起了席棚。小英杰十分好奇，但大人不让他靠近，并说："别看！把你的像画去，魂摄去，你就见不到爹娘啦。"可英杰并不怕，他还是偷偷地看到了席棚里的秘密：艺人们在一副副木架上捆上草把，又糊上泥，经过他们灵巧双手的制作，草把便神奇地变换成一尊尊威严无比的神像，白色的庙墙上也多了许多色彩缤纷的释道人物及民间故事形象。小英杰觉得叔叔和爷爷们手中的画笔奇妙极了，没用几天工夫，整个庙宇即焕然一新。当时在庙里负责重修塑像和壁画的李宾爷爷，是英杰远房的亲戚，他见英杰对画画非常痴迷，便常给他讲些有趣的壁画故事及作画的一些基本方法，遂成了英杰绘画上最早的启蒙老师。当英杰目睹老人为增福财神描金填彩时，他心里便想："多美啊，我要是能画该多好啊！"在那生活十分贫困的岁月里，他家连饭都吃不饱，哪有钱给他买纸笔呢？懂事的英杰便以自己独有的方式开始学画：大地作纸，树枝为笔，对着李宾爷爷的作品照着画；画了擦，擦了画，直到满意为止。他学画人物、花鸟及各种珍禽异兽，画好便请李宾爷爷指导。老人每次总是先夸奖他一番，然后指出不足，帮他修改。

一次，英杰在老人的带领下，走进大殿，观看了刚刚刷过油彩的关公塑像：卧蚕眉，丹凤眼，赤面长髯，绿袍金甲，不怒而威，犹如一尊天神注视着人间的善善恶恶与种种不平。老人给英杰讲了"过五关斩六将"、"岳武穆大败金兀术"、"散财童子助穷人"及其他一些故事。渐渐地，关羽之"义"、岳飞之"忠"以及散财童子之"无私"，便悄悄地在幼年英杰的心田里播下了种子。英杰常常是一边听着老人的谆谆教诲，一边仔细地观看着老人作画的过程与技法，他把抹墙、拍粉本、勾线、罩色、退晕、着色乃至堆金立粉这些绘制壁画的复杂工序流程都一一记在了心上。

"开光"的日子——也就是庆祝庙宇重修竣工的日子终于到了。庙前搭起了大戏台，周围十里八乡的男女老少都来了，比过年过节还要热闹。活动达到了最高潮时，新塑神像眼上蒙的大白颜料被擦掉，露出了黑琉璃做的眼珠，闪闪发光，顿时赢得了在场观众的一片喝彩。小英杰跟着爷爷，享受着出生以来的第一次文化艺术大餐。那“开光”时的盛况，那令人振奋的锣鼓，那舞动的刀枪，那耀眼的“行头”，那高亢的唱腔，那涌动的人群，不断的叫好声、欢呼声……从戏台到庙堂，从壁画到雕塑，一切仿佛都是那么奇妙、那么不可思议，这些在英杰的眼里都像神话一样美丽。

英杰除了喜欢画画、喜欢看大戏之外，还特别喜爱武术。这大概与水浒英雄故事在这一带所留下的影响有着十分密切的关系。像柴进大闹高唐州、景阳冈武松打虎、花和尚倒拔垂杨柳等脍炙人口的故事，一直在瓜棚农舍口耳相传。父亲就常对英杰说：“你画画有什么用？不如学点拳脚，像武松一样，还能打虎，为老百姓除害。”英杰的回答则是：“画画、学武俺都要！”英杰常常跟庄上的大哥哥们学上一招半式，或者依照壁画上及舞台上的人物模仿着各种不同的功夫动作。只要哪里一演大戏，爷爷就会带着他去看，舞台上那些武将的形象最能打动他那幼小的心灵：义重于山的关羽，精忠报国的岳飞，还有那拔山撼岳的楚霸王项羽……那一身身行头穿戴所展示的雄姿，那挥舞刀枪所表现的豪气，那锣鼓、京胡、唱腔，他一一铭记心中，终生难忘。

英杰八岁时背着娘缝制的书包，由爷爷领着高高兴兴地进了村学。学校里用的是《千字文》、《百家姓》与《三字经》等教材。英杰面对着打开的课本，仿佛面前出现了一个自己从未见过的奇妙世界。书上有字有画，那字可认、可念、可写，可以编织出一个又一个美丽的故事；那画有自己常见的鸡鸭猫狗、花鸟虫鱼、山水房屋，还有舞台上的戏剧人物等。英杰在学校里，除了跟先生学字念书之外，就是画画。以前是用树枝、瓦片和炭条，在地上、石板上或是墙上画；现在不同了，自己有纸有笔，可以用笔在纸上画了。他高兴极了，他可以尽

《清白图》 1980年

情地描摹书本上的人物、动物以及花鸟树石等各种形象。下课时，小伙伴们拉他出去玩耍，他也不感兴趣，他最感兴趣的是画画，是用自己的手、自己的笔画出自己最喜爱的各种人和物，他完全沉浸在自己最美妙的图画世界里。

一次，先生讲完课，对学生们说：“大家先念课文，我去去就来。”说完便离开教室。一个学生悄悄地在后面跟了出去，看先生走远，便跑回来对大家说：“先生走亲戚去了，我们可以出去玩啦！”许多学生便一哄而散。英杰见其他人都离开教室，便拿出纸来开始画他的画。不一会，学生们突然纷纷跑回教室，只见先生怒气冲冲走到讲桌前大声说道：“我才出去一会，你们就坐不住了！跑出去玩，你们这样能有出息吗？你们对得起你们的爹娘、你们的爷爷奶奶吗？”先生让所有出去玩、没留在教室里背书的学生都站起来。出去玩的学生站起来自不必说，英杰呢？他想：我没有出去玩，但却没有在教室里背书，应该站起来，不能欺骗先生。先生见英杰也在所站起的学生之列，不解地说："怎么，你也没背书？你平时不是这样的……"

所有同学都一一到先生面前背书，进了教室，唯有英杰还在外边。先生颇感诧异，他走出教室，见英杰正蹲在墙边，手里拿着树枝好像在非常专心地画着什么，近前一看：画的是墙上的壁画人物关羽、岳飞等，而且画得很好！先生原来很生气，觉得这学生太不听话，让背书却在此玩了起来。现在看到此学生竟有如此美术天分，可喜啊！先生微笑着说："英杰，你的书背会了吗？"英杰不好意思地站了起来答道："先生对不起，我背给先生听。"英杰很流畅地把书背了一遍，先生听过很高兴，说道："很不错！英杰，你的画画得也很好，继续努力，将来会有大出息。画画方面，我辅导不了你，不过，我可以辅导你学习书法。学好书法，对学画也会有很大帮助的。"

在先生的指导下，再加上自己的勤学苦练，英杰的书法很见长进，无论是笔法还是字的间架结构，都颇有帖意，十分可观了。一到过年，他就忙着给十里八乡的亲朋邻里写对联，就连找先生写的对联也常常由他代笔。英杰的大字书法被乡亲们贴到大门上，他爷爷奶奶和爹娘看到甭提有多高兴啦。他爹以前最不喜欢他到处乱画，说他画画没出息，今天也高高兴兴地贴上了自己儿子写的对联和画的五彩年画——《桃园三结义》与《岳母刺字》。

英杰对村学里这位年长的先生愈来愈尊重了，先生不仅学识渊博，爱生如子，且为人谦和，德高望重。他曾在关键时刻，说服英杰爹娘继续送英杰报考高级小学，千万不要耽误了孩子的前程。先生还常常给学生们讲堂邑武训爷爷的故事，英杰听后尤为感动。他想：武训爷爷用自己乞讨的钱办了四所义学，广纳穷苦弟子，为的是让穷人的孩子都能念上书，免得以后继续受苦受穷，这品格是何等高尚！英杰继而想到自己的爷爷、奶奶和爹娘，他们为了让自己上学，节衣缩食，自己不好好念书能对得起他们吗？英杰从童年时期，就在心目中树立了自己终生学习的偶像："义"字当头的关羽、以"忠"报国的岳飞及舍己助人、兴办义学的武训，他尊敬他们，觉得他们是了不起的英雄人物，是自己终身效仿的榜样。

村学的课程学完以后，英杰以第二名的优异成绩，被高唐县高级小学录取。之后又于1915年以拔尖的学习成绩，被保送进入了山东省立聊城二中。

在聊城二中上学期间，英杰生活得十分艰难，常常吃不饱，有时甚至饿着肚子上课。为了不给家庭增加负担，他尽量节衣缩食，吃点凉饼，喝点生水。他还常利用课余时间外出帮工：帮小贩拉车、帮农民挑担、帮车夫装货卸货、帮老人推磨，从事各种活计。有好心人给一两个铜板、一卷煎饼大葱、两块白薯、几个萝卜或一包咸菜，他都表示感谢。有时候什么也没给，他仍旧尽力相助。他生活上虽然艰苦，但学习上却从不懈怠。课上老师对他回答问题的表现最为满意，门门功课的成绩都非常出色。班上一帮富家子弟嫉妒他，嘲笑他家境贫寒，破衣烂衫，还嘲笑他外出帮工，"败坏学风"，给学校"丢脸"。英杰开始时，毫不介意，也全不放在心上。后来听他们说得多了，便写了两首诗作为回敬：

一

纨绔子弟富而骄，华服彰身自觉荣。
俯视一切逞狂妄，金玉其外腹中空。

二

丈夫自有凌云志，不与俗子较短长。
士子任重而道远，无暇羡人文绣裳。

字里行间，充分显示了英杰的宽阔胸怀及崇高志向。孔夫子的一句话一直回荡在他的耳际："士志于道，而耻恶衣恶食者，未足与议也。"（《论语·里仁》第四）自己既已立志于天地大道与人间正道，立志于像关羽一样忠义处世，像岳飞一样精忠报国，像武训一样舍己为人，怎能以旧衣粗食为耻呢？又怎能与计较衣食的凡夫俗子一般见识呢？他认为自己应像唐代著名诗人王勃所说的那样："穷且益坚，不坠青云之志。"穷并不可怕，只要在穷困的环境中有坚定不移的青云般的崇高志向，就一定能够战胜一切艰难险阻，实现自己的理想与愿望。对李英杰，国文老师陈月霖曾在他的作文批语中赞道："此仁厚者！志气不群，前途无量，学生英杰不仅文学美术见长也。"校长王祝晨在全校大会上也经常告诫学生们：要刻苦学习，报效祖国；不要好逸恶劳，贪图享受，瞧不起劳动与劳动人民。他还告诉大家，北京等大城市有学生出国留洋，皆靠勤工俭学维持学业，这种精神与做法是值得大家学习与仿效的。

自此以后，再也无人讥笑英杰了，英杰亦不计前嫌，依然如故地与所有同学和睦相处。于是，同学们对他就更加敬重了。有的同学还主动拿出钱来，希望能帮助他解决些生活上的困难，但他都一一谢绝了，他说同学们求学都很不容易，都是靠家庭的资助，他怎么能给别人的家庭增加负担呢？他一定要凭自己的能力与努力来解决一切。他生活得很艰难，但却很愉快，苦中有乐；苦即是乐，乐不思苦。他认为：没有苦，就没有乐；于苦中求得的乐，才是真正的快乐。若终日贪乐不休，无所事事，其何乐之有？苦不仅磨砺了他的意志，而且使他在苦中学到了知识，充实了自己，使他明白了：只要敢于吃苦，勇于奋斗，自己将永远是一位事业的成功者与胜利者。孔子曾经这样赞扬过他的学生颜回："贤哉，回也！一箪食，一瓢饮，在陋巷，人不堪其忧，回也不改其乐。贤哉，回也！"（《论语·雍也》第六）颜回于"陋巷"之中过着一贫如洗的

《秋雨连绵中》 1978年

"一箪食，一瓢饮"的穷苦生活，人皆"不堪其忧"，他却能不思其苦，不思其忧，"不改其乐"，不改其志。英杰认为颜回这种"以忧为乐"的伟大精神境界正是自己终身学习的榜样。

在此期间，有两位老师对他的影响与帮助最大，一位是绘画老师孙占群先生，一位是体育老师屠月三先生。

孙先生是当时山东颇有名气的花鸟画家，他对学生中美术成绩优秀者十分注意善加引导。孙先生通过对英杰的观察、了解，发现英杰不仅热爱美术、有较好的基础，而且善于用心，有相当高的悟性。从英杰的言谈之中，他知道英杰曾从民间艺人那里学过丰富的画法，并在日常的实践中练就了一定的写生能力。他决定从两个方面引导英杰继续深入，他对英杰说："你以后要强化对古代优秀传统的学习，特别是对一些名画家的学习。我这里有些画谱，你课外可随时来我处观看并临摹。另外，你的写生已经有了一定基础，但仍然很不够，还需要继续加强训练。写生不仅要训练眼准，还要强化手准；既要抓形，又要抓神。"从先生的一番话中，英杰不仅明确了自己前进的方向与道路，而且觉得遇到这样的好老师真是太幸运了，自己一定要把握好这个难得的机会，认真向老师学习，向老师请教。

自此以后，英杰时常到老师处或阅读画谱，或临摹古代名画，或把自己的画稿拿给老师指教。老师对他取得的进步一一作了肯定，对他画面上的不足之处也提出了具体纠正的方法，有时还亲自帮他修改某些局部。在孙先生的悉心辅导下，英杰不仅提高了绘画技法，更重要的是开阔了眼界，提高了对中国画的认识能力与审美能力。他到了先生的小画室，犹如进入了绘画的宝藏，他仔细翻阅了一些见所未见、闻所未闻的名人画谱及珂罗版画册：那高山大川，那英雄仕女，那花鸟虫鱼，在画家的笔下都栩栩如生、神妙无比。他除了细细地看，还在孙先生的指导下进行具体临摹。他开始对中国画的气韵、笔墨、色彩及构图，有了初步的认识与理解，并于实践中学到了中国画用笔、用墨、用色及构图的一些基本技法，他还特别向孙先生学习了画荷花的方法。一次，他在孙先生办公室临摹八大山人的荷花，当时天色已晚，他仍在挥毫不止。孙先生从外边回来，见此情状，便笑着说："英杰，看你都画迷了，天要黑了，怎么还不点灯？还没吃饭吧？"先生知道他尚未吃饭，便倒了一碗水，拿出煎饼、大葱甜酱，说道："英杰，快来吃饭吧！天不早啦。"英杰也没客气，接过煎饼就大口大口地吃起来。先生看了一下英杰临摹的荷花，称赞说："不错，有些意思。"先生还向英杰介绍了八大山人作品用笔用墨的方法与特征。英杰所喜爱的其他几位画家——石涛、扬州八怪及吴昌硕，先生也都做了些简略介绍。先生见英杰对绘画如此痴迷，已经到了废寝忘食的地步，感到这位青年日后的前途，一定不可限量。他拿出两本画册问道："英杰，你觉得八大山人、石涛、扬州八怪及吴昌硕的画作如何？"英杰答道："我总觉得他们的画很有情趣，很不一般，造型与笔墨很生动，构图也很别致。他们的画，是我不说话的先生。"先生又问："你有当画家的理想吗？"英杰道："不瞒先生说，小时做梦都在画画，都想当画家。先生，你看我能行么？"先生说："有其大志，又有其大行，一定会成功的！这两本清代名家画册送与你，愿你成为像他们一样的大画家。要记住：千里之行，始于足下，最后的硕果一定属于那些敢于苦斗与自强不息的人！"英杰手里捧着先生所赠画册，心里热乎乎的，他激动极了，他第一次拥有了属于自己的名人画册，他也是第一次听到有人祝愿他成为大画家，而且这祝愿者竟是一位有学问的教书先生。他激动地说道："谢谢先生，谢谢先生！我一定遵照先生的教诲刻苦学习，不断进取！"

由于英杰天资聪慧，又肯用功，故而能举一反三，触类旁通，于绘画上取得较大的进步。从其作于当年的三件存世作品《猫》、《鸡》、《鹤》来看，他已经较为熟练地掌握了中国画的基本技法，展示了一定的艺术表现力。

另一位对李英杰帮助颇大的，是体育老师屠月三先生。他擅长武术，为人坦诚而耿直。晨曦初露时，他常到校园后的小湖边练功。一次偶然的机会，英杰也发现了这个好的去处：这里古树参天，绿草如茵；林间莺燕嬉戏，曲径通幽；放眼望去，宽阔的湖面上，但见翠叶田田，荷花玉立；莲池里那阵阵清香不时飘来，实在令人心醉……所有这些在蓝天白云的映照下，仿佛一幅画卷，一首诗章，真是美不胜收！英杰不禁叹道："想不到这里竟有这样美的景色，犹如仙境！"他便决定日后常来此读书写生。

一天早上，晨光熹微，英杰信步向校园后边走，想看看湖畔清晨的景色。突然，他远远地发现湖畔空地上有人影晃动，只见那人矫如游龙，健似雄鹰，其快如飞，其急如电，正所谓：拳脚相合，不露空当。英杰见练武人已收住拳式，便禁不住喊了一声"好！"随后赶紧上前施礼："屠先生，我是低年级学生李英杰，看先生武术如此绝妙，甚为羡慕，故禁不住喊出口来，请先生原谅。"屠先生见英杰说话坦直而有礼貌，甚是喜爱。后又发现英杰每早必到，并从其言谈中了解到他对武术怀有极大的兴趣，有意拜师学武。先生答应收其为徒，让他每早黎明按时到湖边学武。英杰心中非常高兴，万万没想到这一偶然机遇，又圆了自己学武的梦。儿时看到庙堂壁画、舞台大戏——那项羽、关公、岳飞，那武松、鲁智深，就希望着有朝一日自己也能舞刀弄枪。后来长大些，便希望能学会一身武功，像岳飞那样精忠报国，像武松那样为民除害。如今真的可以跟屠先生学功夫，机不可失，时不再来呀！一定要虚心，要有耐心，要坚持到底。英杰每遇到一位自己心仪的先生，总是能不失良机，把握机会，只要能跟着先生学，不管吃多大苦，他都能忍受，紧紧地追随先生锲而不舍地学习、奋进。

先生对他连续考察了几天，见他不仅勤奋而且忠厚实诚，很是难得。先生说："英杰，经我连日来对你的观察，你很有点倔劲，很有顽强的毅力。不过，一定要做好吃苦准备，你要记住：初学时要曲不离口，拳不离手，要勤学苦练；学成后，万不可仗武欺人，惹是生非，要注重武德。在社会与正义需要你的时候，你要敢于挺身而出，抱打不平，要能够不惜自己的生命报效祖国。”英杰把先生的话一一记在心上。自此以后，每日清晨随先生苦练武功。

屠先生见他如此倾心武术，而且性格敦厚、正直，颇有侠义之风，便决定将自己所学的功夫倾囊相授。屠先生首先传授给他通背拳、地躺拳，然后又教授他自己所精通的双刀、齐眉棍与七节鞭等。屠先生言传身教，毫无保留地把自己的全部武艺都传给了英杰。寒去暑来，日长月久，英杰无论徒手还是器械，都达到了招招纯熟的境地。屠先生看到英杰进步如此之快，不由得暗自高兴，并进一步引导他阅读与武术相关的典籍，以深化他的道德境界与武学境界。屠先生为自己没选错弟子而感到欣慰，便把自己随身携带多年的七节鞭赠与英杰，并语重心长地对英杰说道：“老师已把所学全部传授予你，一是为了你强健体魄，二是为了你将来报效国家。真正习武之人都知道，学武者，首先是武德，然后才是武术。依于德，才能游于术。道德境界高者，其武术境界才能随之而高。学武者也应有修身、齐家、治国、平天下的志向。这件七节鞭是义和团留下的，一直伴随老师多年，今天送你，留作纪念吧！”英杰接过鞭，深鞠一躬，不尽感激地说：“老师，您的教诲学生记下了，学生一定终生遵循，不论走到哪里都不会忘记！”

三天后，英杰手持一幅水墨画去见屠先生：“先生的教导之恩，天高地厚，学生别无所赠，画一幅画送与先生，请先生指教。”屠先生将画卷打开，不觉一股清气扑面而来，画上的荷叶浓浓淡淡，层层点染，有开与未开的荷花掩映其间；叶后奇石屹立，石上有一翠鸟，很是精神，仿佛在吸吮着清晨的花香。屠先生情不自禁地说：“好啊，英杰，你就像这荷花池里的翠鸟，吸纳着自然界无尽的花香，吸纳着知识领域里无尽的芬芳。这幅画我收下了，我将永远记住我有一位擅武术、能绘画的好学生。英杰，你爱武术，更爱绘画。你从事绘画事业，我不反对，不过千万不要丢掉武术，因为武术可以帮助你完成你的终身事业，实现你的崇高理想。切记，切记！”英杰反复咀嚼、回味着屠先生的叮咛与忠告。此后，英杰人生的道路不仅苦难重重而且险象环生，若不是他有一身武功，有强健的体魄，有坚贞的意志与高尚的武德，他如何能迎风破浪，越过艰难险阻，又如何能迎来人生最终的辉煌呢？屠先生的忠告堪称英杰终身的箴言。

英杰于习武的同时，不忘学画。他经常出外写生，不断提高自己心的思维能力、眼的观察能力以及手的表现能力。“写生本”是他随身必带之物，无论在校内还是在校外，一有机会，一有空闲，他便将所见随时记录下来。同学、老师、校舍、操场以至校外拉车的、挑担的、赶羊的、牵牛的，他无不收入自己的笔下。

有一个星期天，他去离学校不远的乡下写生，那里风景优美，村边有一条小河，水流清清，微波荡漾，河上有桥，桥上时有三五行人负锄而过。河边绿树成阴，柳阴下有牛羊吃草，有成群的鸡儿在周围觅食，还有一些小朋友在嬉戏追逐，唱着他们熟悉的儿歌。从柳阴的空隙里，可以看到远处交错的农舍与道路。一阵柳风吹来，枝条飞舞，雀儿鸣叫，英杰的心更加陶醉了……他定了定神，便拿起画笔，迅速地把自己感受到的诗一般的画面捕捉下来。画完之后，他又寻取其他的角度，或以景为主，或以人为主，或以动物为主，他愈画兴趣愈浓。突然，他看到一头黄牛疯也似的撒开四蹄，在追逐一帮小孩，孩子们一边奔逃，一边哭喊。英杰大呼一声：“不好！牛发疯了！”便毫不犹豫地冲上前去，以手中之书本把野性发作的黄牛引向自己。黄牛见有人竟敢公然向他挑衅，便瞪着眼，低着头，怒冲冲地奔向英杰。英杰看到孩子们已脱离危险，便一个箭步跳出几米开外，在几棵大树的旁边，继续与黄牛周旋。周围聚集来的村民无不以称赞的目光注视着这位青年，有人说："好样的！他为了救孩子，把危险引向自己，真是了不起！"还有人向英杰高喊："青年人，一定要小心哪!"他们有的拿着棍子，有的拿着绳子，正计划着如何制服这头疯牛。突然，从人群中猛地跳出一位壮汉，大声喊道："小兄弟，闪到一边，我来制服它！"眼睛里充满血丝的黄牛追不到英杰，便又回身转向壮汉。只见那壮汉从容镇定，毫无惧色，待黄牛奔至近前，他闪电般地伸出双手擒住牛角，同时斜跨一步，避开牛的正面，双臂运力，高喊一声"着！"黄牛"扑通"一声被掀翻在地。

"太厉害了，真是神力啊！"

"这位壮士一定是天神下凡！"

"两位壮士是我们孩子的救命恩人哪！"

村民们皆赞不绝口，他们一边将牛系住，一边向英杰和那位壮士连连称谢："若不是二位到此，怕要出人命的！我们谢谢二位啦！"

风波过后，英杰称赞壮士之神力，那壮士则夸奖英杰之胆识。那位壮士以赞美的口吻朝着英杰说："你还是一个学生，竟有如此侠肝义胆，忘我救人，临危不惧，实在难得啊！看你年纪轻轻，可身手不凡哪。"英杰将自己学武的经过介绍了一番，并从壮士口中得知，他就是名满天下的"神力千斤王"王子平。英杰从屠先生那里，早就听说过王子平的大名。今日一见，果然名不虚传，身手非同凡响。王子平，河北沧州人氏，武术世家，自幼习武，擅长查拳、太极等。他到处扶弱救贫，除暴安良，是一位饮誉南北且具有强烈爱国主义精神的武术大师。

英杰在与王子平相识、交谈的过程中，深感王子平不仅武功过人，神力过人，而且刚正不阿，胆识不凡。为了国家与民族的荣誉与尊严，他到处行侠仗义，扶危济贫，有时甚至不顾个人安危，挺身而出，抱打不平。英杰从小看戏听故事，最佩服这样正气、豪气、侠气集于一身的人。如今随着年龄与学识的增长，他的评价标准则更加具体化了，即一身爱国者的正气，大义参天的豪气与扶危除霸的侠气。王子平正是这样一位集爱国正气与豪气于一身的侠士，今日有缘相遇，英杰想应多多请教，万不可错过。王子平见英杰朴厚直爽，能见义勇为，临危不惧，且具有较好的武术功底，便向英杰陆续传授了佛门桩法、罗汉拳和一些摔跤的绝技。英杰如获至宝，皆一一领悟。同时，王子平也向英杰请教了书法的各种技法要领，二人相交甚密，遂成挚友。

在聊城中学读书的这一段时间应该说是英杰后来人生道路的储备期，他为今后的人生做了四种储备：

1．自强不息，士志于道的品德储备。（在英杰的心里，“志于道”即志于仁义立世之道、精忠报国之道及舍己助人之道。）

2．学好功课，加强学养的文化储备。（于学习中，养成“穷且益坚，不坠青云之志”的高贵品质。）

3．苦画速写，打好基础的画法储备。（于苦画中，树立起乐而忘忧、锲而不舍的治学精神。）

4．习练武术，提高素质的体格储备。（练武不仅重习武之“术”，更重养武之“德”。）

这些储备对他以后进京求学以至整个人生的发展与提升都起到了十分重要的作用。

《缤纷红于二月花 》 1964年

仁者好人 且能恶人

苦禅先生讲及往事时，常常用孔夫子语“唯仁者能好人，能恶人”来说明他的人生态度。他说：“一位真正的仁者，能以一颗无私的心从仁义道德出发，分辨好坏与善恶，‘能好人，能恶人’——爱其所应爱，恨其所应恨。其是非分明，爱憎亦分明。合道义者当爱之，不合道义者则当恨之。”

前面一讲中，我们已从幼年李英杰身上，感受到他所具有的正义感及对善良穷苦之人所表现的仁爱之心。随着年龄的增长，他也变得愈来愈成熟了，愈来愈显示出他仁者的风范。

人在正常情况下能救人之危，急人所需，已属不易之举；若自己已处苦难之中，仍能慷慨解囊、扶弱济贫，则尤显品德之高尚。李英杰在北平国立艺专读书期间，白天上课，晚间拉车，还要挤出时间去白石老人家学习国画。他的很多费用——生活费、材料费，全要靠拉车的收入来支付。“食不果腹”、“衣不御寒”，对他来说是十分平常的事。但他并不因贫而丧志，亦不因贫而失仁。他认为，仁者“爱人”是做人之根本。故他虽然于生活上十分艰难，但当他看到别人比他更艰难时，他会毫不犹豫地出手相助。

一次晚间，李英杰在拉客人的路上，突然听到路边隐隐约约传来孩子的哭声，不由得动了恻隐之心：“先生，请稍等一下，好像有人在哭，我去看看就来。”那胖乘客叽里咕噜地说道：“莫要多管闲事，好好拉你的车吧！”

英杰不顾客人的阻拦，跑过去一看，原来是爷孙两个正依偎在寒冷的墙角里，一天没有吃饭，爷爷病倒了，孙孙饿得直哭。李苦禅见此情景，情不自禁地说道：“小兄弟，我一会儿就给你买吃的来，别哭了！”

英杰赶紧把乘客拉到目的地，那胖乘客竟不愿付钱，说什么：“你小子把我晾在路旁，我都冻病了，没向你索要看病费已是便宜你了，还敢要车钱！”说完便让家中佣人驱赶英杰。英杰毫无惧色，看准来人，用手臂轻轻一挡，那人便立足不稳，倒退了数步，脸色吓得煞白。胖子见状不妙，知道碰上了硬手，不敢怠慢，便赶紧掏出一把铜钱递过来说道："这不正要给你钱嘛！"英杰说："这段路六个铜子，耽误了一刻钟，打七折，收四个铜子，多一个子也不要！"英杰虽有武功，但绝不以此欺人。他大大方方地拿了四个铜子，便拉起车，飞也似跑向那一老一小所在的墙角。英杰用洋车把他们拉到一个背风处，给他们买了两碗热汤面和几个包子，又将身上仅有的几个铜子都放到老人手上。然后，他悄悄地离开了。老人与孙孙满含热泪地望着英杰远去的身影。作为一个靠拉车维持生计的穷学生，他还能做些什么呢？他只好无奈地走上自己的拉车路，心底里却隐约浮现出杜甫的千古名句：

> 安得广厦千万间，
> 大庇天下寒士俱欢颜，
> 风雨不动安如山！
> 呜呼！何时眼前突兀见此屋，
> 吾庐独破受冻死亦足。

何时才能见到"广厦千万间"，又何时才能见到"天下寒士俱欢颜"呢？若能以我之所有救助他人得享安乐，即便受冻饿死又有什么呢！英杰苦苦思考着这自古以来谁都难以解决的问题……

在杭州执教时，有一天苦禅先生（先生于1923年接受同学林一庐所赠艺名"苦禅"，1925年于写意画上正式署名李苦禅）在街上看到一个黑衣警察拿了路边小摊贩两包香烟，钱也不给便欲扬长而去。当卖烟老人追上前索要时，那警察不仅不给钱，竟还出手打了老人一巴掌，老人被打得直流鼻血。李苦禅先生见此情景，怒火中烧，便将那警察喝住："你身为警察，拿了老人的香烟，为什么不付钱，这不明明是知法犯法吗？与公开抢劫的强盗有什么两样？"那警察见说理不过，恼羞成怒，便挥拳向苦禅先生打去。苦禅先生连让三招，见那警察仍不住手，反以全身之力举双拳冲来，先生将身闪过，顺势一推，那警察用力过猛，再加上先生的推力，遂向前冲了几步，扑倒在地，摔了个嘴啃泥，连大盖帽也滚落在地，露出秃头。街道两旁的店铺及来往的人群，爆发出阵阵畅快的笑声！有的人大着胆子喊道："打得好！白吃白喝，拿了人家的东西不给钱，公理何在？"

那警察赶紧抓住滚落在地的帽子戴上，一边爬起，一边对李苦禅大声说道："你厉害，你厉害！是好汉，就等着别跑！"那警察狼狈不堪地拍打着身上的泥土，急忙离去，约摸是去召集他的同伙。苦禅先生转过身来，对那摆摊老人安慰了一番，并取出钱来递给老人："那香烟钱嘛，我来给，我也买两包。今天早点收摊吧，明天换个地方，免得碰见他们再吃亏。"那老人千恩万谢，收了小摊，辞别了李苦禅先生。

一般人往往见事避之，绝不多管，苦禅先生却喜抱打不平，特别是当他看到良善之人无故受欺、无因受辱之时，更觉得咽不下这口气，于心难忍。他想以自己的能力惩恶扬善，扶弱救贫，这也是他自童年以来学习武功的梦想之一。如今自己有了武功，又碰到了这样的不平事，能不管吗？能作壁上观吗？

那警察很快招来了六七个警察，手拿警棍，将李苦禅围了起来。两个身高体壮的警察一左一右，将李苦禅的胳膊抓住，想把他连拉带拖抓走，关起来再慢慢整治。谁知他们用尽全身力气，对方却纹丝不动。然后只见苦禅先生双臂左右一抖，那两个高个子警察被摔出数步之外，一个跌坐在地，另一个则摔得仰面朝天。其他人见状，既不敢轻易上前，更不敢随便动手。一个小头目模样的警察朝李苦禅喊道："在我辖区打我们警察，你不怕被抓进警察局吗？"

"我正要见见你们警察局长，看看警察局还讲不讲是非黑白？还讲不讲社会公理？首先，你们的人拿了卖烟老人的烟，不仅不给钱，还行凶打伤老人，这与光天化日之下公开抢劫的强盗有什么两样？这是维护社会治安，还是破坏社会治安？后来我仅仅过问了一下，他便不问青红皂白，不讲任何道理，对我拳脚相加。你们来了，不仅不管教你们中的违法行凶分子，反而一起向我动手。你们如此不辨是非曲直，请问法律何在？公理何在？难道是你们局长让你们如此执法的吗？”

小头目见李苦禅身手不凡，又听他说起话来铿锵有力，义正辞严，还声称要见他们局长……若此人真的有些来头，那该如何是好？还是小心为妙，免得弄得不好砸了饭碗。小头目的口气缓和了许多，问道：“不知先生在哪座衙门高就？日后也好登门拜访。”李苦禅大声说道：“行不更名，坐不改姓，艺专教授李苦禅！你们不是要我跟你们走一趟吗？现在就去，请头前带路！”

来到局里，苦禅先生递上自己的名片，并将整个事件发生的缘由及过程原原本本地向局长讲述了一遍。局长见苦禅先生说起话来大方得体、刚正不阿且有理有据，自知手下人做事有违公理。若不严加惩处一下个别人，恐难逃社会舆论的批评与指责。便大声问道：“你们还有什么好分辩的吗？”他向苦禅先生拱了拱手：“艺专李教授主持正义，实在可敬可敬！”接着又说：“我宣布：开除肇事者某某的公职！”

他的话尚未落音，一位白发苍苍的老太太冲进了办公室，扑通一声跪倒在李苦禅面前，哭诉道：“教书先生，求你发发慈悲，说说情吧！我们全家的生活就靠这个不争气的儿子，他要是被开除了，我们一家老小只能喝西北风啦。求求你先生……”苦禅先生见此情此景，心里颇为不忍，他赶紧一边扶起老人，一边安慰她说：“请老人家放心，我会的。”

那时的苦禅先生也深深知道：警察在整个社会上不仅地位十分低下，工资亦少得可怜，若因此让他丢掉眼下这份差事，自己如何面对这位白发老人，又如何面对自己的良心呢？得饶人处且饶人，劝人改过是根本。这名警察做了错事，如果能让他因此知错改错，洗心革面，岂非坏事变成了好事？想到这里，苦禅先生便转身对局长说：“局长先生，不看僧面看佛面，咱总不能伤老人家的心哪！念其儿子是初犯，就给他个改过自新的机会吧，古人不是曾经说过：‘有过能改，善莫大焉！’他如能改过，以后还会成为你的好帮手哪。”那老太太听了先生的话，虽然不能全懂，但知道先生是在为他的儿子求情，便赶紧拉着儿子给先生叩头、给局长叩头，并表示以后绝不再犯。局长用眼睛盯着跪在地上的那名犯事警察说道：“李教授大人大量，不计前嫌，不仅不予追究，还为你说情，那就看在李教授的面上，看在你老母亲的面上，给你一次弃恶从善的机会。不过下不为例，若有再犯，一并处罚！”那警察口中连连说道：“绝不再犯，绝不再犯……”苦禅先生离开了警察局，一边走着一边想：这名警察若以后真能改过自新，也算是没有辜负他老母亲的一片爱子之心啊！希望他真能通过此事唤回自己内心深处的良知，唤醒自己被一时贪念所遮蔽了的天性。

又一次，他从潘天寿先生那里得知，一名学生的父亲进城来给孩儿送伙食费与生活费，不料在城外野地里，被一个和尚拦了路，不仅钱被抢去，还挨了打，父子相见抱头大哭一场。潘先生说：“已帮他们把费用问题解决了，据说这和尚拦路行抢已多次，市当局竟不闻不问，这是什么世道！”

李苦禅先生想：“市警察局的警察们欺压百姓不容分说，而惩治盗匪却无人上前。既然当局不愿过问，我倒要会会这个‘野和尚’，究竟是何方魔君，竟敢在光天化日之下抢夺民财，实在可气、可恨、可恶！”先生来到野外一路打听，终于打听到和尚的行劫之处。此处路径狭窄，两边长满了密密麻麻的树木。有知情者，避远而走，可得免祸；不知情者，凡走此路，则无一幸免。据说那和尚身高力大，三五人近他不得，凡从此处过者，皆被抢得一文不剩，有的还被打得鼻青脸肿。苦禅先生来寻数次，皆未得遇。一天，苦禅先生在路边树林来回转了几圈，也未发现和尚踪影。直到太阳落山时，他才突然看到，前面树林一棵大树下有个和尚正在吃东西……走近仔细看时，那和尚正在喝酒吃肉。苦禅先生不由得气从心头起，怒向胆边生："抢了别人的钱，在这里吃得痛快，人家寻死觅活，他却在这里喝酒作乐！"那和尚见有人在注视着他，便没好气地说："怎么，还送到嘴头上来了？今天爷爷心情好，放你一马，快走！"苦禅先生答道："出家人以慈悲为怀，众善奉行，诸恶莫作，你却拦路抢劫，图财伤人，你肯定是假和尚、野和尚！今天我要叫你知道该做什么，不该做什么，我要叫你走上人间正道！"那和尚听到苦禅先生的一番训斥，无言以对，便站起身来大声喝道："口气不小，你小子竟敢太岁头上动土，看拳吧你！"说时迟，那时快，和尚的拳头直奔先生面门，先生不慌不忙轻轻一闪，将拳躲过。和尚见拳落空，便紧接着飞起一脚，直奔先生小腹，先生又是一闪，躲过和尚第二招。和尚连发两招皆未能得手，不觉有些发慌，便奋起双手饿虎扑食般地压向苦禅先生。他想凭借自己身大力强抓住对方，拼死一搏。先生见和尚武功平平，仅略有些蛮力而已，他一个纵身，跳出圈外，对和尚喊道："我连让三招，你尚无悔改之意，还要继续打吗？看来不给

画稿《竹鸡》 1961年

你点教训，你是不会改邪归正的！”说罢便以拳直取和尚上身，和尚赶紧躲闪，他哪里知道先生此招为虚，实则下部扫堂腿已到，猝不及防，身体已扑通倒地。和尚这时才意识到自己真的遇上了高手，他费了很大劲爬起身来，纳头便拜：“大侠，我有眼不识泰山，大侠饶命！以后这地盘就是你的了……”那和尚不住磕头，苦禅先生听他如此说话，不由得心中又是好气又是好笑，我这倒成了和你争夺地盘的强盗了……“怎么，你还打吗？还要继续抢劫吗？”那和尚赶忙连声告饶。

苦禅先生毕竟是仁义之士，看到那和尚穿的破衣烂鞋，污垢满面，便也禁不住生出恻隐之心，双手将他扶起，说道：“和尚，看样子你也是个穷苦人，你抢了人家的救命钱，你就忍心吗？人家没有钱，会走上绝路的！人穷志不短，自己再穷，也要有点骨气，千万不能做这种伤天害理的抢劫勾当！你既是和尚，那就更应行善积德，多做些好事，一心向佛！”那和尚哭泣着说：“先生，你说得在理，我记下了。以后就是饿死，也不再干这天理不容的勾当！”说完便离苦禅先生而去。

事情过后，有一天苦禅先生在西湖苏堤上散步，正好又碰上那和尚，破衣垢面，精神萎靡，已没有初见他时那股神气了。苦禅先生倒有些心生悲怜，忍不住上前打个招呼。那和尚见是李苦禅，内心惊恐不已，连忙低头说道：“先生，自那天起我再也不敢抢老百姓的东西了，先生的话我一直记在心上，先生恕罪，恕罪！”李苦禅说：“那好，那好！知错能改、弃邪归正，善莫大焉！出家人尊佛祖教诲，理应劝人慈悲，怎能自己反去行凶作恶，祸害百姓呢？这是要下十八层地狱的！就是落在官府手里，也是要治你罪的！这样做害人害己，万不可为。那天我出手重了些，包涵，包涵！”一席话，说得那和尚感动万分，他向李苦禅长作一揖，情不自禁地说道：“先生是菩萨心肠，是我的再造父母，我一定重新做人！”临分手时，李苦禅从口袋里掏出两块银元说道：“收下吧，换件袈裟，希望你言必信，行必果，找处寺庙安身吧。”和尚接过银元，连连称谢，洒泪而去。据苦禅先生回忆，那和尚后来还曾去过他家，要帮助他做些家务活，苦禅先生十分热情而风趣地说："你来看我，把我当朋友，就是我的客人，怎么能让你扫地做家务呢？快请坐，快请坐！"先生十分关切地问及和尚各方面的状况，并像款待亲朋好友一样将和尚留下来吃饭。

先生直至晚年，还一直记挂着此事。有一次他还对儿子李燕说："当时我出手有点重了，不知那和尚被我打伤了没有？他后来怎么样了？有没有从善向佛呢？"先生认为：人之善恶皆在心中一念，心念善，其行自善；心念恶，其行必恶。若恶人能洗心革面，改过自新，亦善莫大焉。李苦禅先生常说："孔子说：'仁者爱人。'又说：'爱人者，人恒爱之。'救人之危，济人之困，解人之难，这是人人都应该做的。仁与爱，这是中国几千年来道德发展的主流。"

在旧社会那艰难的岁月里，苦禅先生常常以一颗正直之心、仁爱之心，尽己所能，去帮助别人。在他的街坊邻里中曾传说着这样一件事：一天傍晚，他正往家走，见路边空地上围着一圈人，有大人有孩子，十分热闹。近前一看，原来是有人打拳卖艺。那卖艺人约摸五十多岁光景，像一位朴实的农民，他的拳技虽然还算不上精妙，却也有些功底。一套拳打完，他便说了几句请大家帮场的话。他来自与山东搭界的河北省吴桥，因寻亲不着，流落在外。先生见他走了一圈，只收到一两张小票，便知道他从来没干过这行当，没有这方面的经验。先生当即决定：马上帮他救场！便急忙跳入圈内，大声喊道："乡亲们，请先别走，在下还有精彩献艺！"将欲离去的人群又被这喊声吸引了回来。

"乡亲们，"苦禅先生继续说道，"在家靠父母，出门靠朋友。这位先生因生活所迫，流落北平，希望乡亲们有钱的帮个钱场，无钱的帮个人场！下面先请这位先生再给大家演练一套拳法，我去拿件家伙，顺便也来凑个热闹。"不一会，先生取来双刀，他双手抱拳，环视一周，说道："各位，见笑了，请多多指教！”说罢，只见先生按动绷簧，从刀鞘里亮出月牙双刀，两道寒光挂动风声，呼呼作响。他腾转进退，双刀上下翻飞……舞到快时，人耶？刀耶？有刀耶？无刀耶？已难以分辨，人与刀完全融为一体。这刀上的功夫，还是当年他在聊城二中时屠月三先生所传，后又经王子平先生点拨以及自己多年来的锤炼与体悟，现已臻至化境，犹如蛟龙戏水，银蛇舞天，令人叹为观止！先生练到高潮时，突然将手中一把刀抛向空中。顿时，周围的空气像凝结了一般，大家都屏住了呼吸，惊恐地望着刺向蓝天的一道白光。在观众惊魂未定之际，苦禅先生却表现得胸有成竹、镇定从容，他不慌不忙地于背后将落下的飞刀一把接住，干净利落地收入鞘中。这精彩的背后接刀绝技，令无数瞠目结舌的观众大开眼界。一时间，观众群中响起了雷鸣般的掌声：“好啊，好啊！”围观的人愈来愈多，叫好声也愈来愈高。

“太精彩啦，真是一位练家子！”

“这刀法使得出神入化，舞动起来，风雨不透！”

“能将一把刀上抛一丈多高，且于背后接住，驾轻就熟，真是太绝妙啦！”

…………

苦禅先生双手抱拳说道：“各位，献丑了！这位老先生远路来此，寻亲不着，希望诸位能伸出援手，谢谢大家了！”随着先生的话音，场外撂进来不少票子。接着，先生又练了一路拳脚。观众见先生武艺精妙绝伦，喝彩声、鼓掌声连连不断。至收场时，那老汉又得到一笔可观的收入。

散场后，那老汉将钱递到苦禅先生面前说道：“老师武艺高强，令在下实在佩服！观众的掌声是给老师的，这钱应归老师！”苦禅先生笑了笑，说：“老哥，莫见外，我来只是想给你帮帮场，你背井离乡，多不容易！不要推辞，这点钱就收下吧。我是教书的，还过得去。”那老汉望着先生不禁感慨地说道：“谢谢，谢谢先生出手相助！……”说话的同时就要下跪，先生赶紧将他拉住："千万不能，千万不能！四海之内皆兄弟，天下虽大一家人。谁在外还能没有个难处？走，去我家坐坐！"先生把老汉带回家，一边吃着饭，一边问起他家乡的情况。原来那老汉是从家乡逃荒出来去闯关东。不久，遇东北沦陷，日本鬼子到处烧杀抢掠，横行霸道，他不得不返回关内，来到北平城郊投奔一家亲戚。没想到他亲戚的住处已是人屋两空，不知去向。而这时的他身边已无分文，但又不愿意沿街乞讨，便拉起场子，希望通过打拳卖艺，赚点盘缠，好回老家。那老汉万分感激地说道："今天幸亏遇到先生这样的好心人，我算是得救了！"先生又找出两张画，交给老汉说道："这两张画你带上，回去缺钱用时，就到画店卖掉，说是李苦禅画的。我这屋子太狭窄，今晚就送你去客栈住一宿吧。"那老汉连连称谢："先生已经帮了大忙，哪能再麻烦先生，先生是我的救命恩人哪！"话音未落，他便扑通一声跪倒在地，连连磕头。先生见状，赶紧将他拉起，忙说："老哥，你这就见外了，咱们也是有缘人啊，那你一路上就多保重吧！"

抗日战争期间，先生为了表达他高洁的心志，毅然决然地辞去了日本鬼子统治下的一切公职，仅以卖画为生，生活颇为艰难。尽管如此，他仍然竭尽全力支持地下党组织经济上的急需，帮助一些青年同志奔向延安、走上革命之路。同时，他还资助了一些社会上应予以援手的人。苦禅先生从日本监狱出来后，便衣特务日夜紧随，监视着他的行动。他怕给地下工作带来某些损失，便把一切安排好以后，离开北平，暂时到外地去卖画谋生。他背着包（包里装有他的画和准备好的纸笔），手提齐眉藤棍，像游方郎中出外行医一样，奔走江湖。先生在外，省吃俭用，将卖画钱全部纳入囊中。在天津时，慕名求画者颇多，先生得到一笔不小的收入。他一回到北平，就将卖画所得用于帮助他的穷朋友、穷街坊——他们在日本鬼子暗无天日的重压下，没有工作，没有收入，一贫如洗，有的甚至揭不开锅，过着饥寒交迫的生活。他还特别资助那些只身外出抗日的朋友的家属，有的家只剩下鳏寡老人，无依无靠，举目无亲。他要让这些朋友（有的就是他的学生）无后顾之忧，能一心一意地投入到抗日救国的事业中去，要让他们的亲人有饭吃，有衣穿，有人照看。他们的亲人，即是他的亲人。先生此时已把“好”“恶”观念，与是否爱国家、爱民族、爱和平、反侵略紧紧地联系在一起。他认为：爱国者，捍卫和平者，我当“好”之；卖国者，发动侵略者，我当“恶”之。

先生一生的爱与憎、“好”与“恶”，立足点是分明的，是与国家情感、民族情感紧紧联系在一起的。譬如在那场史无前例的“文革”浩劫之中，他受到一些学生的批斗乃至殴打，但他并没有因此怀恨在心，耿耿于怀。他把这笔账记在以“四人帮”为代表的反党集团的身上，而对学生他只淡然一笑：“他们还是孩子……”他希望受蒙蔽的学生能吸取教训，改正错误，能明辨是非，恢复人心中本有的良知。由此可见先生不仅爱憎分明，而且具有十分仁厚宽大的胸怀。

苦禅先生对日本鬼子的法西斯暴行仇深似海，不共戴天，因为他们侵我国土，杀我人民，他们罪恶累累，罄竹难书。而对主持正义、热爱和平的日本人民，他的态度则截然不同。解放后他曾多次为日本友人作画，为加强中日友谊、中日文化交流作出了自己应有的贡献。先生于辞世前夕还曾为日本长崎孔庙书写了仪门对联：“至圣无域泽天下，盛德有范垂人间。”先生希望圣人那光辉无际的“仁爱”之德能泽被天地、永垂人间，能沐浴着天下所有的人民——无论是中国人、日本人，还是其他任何国家的人，不分国度，不分疆域，“四海之内皆兄弟”也！先生将对联写了两副，一副赠日本，一副留中国，他愿中日两国人民之间的友谊万古长青。

苦禅先生一生乐善好施，“好”“恶”分明。他帮助了别人，不思回报，不求有得。对他来说，这已不是一种刻意的追求，而是一种自然的流露。解放前，他曾无私地接济过许多穷苦的、衣食无着的人们。他家常来的客人中有送水的、卖肉

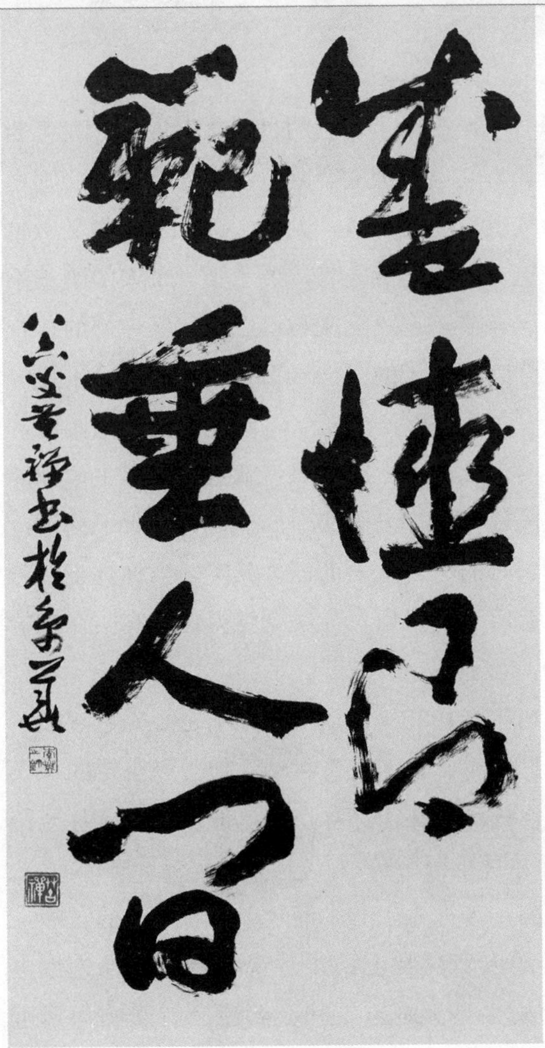

《至圣无域》——至圣无域泽天下，盛德有范垂人间。八六叟苦禅书于京华。1983年

的、看坟的、拉车的、掏粪的……碰到实在无法维持生活的，他都毫不犹豫地慷慨解囊，尽力相助。无论多少，他从来不计。他认为：自己生活艰难，周围的穷人更艰难，自己能帮人一点，就应尽心为之吧。我深为老师高尚的品德所感动，曾写下这样一首诗以志怀念之情：

仁爱之心皆应有，
吾师尤重著真情。
默然天地经年转，
智者高风常共行。

民族浩气　爱国第一

《孟子·公孙丑上》提出了著名的“浩气”说：“我善养吾浩然之气，……其为气也，至大至刚，以直养而无害，则塞于天地之间。其为气也，配义与道，无是，馁也。是集义所生者，非义袭而取之也。”这浩然之气，展示了一个人的刚正不阿、大义凛然与高风亮节，它“配义与道”是仁义道德的综合体现。苦禅先生十分崇尚孟子的“浩气”之说，他曾经不止一次地对我说过：“一个人胸储浩然正气，即能做到不怕困难，不怕挫折，哪怕是泰山压顶也无所畏惧，就是要献出生命亦能从容。”他认为，民族气节，爱国第一。也许有人听了这话，会认为这不过只是一时的豪言壮语而已。其实，当你真正对苦禅先生的生平经历有所了解以后，你就会觉得这是实实在在的心底里的话。

苦禅先生于1919年、1935年，以一颗赤子之心先后参加了“五四”、“六三”和“一二·九”运动。他曾以坚定的步伐走在游行队伍之中，挥动拳头，高呼口号，散发传单，甚至奋不顾身地冲破警察们的拦阻……

1937年北平沦陷，苦禅先生心中涌起了一股难言的苦痛。有一天，伪新民会的人竟然找上门来，说是要请苦禅先生出山。他们知道苦禅先生是大画家，社会名流，有影响力，可以为他们支撑门面。其中一个人说：“想请先生参加我们新民会，您有时间就去转转，没时间，在家画自己的画就可以啦。”苦禅先生没好气地说道：“我这个人只能上上课教教书，别的什么都不行，从来没有想过参加这会那会的，你们看我不是还在备课吗？”那人死皮赖脸地接着又说：“如果李先生愿意做官，填一张表就行。做了官，先生可以多拿一份薪水，愿意出面应酬就出面，不愿意出面，在家作画即可，那是何等惬意……”没等那人说完，先生便打断了他的话：“二位，我做教师惯了，没有当官的命，也没有当官的本领。承蒙错爱，还是另请高明吧！”另一个个子高的家伙眼睛一瞪，不耐烦地说道：“我们好话说尽，请先生出山，先生可不要不吃敬酒吃罚酒！”苦禅先生见那人又是卷袖子又是撸胳膊，便不紧不慢地、笑呵呵地说道：“怎么，还想练练吗？天底下哪有非要人家做官的？”那家伙早就听说先生有武功在身，十分了得，又见先生谈笑自若，不卑不亢，故也不敢贸然出手。他一边拉着另一个人离开，一边朝着苦禅先生喊道：“你有本事，就别去学校上班，别拿人家的薪水。”那个家伙说话的同时，还用手画一个圆圈。先生厉声答道：“不拿薪水又如何？明天我就去辞职！”

先生说到做到，第二天他即毅然决然地辞去了北华美专和北平美术学院的教授职务，他不愿意在沾满中国人民鲜血的日本鬼子的魔爪下讨生活，他更不愿意答应什么伪新民会的聘任请求，他要表现出一个中国人的骨气、一位中国艺术家所特有的高贵品格与民族气节。他生活清贫，却心地坦然；他靠卖画为生，收入不多，却经常能尽己所能，周济左邻右舍及朋友、学生中的一些困难者。

苦禅先生在一颗爱国心的推动下，积极参加了抗日民族统一战线所领导的地下革命工作。在耳闻目睹了党的政策路线以及党的地下工作人员不怕牺牲、前仆后继的革命精神以后，他深受感动。他清楚地认识到：只有共产党人才能救中国，才能救人民于水深火热之中，才能团结全国广大人民群众赶走日本帝国主义。他希望自己也能去边区参加八路军，参加革命。他通过自己的学生黄奇南（当时北平的一位地下工作人员，解放后为北京故宫博物院绘画馆负责人）的介绍，在北海公园九龙壁与黄的伯父黄浩（黄浩是当时北平地下党某部的一位负责人）见面，并提出自己去边区参加八路军的请求。黄浩同志说：“你是教授画家，在北平又有较高的社会声望与地位，这是搞地下工作最好的护身符，组织建议你留下。”组织上还希望他能凭借自己的身份和地位适当参加一些社会活动，并接触一些上层人物，以便了解各方面的情况。苦禅先生接受了组织上的建议，并当即表示愿意参加党所领导的北平地下革命工作。黄浩同志当时交与他的任务是了解调查日伪汉奸的活动情况，并告诉了他联系的地址和接头的同志。此后，苦禅先生积极从事党的地下工作，曾多次将所了解的敌人武备、仓库及人员调动等情况向组织汇报。

当时，苦禅先生的家还成了北平地下工作的一个联络点和中转站，他以画家的身份作为掩护，经常帮助一些革命志士、爱国青年从他这里走向红区，走向革命之路。曾有一位名叫袁祥峰的抗日军人（原二十九军军官，后加入八路军三八五旅任宣传科干部），因未能及时赶上部队而暂住苦禅先生家里。先生出于爱国大义，通过地下党掩护送他转往冀东，参加了八路军。

由苦禅先生无私援助而走上革命道路的爱国青年还有很多，他们或在苦禅先生家小住，或受掩护、化装，或受资助，或经先生介绍而走上抗日救国的革命道路。他们在解放后尚健在的，无不怀念着这位爱国教授的深情厚谊。这里我们介绍一位当年被苦禅先生送上抗战征途的“小姑娘”的来信，此信是苦禅先生1980年4月收到的：

苦禅老师：

您好！恐怕您不记得我了，我这样称呼您，是因为曾得到过您的帮助。倒回去四十多年，大约是1938年夏天，一个穷学生念不起书，想找革命的出路——那时还是一个小姑娘（傅先芳），曾得到过您经济的援助，在临去解放区的头几天，您还为我们饯行，请我们吃了火锅，当时有余鑫元、文敬之，不知您还能记起来吗?

前几天在电视里见您仍老当益壮，正挥笔作画，我不禁感慨万千。参加革命后我一直在部队文工团当演员，解放后在东北工作。……在解放区度过了艰苦岁月，解放后又经过了“文化大革命”，今天仍能健在，实在不容易啊！好，就写到这里。

问候您

全家均好！

傅先芳（现名傅林）

1980年4月8日

《松下苍鹭》　20世纪30年代

苦禅先生为了能让青年学生顺利走上革命之路，不仅给他们精神上的鼓励，还给予经济上的资助。他卖画的收入，多半用之于此。有时他自己都揭不开锅，也要将钱拿出来，急同志所急，救朋友危难。一次，有几个过路的朋友到他住处，适逢他身无分文，怎么办呢？无论如何也不能让同志们挨饿，何况路上还需要些路费。正好此时，一个二鬼子跑上门来求画，他满脸堆笑着说："先生乃当今画坛名家，哪个不知呢？鄙人早就想求先生墨宝，一直未敢登门，今日万望先生莫要推辞，至于酬金，好说，好说！"先生本来不愿意理睬这等民族败类，因为我们多少英雄儿女为了国家兴亡、民族解放而奔赴前线，甚至献出生命！而他们这帮人呢？为了自己的利益，为了升官发财，不惜忘宗遗祖，卖国求荣，不惜以自己同胞的鲜血染红自己的顶子。不过，今天暂且不赶他走，要从他兜里掏出他的不义之财，用于同志们的急需。先生略一思索："好吧！"那家伙拿出一把折扇放在桌上。先生抓起一支毛笔，左右挥洒，上下翻飞，未及片刻，已经完成。先生所画者竟为何物呢？似云非云，似石非石，似蛟非蛟，似虫非虫，一扇墨迹……接着先生又在画上题道："日月已沉西，蛟龙乱飞天。"先生言下之意是说：当时之中国暗无天日，群魔乱舞，而那些獐头鼠目之辈，到处横行，不可一世。那家伙看过还装着十分内行的样子连声称赞："好，好，妙笔生花，妙不可言！"先生直截了当地说："我以卖画为生，就不必兜圈子了，画一个扇面十块大洋，如果觉得不合适，就另寻高明吧。"说罢，便从抽屉里拿出一把没画过的扇面往桌上一放。那家伙知道先生是说一不二的人物，没商量的余地，而且能请动他即兴落笔是何等不易！连忙说道："就是这个，酬金一点不少。"他赶紧如数奉上，拿起扇面便得意洋洋地离开了。先生望着那走去的背影冷笑道："无知之辈！无耻之徒！"就这样，先生为同志们准备好干粮与路费，又圆满地完成了一次任务。

1938年1月的一天，地下工作者郝冠英同志急急忙忙来到苦禅先生住处，说是有要事请先生帮忙。她刚刚接受了一项重要任务，北平团市委书记李长（后改名为李续纲）要她尽快筹集2000元现金，送一批青年同志前往延安。组织上交给的任务一定要完成，但时间如此紧急，去找谁呢？她马上想到了父亲的朋友、爱国教授李苦禅先生，他一定会帮忙的。先生听到是这等急事，便说道："太凑巧了，昨天刚刚拿到一笔天津画展卖画的款子，有2000多元，你拿去吧。"他很快从床下拿出一包钱，交到郝冠英手中。郝冠英同志激动得手有些发抖："先生，这年节就要到了，您怎么办？"先生答道："车到山前必有路，何况你这是大事，迟不得！你放心地拿去吧。"郝冠英十分郑重地说："谢谢！我代表组织、代表这些同志谢谢先生了！"先生马上说："千万不要这样说，天下兴亡，匹夫有责，这是一个中国人所应该做的！"

后来，一名学生说，先生把钱全部都拿出去，如果别处有急需怎么办？先生说："还有比国家、民族的事更急的吗？我们每个中华儿女都应尽自己的一份力量。"当有人问他一次性拿出这么多钱，他作何想？他说："当时我别的都不想，只想能尽快赶走日本鬼子，为了国家不受凌辱，为了人民安居乐业，俺什么都能做，什么都愿做。许多青年学生为了国家民族的解放，拿起枪上战场，前仆后继，我作为一位老师出点钱算什么！"苦禅先生当时由于一颗爱国之心，为抗日事业，为党的地下工作，做了许多有益的事，但他从不放在心上，也从不宣扬。他认为，这没有什么好说的，他只不过做了一个中国人所应该做的事。直到几十年后那场史无前例的"文革"劫难，他被作为反动学术权威批判，并被诬蔑为历史上有变节行为而接受内查外调时，他那发光的历史才昭白于天下。己不欲言，人却言之。历史是公正的，历史也是不会因"四人帮"之流的倒行逆施而被扭曲的。风雨过后，先生曾高兴地说："当时从我处过路、把我家当成中转站的朋友们，'文革'中没有受到牵连，我已是很满意了。"

当时，先生除了帮助进步青年奔赴解放区外，还常常掩护解放区来京治病的同志。由于他的住处人来人往，日长月久，便引起了日寇鹰犬们的注意。有两个特务借交友为名，经常到他家串门，谈天说地，借物求画，将先生的种种情况汇报给日本宪兵队。1939年5月11日凌晨4点，一队日本兵荷枪实弹，在便衣特务的带领下，突然来到先生住处，翻墙入院，包围了西柳树井2号小南屋。一个日本兵踢开了房门，其他人便蜂拥而入，将苦禅先生与那天正巧住在他家的学生魏隐儒团团围住："谁是李苦禅？"

先生十分镇静地说："我就是！你们要干什么？凭什么抓人？"

一个日本小队长模样的人说："你们通八路，带走！"先生与魏隐儒被戴上手铐。那个小头目走到院里，和其他几个人耳语一番，然后脱下外衣，说是要和苦禅先生比试比试。其实，项庄舞剑，意在沛公，他是想借此机会给先生来个下马威，也想以此显示一下他们的武士道精神。

先生被松开手铐，说道："报上名来，我拳下不打无名之辈！"小头目答道："本人山本，你的名字我已知道，进招吧！"先生大气凛然地说道："还是你先进招，这是在我的祖国，我的家，我是主人，你们……"先生的话说全了即是：你们是强盗，是侵略者！山本知道先生接下去要说的话，便气急败坏地说："那就看拳吧！"山本以全身之力恶狠狠地向先生面门打去，他真想一拳取胜，以泄心头之恨。可苦禅先生却十分泰然自若，沉着应战，他冷静地审视着对方的招式，还是像往常那样先让三招，然后相机出手。十招过后，先生想：一定要让小鬼子知道中国武功的厉害，知道我们中国人是不好欺负的！此时正好山本以重拳向先生胸部扑来，先生淡然一笑，并不躲闪，待其拳接近胸前时，先生猛一侧身，将其拳让过，同时又十分迅猛地以肘击其右肩胛骨后部。山本将拳送出时用力既已过猛，再加上先生肘部的顺势一击，山本"蹬、蹬、蹬"

《双栖图》 1976年

冲向前去，无法止住脚步，便扑通栽倒在地。站在旁边的魏隐儒见此情景，几乎要高兴地喊起来。先生冷笑着说：“还试吗？”山本从地上赶紧爬起来，走到先生面前说道：“你行，你有本领，有本领……走，带走！”先生又被戴上手铐，他毫不在乎地大声说道：“走，隐儒，反正咱们什么都没做，心中无事，不怕鬼敲门！”就这样，师生二人便被作为八路军重要案犯，关押在沙滩“北大”红楼底层宪兵队的监狱里。

师生二人在监狱里，备受各种酷刑：棍打、鞭抽、灌水、压杠、火燎，日本鬼子无所不用其极。开始时，日本鬼子非常兴奋，以为魏隐儒是住在先生家的地下党，他们可以从这里打开缺口，顺藤摸瓜，抓住更多的地下党人……后来经审讯，他们才知道魏隐儒是本市西直门外一所小学的校长，只是跟苦禅先生学画而已。他们感到很失望，明知是错，也将错就错，绝不放手。魏隐儒在他们的重刑之下，因身体过度虚弱而病倒，及至不省人事，他们才不得不将人放出。魏隐儒出狱之后，伤病交加，几乎丧命。当年日本鬼子如此草菅人命之事，实在是罄竹难书！

苦禅先生回忆起狱中之事时曾说：“日本宪兵真会打人哪！多少次被他们打得昏死过去，用冷水激醒，然后再打……当时我只有一个信念：我是中国人，无可奉告！”一切优秀的中华儿女和英勇的共产党人，是中华民族的脊梁，先生的心与他们连在一起，与整个民族连在一起，与革命的前途及中国未来的命运连在一起。孔子说：“志士仁人，无求生以害仁，有杀身以成仁。”（《孔子·卫灵公》第十五）只要能成全人间正道、人间大义，实现国家解放、人民自由，先生认为，“杀身成仁”正是自己人生最终的理想和归宿。历史上的岳飞、文天祥不都是为国捐躯的吗？明代写意画大师徐渭除以诗、书、画、戏曲垂名后世，不是更以抗倭之伟名而流传千秋吗？先生心中一直默念着岳飞的“还我山河”与文天祥的《正气歌》。

日本宪兵队长上村威逼利诱、软硬兼施，无所不用其极，但先生“富贵不能淫，贫贱不能移，威武不能屈”（《孟子·滕文公下》）。一次，上村装着很无奈的样子对苦禅先生说道："李教授，真是对不起了，这些大兵都是粗人、混蛋，没有教养，看把你给打成这样……李教授，你是名画家，怎么能老呆在这里呢？我很想马上放你出去，但你总得写出两个名字来吧，也好让我向上交差。"先生不由得哈哈大笑："你们毫无证据抓人，又无缘无故行刑，你们闯入我们的国家，想烧就烧，想杀就杀，你们这些杀人狂、刽子手、强盗！你说你那些大兵混蛋，我看你更混蛋！难道他们不是在你的指使下为非作歹的吗？你们天天在报上、话匣子里说'中日亲善'、'同文同种'、'中日提携'……你这个自称'大学生'的人，明知道中国是你们的文化祖宗，还要如此欺辱中国人，杀害中国人，岂不是太混蛋了吗？至于你们说常有许多人到我家来，与我有交往，与我有联络，要我交代他们的姓名……我只知道他们为画而来，并不问他们姓甚名谁，更不问他们从何处而来、去向何处。你想要的什么'名单'，我一无所知，我只是一位画家，以画谋生，其他概不知晓，难道非要让我撒谎、诌出一个名单不成吗？这我绝对做不到！"上村见软的不行，便气急败坏地让打手们继续用刑，据说打得柳棍都断成了两节，捆他的铁链也被他运气崩断，他仍咬紧牙关，只字不吐。打手们的虎口震裂了，一个个惊得目瞪口呆。一个打手甚至伸出大拇指说："好功夫，真是铁汉子！"上村见此情此景，也吓得渗出一身冷汗。他认为苦禅先生定有神功护体，有神人相助，不然何以能震折柳棍？又何以能崩断铁链呢？像这样的英雄事迹，先生是很少向外人提及的。但当时与先生有联系的地下党人，对先生在敌人刺刀下的英勇表现却是了如指掌、一清二楚的。"文革"期间经所谓的"内查外调"，虽然搞清了事实的真相，但由于先生是当时学院重点批斗的对象，故被严令秘而不宣。然其结果却是欲盖弥彰，先生的英勇事迹不胫而走，让愈来愈多的人了解了画家光辉的过去，从而更好地认识并评价先生的艺术与人生。

在28天的牢狱酷刑中，苦禅先生充分显示出一种坚贞不屈的大无畏革命精神，在敌人面前，他大义凛然，毫无畏色，他谈笑自若，视死如归。“人生自古谁无死，留取丹心照汗青”，先生已把个人生死置之度外。他认为，为人民而死，为国家，为民族而死，死得其所！死亦无憾！最后，日本宪兵队终因毫无实据，又怕产生太多不好的社会影响，便不得不将苦禅先生释放。

先生是在一个晚上被放出狱的，他浑身是伤，但他仍然振作起精神，掸去身上的灰尘，昂头挺胸，径直向回家的路上走去。他知道鬼子选择晚上放人，一是要遮人耳目，缩小影响，二是便于随后监视他的去向，甚至有可能趁天黑在狱外对他采取枪杀行动。直至他回到家，紧跟在后面的盯梢人只是远远张望。先生想：鬼子们一定是要放长线钓大鱼，以后行事须小心谨慎才是，免得给地下党组织带来不必要的损失。

初出狱的李苦禅经日本鬼子多次重刑，已是遍体鳞伤，他本应该在家好好调养身体，但他首先想到的却不是自己，而是组织、是同志、是学生与朋友：第一，他要让所有关心他的同志与朋友都知道他已出狱，但有盯梢；第二，他要让原与他联络的地下党同志暂时莫去他家，以免被抓；第三，他要尽快找到和自己一起被抓的学生魏隐儒，其生死如何？他们一起被捕入狱后，即被分开关押，故一直消息不通。

经多方打听，先生终于知道魏隐儒的消息：他因身受重刑而病倒，比先生略早几天被释放。先生找到魏的住处，见他伤病交加，又无钱医治，生命已至垂危，不由得心生无尽悲悯：“隐儒，那晚我要是不留你住宿，也不至于此啊。”先生在日本鬼子的严刑拷打下从未流过一滴眼泪，此时看到自己的学生被打成这样却禁不住流下了热泪。魏隐儒说：“先生，这怎么能怪你呢？日本鬼子要抓、要打、要杀，还管你在什么地方吗？他们为非作歹，横行霸道，他们要怎么样就怎么样。先生，要真的能在战场上真枪实弹地跟小鬼子拼个你死我活，就是死了也值得，可现在……唉！”先生安慰了他一番，接着说道：“隐儒，先治好病、养好伤，其他的以后再说吧。你在家好好呆着，我去给你弄药。”

先生回到家，不顾自己的伤势，先磨墨理纸，挥毫作画。墨色刚干，他即送往画店销售。店老板见他急需用钱，便把画价压得很低。先生也顾不得这许多，拿到钱后，便又急急忙忙去为学生买药买补品。魏隐儒见先生如此古道热肠，舍己为人，真不知该说什么好，只能含着热泪紧紧抓住先生的手。后来他在《苦禅之路》一文中回忆此事时说：“若不是苦禅先生出狱为我设法购买德国进口药‘药特灵’，我早已离开人间。”

在许许多多重要的人生路口，乃至生死关口，苦禅先生首先想到的不是自己，而是祖国、是民族、是他人、是朋友、学生及同志，先人后己，舍己为人。他出狱后，仍旧一如既往地支持抗日救亡的革命工作，他说：“年轻的朋友们拿起刀枪，走上前线，我拿起笔多画些画，为组织上多提供一些资助，这是完全应该的。”他的爱国之心没有变，他的革命热情没有变，他的浩然正气也没有变。“天地有正气，杂然赋流形。下则为河岳，上则为日星。于人曰浩然，沛然塞苍冥……”（文天祥《正气歌》）先生在凶残的敌人面前所流露出的浩然正气，磅礴于天地，令敌人胆寒，令朋友称赞。

先生所具有的强烈的爱国主义精神，于生活与艺术中表现为一种骨气、一种正气，一如他最崇敬的明代艺术家徐渭那样终生不变。他认为：徐氏屹立于世，非但以其戏曲、诗、书、绘画蜚声古今，更以其巍然人格与民族英豪之佳名彪炳千秋！他认为艺术家受后人尊敬，首先取决于他高尚的人格——特别是其人格中所表现出的伟大的爱国主义精神。直到晚年，他都一再主张要在青年中多多宣传徐渭高尚的人品与伟大的艺术。当有人拿一部描写八大山人生平的电影文学剧本向他征求意见时，虽然他对八大山人的艺术极为崇拜，但同时认为，如果要全面宣传一位古代书画艺术家，徐渭则更为合适。他认为八大山人在明朝灭亡后，不是装聋就是作哑，不值得写，要写就写参加过抗倭斗争的爱国主义书画家、戏曲家与诗人徐青藤，因为爱国主义是一个永恒的主题。徐氏是一位集丹青词翰和金戈铁马于一身的旷世奇才，其作品中所表现出的豪纵与郁悒，皆是其忧国忧民内心世界的尽情抒发与挥洒。晚年时苦禅先生还曾嘱其子李燕与清史学者李景屏写作电影剧本《徐青藤》，并亲自为之题写片名与剧本序言。由此可见，苦禅先生的爱国情怀与徐青藤前后相映：抗战期间他冒着生命危险参加党的地下工作，虽被捕入狱，却视死如归，他曾题“前世青藤”于画上自勉；至内战时期，他目睹街头流浪的难民，悲戚不已，便在画上题诗道：“时梦青藤是前身，诗酒书画敢望尘。吾画无非换杯酒，路上犹有饿煞人！”到“四人帮”横行时，他对民族命运忧心忡忡，夜不能寐，又于画上题写：“想及天池（徐渭）不能眠。”

先生自日本监狱出来后，虽一直被便衣盯梢，但他从没有心生恐惧；相反，他却更加洒脱无拘，坚强自信了。这一段时间他的书画作品上，多盖有“天逸囚窟生”的印章。他要让自己永远记住：日本鬼子曾在中国的土地上制造过千万个杀人的囚窟，多少炎黄子孙、仁人志士死于他们的酷刑与屠刀之下；自己虽经九死，却得一生。自己挺过来了，没有屈服，没有倒下，自己还要坚强地活下去，还要一如既往地尽己所能支持党的地下工作，支持中华民族的革命大业。

先生的朋友与学生在评价其这一时期的高风亮节时，无不翘首称道，赞不绝口。归纳起来，约略四点：

1．作为教授、书画家，能有如此大义参天者，实乃高风。

2．作为教授、书画家，在敌人的威逼利诱、严刑拷打下，能视死如归者，堪称亮节。

3．作为教授、书画家，出狱后犹能先人后己，不屈不挠，继续走革命之路者，是为忘我。

4．依其人格展其画格，绘画史上画风能有如此博大气魄者，当谓画杰。

苦禅先生以他高尚的气节与人格为中国大写意绘画谱写了壮丽的一页，展示了时代的强音，正如孟子所说："故天将降大任于斯人也，必先苦其心志，劳其筋骨，饿其体肤，空乏其身，行拂乱其所为，所以动心忍性，曾益其所不能……"（《孟子·告子下》）

苦禅先生的座右铭 "所谓人格，爱国第一"，不正是其高风亮节、矢志不渝的自我宣言吗？爱国主义是他人生的精神支柱，也是他书画艺术的精神支柱。在民族危难的关键时刻，他表现了中国知识分子不同寻常的高尚品格与浩然正气。我们可以用这样四句话形容他此时的心志：

生命诚可贵，艺术价更高。
若为国家故，二者皆可抛。

苦禅先生对国家对民族，其爱至深；对敌人对强盗，其恨亦至深。其浩然正气，"至大至刚"，"塞于天地间"，表现于人，则刚正不阿，义薄云天；表现于艺，则雄浑刚健，气势磅礴。故我们可以这样说：有浩然正气之人，方有浩然正气之行，方有浩然正气之艺。此气养育于心，表现于行，而后激发为艺。

遠瞻山河壯

中篇

博采众长，丹青写传奇

——李苦禅的艺术创新

孔子有云：『温故而知新，可以为师矣。』（《论语·为政》）《大学》上有云：『苟日新，日日新，又日新。』其中对『新』的观念的阐述，虽然不是针对艺术，但对历史上的艺术创新却起到了很大的启示和推动作用。许多著名艺术家无不是在其指导下，坚定不移地走着各自的创新之路。苦禅先生当然也不例外，他于人格上，重尊道守德；于艺格上，则重『温故知新』，独辟蹊径。他说：『画思常如天岸马，画者当如人中龙。如此可不蹈于庸俗。』当然他的创造不是凭空的，而是立足于民族传统上的创造，是中西合璧上的创造，同时也是多门艺术修养基础上的创造。他学老师而不似老师，师造化而不同造化，他匠心独运，妙悟神通，完全走着一条不与人同、『日日新，又日新』的艺术创新之路。

徐门受教 苦中悟禅

如前所述，苦禅先生自幼年即流露出了喜爱绘画的天性，他爱看庙堂里乡村老艺人的雕塑与壁画，爱看舞台上形形色色的脸谱与衣饰，爱看草丛树林间的小虫与飞鸟，爱看夕阳下的垂柳与朝露中的荷花，爱看湖面上嬉戏的鹅鸭和渔鹰，他还爱看着画，照着画，想着画……小学时，他临摹的戏剧人物形象逼真，曾受到老师的夸赞；他的书法更是远近闻名，一到年节，乡亲邻里的大门上都贴上了他写的对联。到了中学，由于聪慧的天资和超凡的努力，他曾得到绘画老师孙占群的看重与帮助，在孙先生的热忱指导下，他进步飞快，他的作品参加全城画展，轰动了整个聊城二中。当他和小伙伴们一起登上聊城最高处——光岳楼写生时，远山近水，烟柳画桥，阡陌纵横，河流轻舟……直至天地隐约相接处，一切尽收眼底，尽收笔下。他按捺不住内心的激动：真是太美了！太壮观了！这美丽的景色在李奇庄看不到，在校园内也看不到，唯有登上全城最高处——光岳楼，方能一览无余。看来，登高才能望远，才能开阔眼界，才能将千里江山汇入胸中。难怪古人要登高作赋，临景抒怀。这不正是唐代诗人王之涣所说的“欲穷千里目，更上一层楼”吗？英杰又作了进一步思考：孔子“登东山而小鲁，登泰山而小天下”，不单单是指人身所在的空间高度，其中还包括了人的胸襟、道德及学养所达到的高度。只有站得高，一个人才能在看待问题、认识世界的过程中，由近及远，由表及里，由浅入深，才能不断开拓新的天地。接着他向自己提出了一个十分严峻的问题：中学毕业后该怎么办？该怎样选择自己的人生道路？要想在绘画上闯出一番事业，留在李奇庄、留在聊城，显然是没有希望的。因为在这里，所见者少，所识者短，如何能臻至千里之外呢？于是，他暗下决心：中学毕业后要走出去，要去北京闯荡，去了北京才能在知识的天地里站得更高，看得更多，走得更远，才能不辜负父老乡亲和老师们的殷切期望。

1918年暑假，英杰怀着好奇，只身来到北京，他要亲自看看：北京究竟是一个怎样美妙的世界？北京对他学习绘画究竟会提供什么样的老师和学校？会不会像别人说的那么好，是他学习并成就艺术的天堂？一到北京，他逢人便问北京的大学堂在哪里。别人以为他问的是北京大学，便告诉了他去北大的具体方位和路线。其实，当时的英杰根本不知道北京有多少所大学，也没有所要寻找的具体目标与方向。

按照路人的指引，他来到了北京大学。在校门口他碰见一位年轻人，便上前问道："这里有学画的地方吗？"那人笑着说："想学画，有啊，你跟我来！"英杰被带进北大附设的"业余画法研究会"：一些同学在伏案作画，另一些同学则在面前竖起的架子上作画。英杰感到一种见所未见的新奇：伏案作画的同学用的是木炭条，这以前倒是用过；但他们同时手里还拿着一块馒头，不时擦拭着画面炭色的深浅。他向一名在架子前作画的同学问道："是不是在画漆彩画？"那位同学十分热诚地对英杰解释说："这不是我们传统中的漆彩画，是从西方传进来的一个画种——油画。"这"油画"一词对英杰来说是前所未闻的，其所用的工具与中国画也大不一样。总之，这里所见到的一切异常新颖、奇妙，使英杰感到一种无法抗拒的吸引力。他决定留在这里学上一个暑假，也不虚此行。在同学的引荐下，他见到了研究会的导师徐悲鸿先生。（徐悲鸿当时准备去法国留学，因资金不足，暂在画法研究会执教。）徐悲鸿先生听说英杰远从山东聊城寻师求学而来，甚是感动。又见英杰说话时面部所流露出的诚恳朴实的表情及其对艺术的一往情深，便决定将他留下来随班学习。同时还告诉他，等他从聊城中学毕业后来京求学，那时才能成为正式的研究会会员。在不长的交谈中，英杰所表现出的性格的敦厚及对艺术的酷爱深深地打动了悲鸿先生；而悲鸿先生对他的热情、慷慨与赤诚相见，也使他从心灵深处感受到一股沛然不可御的温暖和情意。这样两颗真诚的心相遇，自然是十分投缘。英杰像见到亲人一样，滔滔不绝地说了自己对绘画的理解、学画的经历、目前学画的状况及拜师的殷切希望。悲鸿先生不仅赞许了他难能可贵的恒心、毅力与吃苦精神，还表示愿意尽力帮助他实现学画的理想。先生告诉他："人不可有傲气，但不可没有傲骨。你的精神很可贵，坚持到底，一定会成功的。"

李英杰在整个暑假里，主要跟随徐悲鸿先生学习炭画与油画。英杰在这段时间还接受了新思潮。蔡元培于《在北大画法研究会之演说词》中提出了自己的美术主张："今世为东西文化融合时代，西洋之所长，吾国自当采用。"徐悲鸿则作了更加具体的阐述："古法之佳者守之，垂绝者继之，不佳者改之，未足者增之，西方绘画可采入者融之。"（《中国画改良论》）悲鸿先生以十分科学的态度对承古法与学西法作了非常明晰的阐释：首先，他对古法（传统）没有作绝对的否定，而是将其分成四种状况："佳者"、"垂绝者"、"不佳者"和"未足者"，区别对待之；其次，他对西法既不是全盘肯定，一切皆好，也不是将其一股脑儿地拿来代替中国画，而是经过选择将其"可采入者"，加以"融之"——融入到中国画之中。这可以说是中西绘画融合的纲领，也可以说是中国现代美术界创世纪的宣言。英杰思索着老师的话语，品味着其中的要妙以及自己的艺术道路，究竟应该何去何从？应该怎样走下去呢？他从与徐悲鸿先生的阐述中找到了自己最好的切入点：

第一，跟先生学好炭画素描，打好造型基础。

第二，外师造化，加强写生，为进一步实践艺术的创新做好准备。

第三，坚定不移地走中西融合之路。

徐悲鸿曾语英杰："文至八股，画至四王，皆入衰途。"因循守旧，故步自封，显然是没有前途的。唯有从生活中汲取营养，以造化为师，才能闯出自己的新路。他觉得老师说得有道理，如果沿袭老路，不求革新，一味师古人之迹，斤斤于形似，则永远是一位没有出息的低能艺术家。于是他抓紧一切时间向徐悲鸿先生学习素描及水彩，他曾临摹过徐悲鸿的摹品油

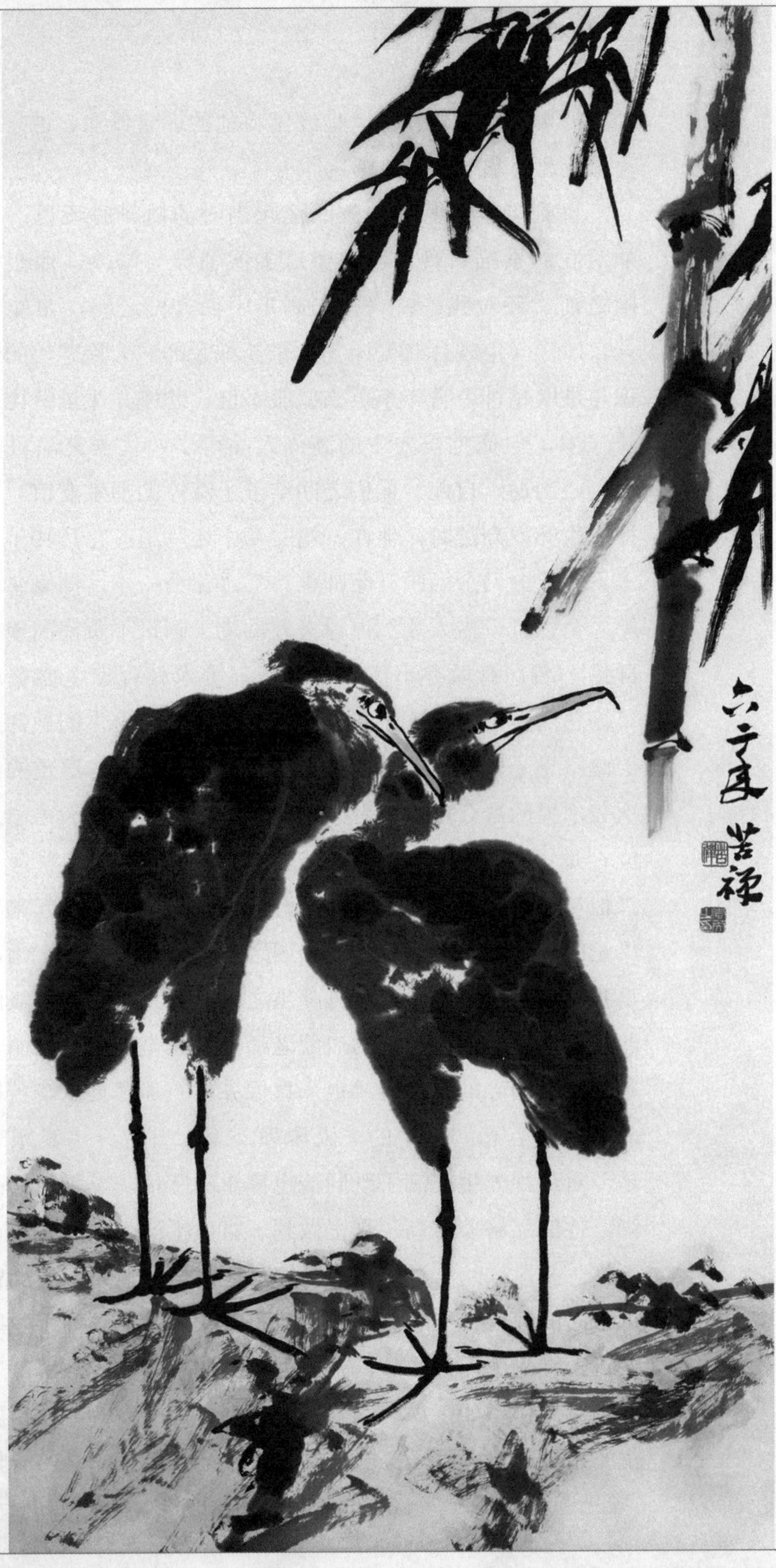

《老竹双鹭》 1962年

画《搏狮》及多幅作品。他经常将他的课堂作业、课外作业、写生及速写拿给老师指点。

直到老年，苦禅先生回忆起当时的情景时还说：“徐老师对我的素描石膏，都曾做过多次辅导与修改，他在临去法国之前，还对我说：‘中国画走中西合璧之路，定能世界第一。’”（电视片《爱国艺术家苦禅大师》）徐悲鸿的远见卓识与进取精神令青年李英杰佩服不已，悲鸿先生虽然比他仅年长三岁，但他觉得先生的高尚人品可学，优秀艺品可取，创造之心当追。自此，他们之间结下了深厚的师生友谊。直到苦禅先生85岁高龄时，他在一篇文章中还写道：“1919年，长余三岁之徐公乃余西画开蒙师也。”“徐公一生，慷慨慈和，仁厚之至，且爱惜人才，谆谆善教，遂于画坛不负德高望重领袖群伦之名，身后亦不愧丹青巨擘与美术教育家之盛誉焉！”（徐悲鸿传记《笔下千骑》序言）他对悲鸿先生的敬仰之情，于此可见一斑。而悲鸿先生对他亦是十分看重与尊重的。在一次美术界的聚会上，当有人问徐悲鸿：“先生的大弟子是哪一位？是不是吴作人？”徐悲鸿答道：“是苦禅！”有人说：“他与您的年龄相仿啊！”在旁的苦禅先生连忙站起来说道：“是的！是的！在徐院长没出国之前，他就教我画炭画，当然是我的老师了！”于此可见师生之间的情意是非同一般的。徐悲鸿不仅是他造型训练的启蒙老师，而且是他远避因循守旧、革故鼎新的导师，徐悲鸿也一直像齐白石那样推重李苦禅的人品与艺品。悲鸿先生的夫人廖静文女士曾说：“我跟悲鸿都是，对苦禅先生充满了既同情也尊重的感情，尊重他的人格高尚。他的品格非常高，真正做到了富贵不淫、威武不屈、贫贱不移——这样的一种崇高的品德。他的艺术也是，悲鸿曾经给过很高的评价。”悲鸿先生于战争年代，曾在画商手中以高价购得苦禅先生一件作品，并视为“神品”一直珍藏着。廖静文女士对此作了如下说明：“……特别是那一张，他（指悲鸿先生）用很昂贵的现洋买回来的《濠上之兴》——画的一幅鱼，笔墨潇洒极了！悲鸿一直把它当作‘神品’。这个画，现也保存在我们纪念馆里。走遍了半个中国，当时在硝烟炮火之下，能够保存下来，实在是不容易的！这画体现了致广大、尽精微……”（电视片《爱国艺术家苦禅大师》）

从以上几例中，我们可以看出：

第一，苦禅先生的尊师情怀，至老不变。古人云：“一日为师，终身为父。”他与悲鸿先生虽年龄相差不多，但事师若父，至老依然恭敬如初，无丝毫懈怠，这为我们现代的学生做出了尊师的榜样。

第二，悲鸿先生爱生重生，对苦禅先生作品称许推重，一以贯之。悲鸿先生从一开始对待青年李英杰就亦生亦友，既关爱他又尊重他。后来，当悲鸿先生看到自己的学生取得了卓越超凡的艺术成就时，不仅购买、收藏、推重其作品，而且于抗战胜利后，还聘其为国立北平艺专教授。

第三，悲鸿先生对苦先生作品禅高度评价，推为“神品”。悲鸿先生收藏作品是有严格标准的，能进入其收藏范围，确实说明了苦禅先生的作品已经达到了极高的艺术造诣；而又被悲鸿先生推为“神品”，则更显示了苦禅先生的艺术已臻至“亡有所为，任运成象”的神化境界。

1918年，经一个暑期北大“画法研究会”的学习，英杰无论是眼界上还是技法上，都有了很大的提高。他便很自然地得出一个结论：学习艺术并成就艺术，唯进京深造才是最佳途径。第二年，他中学毕业，便告别了学校，告别了学校的老师，告别了校后长满荷花的小湖，告别了风景旖旎的光岳楼，他坚定不移地走上了进京的求学之路。

这未来的前景究竟如何？是吉，是凶？是顺，是逆？是成功，是失败？都无从预料。但有一点他是十分坚定且毫不怀疑的，那即是：世上无难事，就怕有心人。只要自己有信心、有决心、有恒心，自己的目的一定会达到，自己的理想也一定会实现。正因为他有这样一颗对未来充满希望的心，他这一走，便走出了一条与家族世代务农截然不同的笔耕墨耘的新路，走出了中国写意花鸟画的一片新天地。

1919年，李英杰再次进京，首先考进了北大附设的“勤工俭学会”。此学会半工半读，不收学费，半天做工，半天上课，为以后去法国勤工俭学做准备。同时，他依照悲鸿先生的嘱咐继续进北大“业余画法研究会”学习。（此会是1918年2月在著名教育家、北大校长蔡元培的主持下成立的，初设时的目的是“以便本校同学研究画法”。）研究会导师有本校的李毅士、贝季眉、钱稻孙、冯汉叔等，还有校外的陈师曾、贺履之、汤定之等。（此时，徐悲鸿先生已前往法国留学。）为了强化自己的全面修养，英杰还在北大中文系旁听，攻读中文。他曾先后听了蔡元培、李大钊、陈独秀、梁启超、罗素（英国）等著名人物的演讲，这对他开阔眼界起到了十分重要的作用。回忆起这段生活时，他曾意味深长地对我说：“苦是苦了些，但苦中有乐，因为通过苦的磨炼可以增长一个人的见识与学识。而这见识与学识，恰恰有助于丰富并拓展书画家的艺术境界。因此我不怕苦，愈是苦愈能激发一个人向上的精神。”

英杰经过“画法研究会”比较正规的基础训练（特别是跟从徐悲鸿先生学过一段时间的炭画、素描与油画），于1922年以十分优异的成绩顺利考入了国立北京美术学校（北平艺专前身）西画系。

英杰通过不断的努力，终于走进了全国第一流的美术专业学校，实现了自己求学的理想。但为了将这理想付诸实践，他前进的道路仍然是举步维艰。身边的热心人见他生活拮据，便帮他租赁洋车拉客贴补生计，以解决生活与学习上的不时之需。英杰自到北京之后，得到周围许多朋友师长的帮助，他内心深处时时升起一种无法言表的感激之情。他常作如是想：人有恩于我不可忘，我有益于人不可不忘。

这一段时间，他凭着自己身体好，力气大，白天上课，晚上拉车不止。那时，人分三六九等，事有三教九流，而拉洋车的、倒垃圾的、捡破烂的和当巡捕的四种职业，被人瞧不起，受人歧视。不过，英杰却毫不在乎，只要能减轻家里负担，能解决自己生活与学习上的暂时困难，何乐而不为呢？更何况自己是靠力气赚钱，光明正大，心地坦然。虽然人间多有不平事，拉车多行崎岖路，但自己的心是坦荡的，是正直的，也是无畏的。沙石滚滚，尘土飞扬，暑日酷热，寒夜雪狂……一切艰难险阻都阻挡不了自己一往无前的心，都阻挡不了自己锲而不舍的脚步！而求学路与拉车路也是完全一样的，只要自己在拉车路上步伐坚定、义无反顾，自己的求学路，就不会半途而废，就一定会达到理想的终点。

他为了避免和其他车夫兄弟抢生意（当时拉车人都有自己相对固定的范围与路线），他选择了别人不拉的路线：城外方向或一些背路，这些路线多有强人出没，故无人敢走。他依仗自己有武功护身，无所畏惧。曾有两次遇到强人，皆被他三拳两脚打得抱头鼠窜，以后就再无人敢拦他的路了。

青年李英杰对自己进京后所遇到的第一位老师徐悲鸿先生

画稿《良工苦心》 1961年

一直念念不忘，特别是先生关于“向生活里寻画稿”的教导，他更是牢牢遵循。他常常利用星期天外出写生。一次，他步行去八达岭，在那里看到了令他心灵震撼不已的壮观景象：蓝天下长城蜿蜒，白云里山川环绕，风咧咧松苍柏翠，路漫漫天阔地远……他禁不住顺口吟出了岳飞那“抬望眼，仰天长啸，壮怀激烈”的词句。英杰因景生情，常以圣人、先贤的名诗、名句来激励自己，鞭策自己。在无比的兴奋心境中，他开始了一天的“劳作”。他不停地挥动画笔，画了一幅又一幅，越画越觉顺手，越画越觉得笔下涌动着灵气，越画越觉得渐入画境……

天色逐渐发黑了，英杰不得不停下手来，待来日再画。第二天，天刚蒙蒙亮，他就起身做好一切准备工作。他身边的干粮已所剩无几，早饭仅吃了个半饱，就又开始了一天的写生。直到下午，看看天色已经不早，他才不得不收起画具，依依不舍地离开八达岭。“要是能在这画上一个月该多好啊？”他一边走一边想，这时他才感到腹中空空，两脚发软……渐渐又感到力气不支，头脑有点发晕。他停一会，稍微定了定神，便继续往前赶路。写到这里，笔者不禁心中涌起一阵酸楚：有谁能像他那样为了白天求学而晚上苦苦拉车，以支付学习所需呢？又有谁能像他那样常常饿着肚子上课、拉车甚至外出写生呢？别的学生去食堂，下饭店，而他只能啃窝窝头，吃地瓜干，喝凉水。他还常常沿用宋代范仲淹儿时的做法，每天熬一锅粥，凉了划成三份，一顿吃一份；有时粥里撒上一点虾糠（卖虾者好虾卖完，最后剩下的虾皮碎屑），那对他来说就是难得的美味了。他生活如此简陋，如此艰难，但从不埋怨，从不叫苦，也从不自卑。他依然是那样乐观，那样洒脱自在，那样无忧无虑地看书、作画和追求着写意画的最高艺术境界。他认为苦是甜因，甜是苦果；甜可坠为苦，苦亦能化为甜，苦后之甜，才是真甜。同学中，在生活上他是最贫苦的，但在精神上他是最富有的，在对未来的追求上，他则是最乐观的。

由于过度疲劳，过度饥饿，英杰在回校的路上终于晕倒了。他醒来时发现自己躺在一架马车上，才知道是赶车的大叔救了自己。他连忙起身向大叔道谢，那老乡递给他一块杂面饼和一碗水：“孩子，吃吧，你是饿的！”英杰接过饼，无限感激地说：“谢谢大叔的救命之恩！”待英杰下车时，问及赶车大叔的姓名及地址，以便日后报答，那老乡却笑着说道：“孩子，咱穷人出门，互相帮帮忙是常有的事，回学校去吧，以后一个人出来要多加小心。”英杰向赶车大叔深深鞠了一躬，深情地望着那渐渐走远的马车和大叔的背影……“多厚道的人哪，他的心是那样纯净真朴，施人若无施，助人若无助，这大概即是佛门中所说的‘无住相布施’与‘无缘悲心’吧。他与我并不相识，毫无亲缘，仅为路人相遇而已，但他却能慷慨相救，不求回报。当我问及其姓名及住址时，他只笑而不答，赶车而去。显然他在做这件事的时候，就根本没有想到过要得到什么回报。其高尚寓于平淡，仁爱寓于无求，深情寓于质朴……悲鸿老师及许多好心的朋友不都是这样帮助我的吗？他们何曾想到我的回报呢？他们施恩不图回报，我却不能受恩不思回报。施人慎勿念，受施慎勿忘。他们为我人生的道路树立了典范，我永远不会忘记他们。”英杰后来的人生轨迹，也充分说明了他一直在奉行着这样的人生准则：“施人慎勿念，受施慎勿忘。”

英杰回到住处，仍不忘那救己性命的赶车大叔，便赶紧拿出速写本，凭着记忆画下老人的形象，并题上四个字：“永志不忘”。从这位老人，他还想起了自己的爹娘、爷爷奶奶和李奇庄的乡亲们——中国贫苦而淳朴的农民都同样有着一颗善良的心。这时，他的同学林一庐突然走进他的房间，见他蓬头垢面、狼狈不堪的模样，很惊讶地说道：“你画画，都画呆了，画得连命都不要啦，肯定还没吃饭吧？”英杰笑着点点头，一庐便到自己宿舍给他拿来了一个馒头、一个窝头和一盘咸菜，又打了碗热水，放到他面前。一庐一边好笑地看着他狼吞虎咽的样子，一边不停地翻阅着他的速写本，然后兴奋地说道：“好！愈画愈好，后面这些张更好！英杰，你真是苦画画的，画画的‘苦行僧’啊，你肯定从苦行中悟到些禅意了吧？”

“一庐，你早已是禅门弟子了，我说出来，莫要见笑。无论是苦也好，乐也好，皆从心造。心若以其为苦，不苦亦苦；心若以其为甜，不甜亦甜。孔子的弟子颜回不就是乐而忘忧吗？我的生活，从表面来看是苦的，饿着肚皮去八达岭写生是苦的，但我战胜了苦，不觉其为苦，我的眼界开阔了，知识丰富了，画技也提高了，这岂不变成了甜、变成了乐吗？我认为这苦与甜、苦与乐是相通的，是一如的。关键在一‘心’。”

“说得好啊，英杰！唐代志勤禅师有这样一首开悟诗：‘三十年来寻剑客，几回落叶又抽枝，自从一见桃花后，直到如今更不疑。’志勤法师见桃花悟得色空一如，你于苦画画中悟得苦甜一如，苦乐一如。”

“开悟不敢说，仅略有体会而已。其实，只要悉心领悟，担水劈柴，无非妙道，世事万法，皆寓禅意。生活中无处非禅，无处不是禅的表现。郁郁黄花，无非般若，青青翠竹，尽是真如。一庐，你说是不是这样？”

“是啊，教有万法，性相一如。看来你已心入禅门，称你为‘心出家僧’，可矣。英杰，你能从千辛万苦的磨难之中，悟出超脱世俗的妙理，堪称精神上的升华与观念上的超越！你在苦中崛起，在苦中奋进，在苦中悟禅……英杰，我送你一个新的名号‘苦禅’，如何？”

“苦禅，不就是苦和尚吗！古称‘写意画’亦为‘禅宗画’……苦画画的，于苦中攻学写意禅宗画，于苦中悟道，于苦中悟禅，名之固当！名之固当！多谢一庐兄。”

英杰想：就以此名作为对自己在艺术道路上不断奋进的鞭策吧，苦中拼斗，苦中作乐，即苦即乐，苦乐一如。一般人名号中多避讳“苦”字，不用“苦”字，以为其包含不吉祥之意。徐悲鸿先生名字中，不是有一“悲”字吗？“悲”字并没有影响他人生的前途与发展，相反他的艺术成就却愈来愈令人瞩目。我以“苦”字入名，苦修苦练，良工苦心，先天下之忧而忧，后天下之乐而乐，何惧之有？名字只不过是一个人的代号，他的一生该怎么样，能怎么样，全在其德，全在其行。在高品盛德的指引下，其能行一般人之所难行，其就能达到一般人难以达到的高度；其能忍一般人之所难忍，其就能得到一般人难以感受的快乐。人就需要从“悲悯”中，从“苦行”中，悟知人生与艺术的真谛。从此，他开始以“苦禅”名世，一位杰出的艺术家便在苦学、苦行与苦修的磨砺中逐渐崛起。

拜师白石 体用中西

徐悲鸿先生在离开北京去巴黎留学之前，曾一再叮嘱英杰："中国画走中西合璧之路，定能世界第一。"这句话一直在英杰头脑里萦绕，但究竟怎样"合璧"？怎样才能算"合璧"呢？这个路应该怎样往前走呢？

1922年他考入北京美术学校西画系，开始了正规的美术学习与训练。这所学校是中国现代第一所国立高等美术学府，初创于1918年4月，名北京美术学校。1922年后改称北京美专，设有中国画、西画、图案三个系。1926年又改名国立艺专。当时西画系的教授有彭沛民、李超士、严继聪、吴法鼎、李毅士等，还有捷克教授齐蒂尔与法国教师克洛道。英杰经老师的悉心培育及自己的刻苦实践，对形的捕捉能力与概括能力、对色的分析能力与表达能力、对画面的取舍能力与组合能力都有了很大提高。在老师的引导下，他认识了许多西洋画派：神秘派、象征派、古典派、浪漫派、印象派与立体派等；他还明白了艺术的发生、发展与嬗变以及艺术的审美功能与社会功能。每接触一个新的艺术课题时，他都会同时审视一下中国画在对应点上，会有什么共同处或不同处。他觉得有三个方面西画与中国画是相通的：

第一，源于生活。中西绘画皆起于生活，师法造化。

第二，传达生命。中西绘画所以能不断流传，经久不衰，是因为它们都在传达着生命与生命的节奏。无论是人，是物，是花，是鸟，是山，是水，在画家的笔下，都应该是活生生的，是画家情与意的载体。

第三，不断创新。中西绘画都在其发展的过程中，不断创新，时代有时代的特征，画家有画家的风格。艺术应新意常在，其才能永葆生命的青春。

不过，这中西绘画毕竟是两个不同的画种，文化背景不同，艺术观念不同，审美追求不同，表现技法与工具材料也有差异，如何将二者融合以达到"合璧"的境界，绝非一蹴而就之事。不经过深入学习、研究与实践，恐怕只能是一句空话。

英杰非常认真地思考着：自己从小就喜爱的中国艺术，像庙堂里的壁画、雕塑，舞台上的脸谱、衣饰，民间工艺中的虎帽猪鞋、粉彩泥娃和剪纸贴花，以及中国书法与中国绘画，无不展现了中华民族的风格特征、文化内涵及审美取向。而自己对其所进行的探讨与研究，都还是很不够的。如果要搞中西融合，这本土艺术是根本，是绝对不能忽视的。否则，西来为主，以西代中，又何来“中西合璧”呢？于是他便做了一个十分重要的决定：学西画的同时兼学中国画，要把自己的艺术之根深深扎在民族文化的土壤里。他的决定是大胆的，因为无一西画系学生有此“壮举”，在西画被视为时髦艺术、中国画被视为没落艺术的那个时代，谁会作出如此选择呢？他的决定同时也是异常明智的，他根据自己的审美情趣、文化积淀及美学理想，选择了与自己心灵节奏最为贴近又最能体合为一的中国书画艺术。

紧接着他又做出了第二个决定：选择老师。拜谁为师呢？他将北京所有的中国画家全都“滤”了一遍，又多次去兼卖名人字画的“南纸店”进行实地考察，并回忆老师徐悲鸿对北京画界的评说。基于以上三个方面的综合研究，他最后的结论是：拜师齐白石。为什么他会选择齐白石呢？他曾讲过四点原因：

第一，当时的北京画坛虽是人才济济，但却死气沉沉。主要原因是袭古风盛，不少画家都陈陈相因，追摹“四王”，忽视了前辈们“师造化”的优秀传统，于是了无生气，千篇一律。

第二，齐白石先生的画有创造精神，他画自家画，绝不与一般人相同。

第三，他不奔走高门、阔人，不巴结权贵，不抽烟打牌。

第四，他很有毅力，整天都在画画。

四点原因归结起来，即人格与画格两大方面，这也是英杰选择老师的一贯准则。还有一个问题是非常值得我们注意的，即当时齐白石刚到北京不久，名气不大，其艺术尚未广为人知；此时英杰既能认识到齐白石高尚的品格，又能认识到其艺术的真正价值，并决定拜师于齐门之下，这充分显示了他的远见卓识——他是不以暂时的名气论短长的。显然，他绝不只以名气取人，慕名求师，而是察其行，观其人，睹其艺。在名与实之间，他更重视的是实，是其实在的人格与画格。

学生选择老师，同时老师也要选择学生，这之间存在着一个双向选择的问题。李英杰决定选择拜师齐门，齐白石能否愿意收下这样一位学生呢？

1923年秋，菊花盛开之时，李英杰和另一位同学王雪涛（著名花鸟画家，当时就读于艺专国画系）经商定后，决定一同前往白石先生处拜师。一天，他们俩来到西城跨车胡同齐白石住处，王雪涛颇有些犹豫地说："英杰，今天就算认认门吧，咱们什么礼物都没带，齐先生是大画家，能收我们吗？"英杰答道："齐先生也是苦出身，不会把我们拒之门外的。既来之则安之。"英杰一边说着一边拉着王雪涛上前敲门，他们被一位中年妇女让进院中："齐先生正在作画，你们稍等片刻。"

"请客人们进来吧！"屋里有人大声说道。二人进入画室，见白石先生六旬上下，双目炯炯有神，黑须飘洒胸前，甚有风度。英杰拉了一下雪涛的衣襟，他先扑通一声跪倒在地，雪涛也紧接着跪了下来，白石先生见二位青年一句话未说便行此大礼，一定是有什么大事需要帮助，忙说："请起，请起！二位青年人有什么难处，齐某能做到的，一定尽力！"说着便去搀扶二人，英杰紧紧拉着白石先生的手臂答道："我们是艺专的学生，爱您老的画，想拜您老为师，不知能不能收我们为弟子？"雪涛也说："老先生的画很有新意，我们佩服之至！我们来拜师完全出于一片真心，万望先生接纳！"白石先生这才知道他们的来意，笑着说道："起来说话，快起来说话。"

"齐老先生您就答应我们的请求吧，我们一定好好学，你若不答应，我们就长跪不起……”齐白石先生见他们二人质朴、率直，又都是艺专学生，便欣然应允了他们的要求：“好吧，我就收下二位弟子了。”齐先生话音刚落，二人激动万分，又赶紧挤到老师面前行拜师礼。画桌旁地方狭窄，再加上二人过于急切，遂使一个人碰到墙上，一个人摔倒在地，白石老人见到两个憨厚可爱的青年，不由得哈哈大笑起来：“好啦，好啦，以后勤学苦练，有空就来吧！”

二人一再向老人表示：“现在我们是穷学生，也没有钱买贽见礼，等将来做了事再好好孝敬您老人家吧！”白石先生摇着手说道：“你们是穷学生，千万不要说送礼的话。我一不要你们的学费，二不要你们将来报答我。我只要你们能好好学，认真学，能有所作为，能流传老师的艺术，更能青出于蓝而胜于蓝，超出老师，超越千古！你们不是要送贽见礼吗？下次来就拿着你们的画当贽见礼吧！你们觉得如何？”

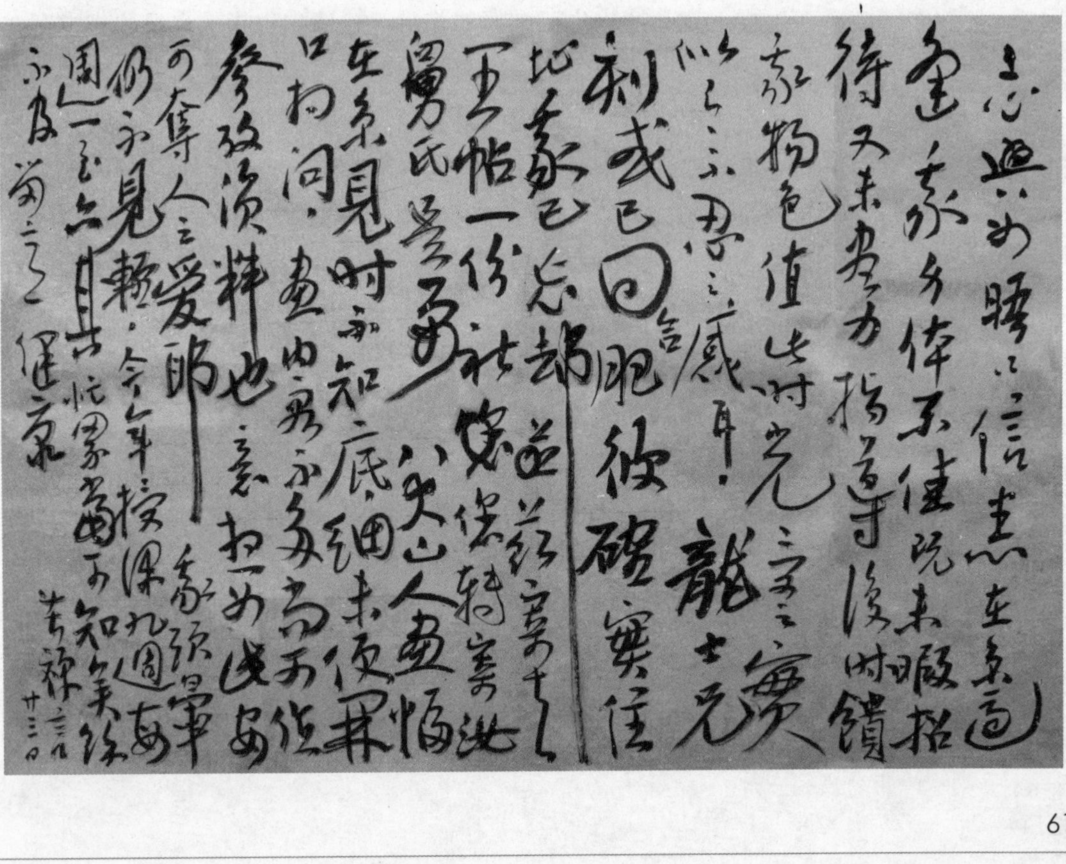

《李苦禅先生给作者的一封信》 1962年

“好啊，正好请先生指点我们画中存在的缺点和问题。”英杰十分高兴地说。王雪涛接着说：“我们的作品恐怕拿不出手，不过，也好请先生给我们指明以后前进的道路与方向。”

意想不到的顺利，拜师成功，李英杰与王雪涛像是拿到了开启宝藏大门钥匙似的，高高兴兴地离开齐府。回到学校后，他们画出自己认为最满意的作品，准备第二次去拜见白石先生。当白石先生看到他们的作品时，甚是欢喜，说道：“后生可畏，后生可畏啊！你们的画最宝贵的地方是：不泥古人师造化。古人于每个时代都有新的创造，关键在于他们既学古法而又不泥古法，既师造化又不同于造化。所谓不法而法，乃为至法。”白石先生还对二人画面上的优缺点作了具体分析，二人都觉得先生的话语不多，却能切中要害，一语中的，真是：“听师一席话，胜读十年书。”

自此以后，英杰便常来先生家中，或观看先生作画的全过程，或品读先生已画好的作品，或请先生指教自己习作中存在的问题，或向先生提出自己学习中的疑问。除此之外，他还常利用空余时间帮助先生整理画室，打扫庭院，栽花种树甚至粉墙修路。他来自农家，干这些活都不在话下。他常想：先生不收学费，对他又如此尽心传授，他为先生做点家务不是很应该的吗？一日为师，终身为父啊！他对待先生犹如对待父亲，对待先生的家人犹如对待自己的家人一样。先生见他如此勤朴、热诚、实在，便对他也像自己家人一样，常留他在家吃饭，有时还赠他纸笔等绘画材料。两天不来，先生便会不住地叨念他。由此可见，他与先生之间的感情已非同一般。他看先生作画，遇到疑难时常常不是马上就问，而是尽量通过自己的思考来解决，直到自己实在无法解决时再向先生提问。他要让自己的思维能力尽量向老师靠近，以至与老师同步。据说，白石先生画大画时，最喜欢让英杰帮他抻纸，因为英杰最能吃透先生的心思。特别在画大幅竹荷时，先生常常驻笔不动，由英杰自由抻纸，或长或短，或快或慢，师生之间配合十分默契，正所

《双鱼》 20世纪60年代

谓“心有灵犀一点通”。先生为学生的心灵手巧、点到即通而高兴，学生亦为能体味先生笔下奥妙、悟道通灵而欣喜。

英杰每来先生家一次，他都要在回校的路上反复思考着，自己今天学到了什么？从老师的画中又受到了什么样的启发？自己在哪些方面与老师的差距最大？他向老师求学，有三个方面是非常值得我们仿效并推广的：

第一，诚则明。对老师至诚至敬，虚心求教，由真诚则能明达一切事理。《中庸》有云：“自诚明，谓之性。自明诚，谓之教。诚则明矣，明则诚矣。”又云：“唯天下至诚，为能尽其性。能尽其性，则能尽人之性；能尽人之性，则能尽物之性；能尽物之性，则可以赞天地之化育；可以赞天地之化育，则可以与天地参矣。”于此可见，真诚者，可达明理；而明理者，又能反过来促其真诚。“诚”与“明”在完美人性中，是相辅相成的。一个人能真诚恭敬地向老师学习，才能在不断明理的过程中全其所学，学而有成。

第二，学而思。《论语》有云：“学而不思则罔，思而不学则殆。”那时的英杰是学中有思，思而致学，学与思并行不悖。

第三，行以化。学与思的心得与体悟皆付诸行动，付诸实践，在实践中化古为今，化他为我，化出我法、我画乃至我之风貌。

在以上三个方面中，“诚”即一颗真诚的心最为重要，它是一切之根本与出发点。有“诚”，才会有对老师的“敬”、对事理的“明”，才会有对专业的苦“学”与深“思”，也才会有实现艺术创新的大“行”与运“化”。英杰向老师学习，重在“心”而非“迹”，正所谓：“神而明之，存乎其人，学贵心得。”（清·郑绩《梦幻居学画简明·论形》）先生年至八旬高龄时，在《欣逢盛时忆当年》一文中曾这样讲述他随白石师学习的感受：“我平日只在一边看老师作画，细心体会他的用心和用笔。尽量少问话，少麻烦老师，更不会去向老师要画了。但是齐老师是诲人不倦的，他每画完一幅画，就和我谈谈画法。齐老师常说：‘学我者生，似我者死。’（就艺术生命而言）他主张学其艺术用心——画自己的生活感受，而不是仅仅追摹他的稿子。更令人难忘的是齐老师那‘超人’的勤奋精神，这种可贵的精神至今还在激励着我。那时，他每天6点起床，即开始作画，晚上十一二点才睡觉，中午仅有很少的时间用来吃饭和休息。如此几十年如一日地画着——他没有烟酒嗜好，更不为打牌、‘交际’，或为阿谀权贵奔走，而耗费宝贵的光阴。他这种精神对我影响很大。”

于此可见，当时英杰向老师学习，不仅学其精湛的艺术，更学其勤奋的治学精神与绝不随波逐流的高尚人品。他于艺术上不是一般的观看与摹形，而是“细心体会”老师的“用心和用笔”；是“学其艺术用心”与艺术思想，以达到心心相印之目的；是“画自己的感受”，创自己的新路，而不只是追摹老师的“稿子”。白石老人一直为有这样一个敢于创新的好学生而欣慰，同时老人对英杰能在他备受排挤与冷落的时候前来拜师，成为他第一位京师弟子，也常常感慨不已。老人曾有诗赠他：

> 怜君能不误聪明，耻向邯郸共学行。
> 若使当年慕名誉，槐堂今日有门生。

并注曰：“余初来京师时绝无人知，陈师曾（字槐堂）名声噪噪，独英（李苦禅）也欲从余游。”

白石老人还亲自操刀，为英杰治印一方，印文“死无休”，以寓“丹青不知老将至”、“语不惊人死不休”的治学精神。这方印一直伴随着英杰，也一直激励着英杰；他觉得这不是一块普通的石料，它是老师的化身，是老师精神的化身，也是历史上无数杰出艺术家治学精神的化身。虽仅三字，其中却蕴含着深刻的启示与巨大的鼓舞。英杰暗下决心：自己一定要继承传统不休，师法造化不休，艺术创新不休！

在白石老人的悉心培育下，英杰对中国画的认识能力与表现能力，都取得了很大的进步。但他同时也没有放弃对西画的学习，在西画系的同学当中，他的素描、水彩都是名列前茅的。他首先从西画打入，然而又从西画打向国画，这中间存在两大难关：

第一，打入西画，并能取得优异成绩，确为不易。

第二，从西画再打入国画，能摆脱西画各种造型与色彩规律的束缚，蜕变而出，意贯中西，则更为不易。

凡经过西画训练的画家，在转画中国画之后，其笔下的中国画，往往都会不自觉地留下西画的烙印，令人感觉他是在画西式的中国画，而非真正地道的中国画。而英杰在这方面却展示了一种非凡的大气魄、大能力：他一方面不拘泥于西画的各种戒律，将自己对速写造型、色彩对比的把握化为优势，另一方面又不为白石老师所画的题材与风格所束缚，而重在体会其笔法、笔意及用心。他非常合理地将二者融合在一起，以西画之“优”融老师之“长”，亦即以“自己到大自然里勾速写稿子，选自己喜爱的过到宣纸上——加工、改造、融合前人和老师的笔墨，画自己的东西，创自己之笔墨”（《苦禅画语摘编》）。

从这里，我们可以看到：李英杰从拜齐白石为师，就开始了中西绘画的融合，而且展示了一个颇为正确的方向：

第一，不是以西代中，取代中国画。

第二，也不是简单的、表面的凑合，非中非西。

第三，是以中为体、以西为用的、深层次的、意味与精神的融合。

第四，融合之后所展示的，仍然是中国气魄、中国神韵与中国风格。

英杰始终认为，绘画艺术一定要扎根在民族文化的土壤里，一定要表现中华民族的风格与特征。没有了民族性，便失去了根本，也便失去了其存在的价值与意义。与此同时，他又十分注重“笔墨当随时代”，“画自己的东西，创自己的笔墨”，表现自己独有的艺术个性。

有一次，白石老人看到他画的《荷花翠鸟图》，倍加赞赏，并在上面题诗，以示鼓励：

布局心既小，下笔胆又大。
世人如要骂，吾贤休吓怕。

老人一方面赞赏英杰“小心布局，大胆下笔”，一方面又告诫他莫被世俗之“骂声”所“吓怕”，尽管走自己的创新之路。

白石老人在李苦禅画册上题道：

论说新奇足起余，吾门中有李生殊。
须知风雅称三绝，廿七华年好读书。

深耻临摹夸世人，闲花野草写来真。
能将有法为无法，方许龙眠作替人。

老人对他在几个方面都作了很高的评价：

1. 风格上：“新奇足起余”。

2. 修养上：“风雅称三绝”。

3. 创作上：耻“临摹”，重“写真”。

4. 画品上：有法入“无法”，“龙眠作替人”。

白石老人把他比作宋代李公麟（“龙眠”）的“化身”（李公麟是宋代最著名的画家之一），可见他在老人心目中所占据的位置。白石老人还认为他有如孔门弟子“商”——“新奇足起余”：言其“新奇”的风貌与格调，足以启发老师。英杰之所以能有如此大的进步，一方面与老人的教导密不可分，另一方面则在于他自己的刻苦学习与不懈努力。如果用《论语》中的一句话表明他此时的治学精神，可以说是：“发愤忘食，乐以忘忧。”（《论语·述而》第七）

这一段时间，他的生活是艰难的，又是紧张的。白天在艺专上课，学习西画；晚上或者去白石老人家学画，或者去拉车。他要靠拉车的收入，来支付一些费用。如果一个晚上能多收入几个铜板，他在接下来的两个晚上就可以安心学画。冬天拉车最难熬，他仅有夹衣御寒。有时冻极了，便在雪地里打两套拳取暖。在凛冽的北风中，无生意时冻得瑟瑟发抖，有生意时跑得满身大汗。一停下来，汗水结成冰棱，则越发冷透骨髓。他有时每天只能吃上一顿饭，但无论如何艰难，他总是夹着速写本，一有机会便画起来。各种人物、花树、房屋，都是他速写的题材。在和同学们交谈时，他从不说穷道苦、言忧告愁；相反，他却神采飞扬地谈论着艺术、艺术的美情、美意与美境。这时仿佛谁也比不上他的思想更活跃、意志更坚强和精神更充实。他生活在艺术美的国度里，何苦之有，又何忧之有呢！难怪他在谈到兴奋之际，会有"给我一个道尹不做，难舍我的美生活"之慨。著名教育家、美术评论家王森然先生曾用这样一段文字生动地描述了他此时的人生境界："他简直是在美的宇宙里生存着，他的生命寄在美的深处的艺术之国，离开了利害的一切感念，单求一种适意的快感；他的生活，建筑在意识功能里，抛弃了所有的一切欲望。乡亲们有的说他是怪诞，有的说他是疯狂；同学们有的说他是低能，有的说他是叛徒；是的，伟大的天才，一到俗人眼里，当然算不了什么，无可以共通共感的生命的那些野恶无趣味无理解的低级观众，更有什么铭感？"（《画家李苦禅》）

他抛弃了欲望、忧愁与烦恼，他的生命与艺术为一，与万物共存，他整日徜徉在艺术美的天地里，他怎么愿意舍去这样的"美生活"呢？一个真正富有的人，是精神上的富有；一个真正快乐的人，则是心地上的快乐。当时的李苦禅正是这样一个人，他不管别人的眼光与嘲讽，他也不管别人的辱骂与讥笑，一切都置之度外，坚定不移地走自己的路。与此同时，也有许多好心的同学出于友爱，或赠之以衣，或送之以钱。钱他是一概不收的，旧衣旧鞋他有时会收上两件。有几个同学看他连饭都吃不饱，就商定轮流约请他，让他也能不时地吃上一顿饱饭。几次以后，他知道是同学们一片好意，他便一一婉言谢绝了。

后来他在一次去八达岭的写生中，无意中得到了10元钱的画酬。（据说有两位外国人士来中国长城旅游，看到英杰在八达岭的写生作品，称赞不已，他们希望能求得两件作品留作纪念，英杰当即表示愿意慷慨相赠，二位先生认为还是付以10元画酬为好，互作纪念，英杰推之再三，见盛情难却，只好收下。）英杰用这10元画酬做了四件事：第一，寄一部分回山东老家，以表孝心。第二，买些礼物去拜谢白石老师，以表敬心。第三，约请关心过自己的同学聚会一次，以表谢心。第四，买点学习所需的资料、材料，以助求艺之苦心。当白石老人看到英杰将买的礼物摆到自己面前时，不由得老泪纵横，他被如此有情有义的好学生感动了："还是把钱寄给老家的父母吧，或是用在你自己的学习与生活上！多仁义的孩子！老师心领了。"

苦禅先生在艺术上谨遵老师"学我者生，似我者死"的教诲，画自己的东西，创自己的笔墨，走自己的道路。他从一开始就没有亦步亦趋。他笔下的雄鹰、苍鹭、渔鹰、各种鸟和各种花卉，都展示了与老师完全不同的格调。即便是相同的题材，如螃蟹、白菜等，师生之间的笔墨结构与风格特征亦是有所区别的。白石老人常常为有这样一位大胆创新的弟子而赞不绝口，如：

苦禅仁弟有创造之心手，可喜也！

苦禅画思出人丛，淑度风流识此工。赢得三千同学辈，不闻扬子耻雕虫。

苦禅学吾不似吾……

思想与笔墨色色神奇，八十八岁老师过目记之。

雪个无此超纵，白石老人无此肝胆。乾嘉后，笔墨无出其右者。

白石后笔墨当推苦禅。

…………

苦禅先生紧随老师学画数十年，敬师敬业，克勤克俭，从不多麻烦老师。有一天，白石老人显得很不高兴的样子，他突然发问："我的朋友学生都向我要画，你跟我这么多年怎么不要？你是不是不喜欢老师的画？"苦禅先生这才恍然大悟，忙说："老师，您一只手画画，养活这么一大家子吃饭，您能不要学费收我这个穷学生，我就感激不尽了，哪能再向老师讨画？"老人听了以后非常感动，觉得自己的学生太善良、太朴实了，便当即送给他一幅《不倒翁》的精品。

学生向老师学习，老师培育了学生；师生之间几十年默然相契，互相信任着彼此的人品。苦禅先生在老师的影响下，无论是做人还是作画与治学，都表现为真率、质朴与务实。苦禅先生曾说白石老人"在画画之外像个傻子似的，老来又常常天真得如同孩子一般"。其实，他亦如此。白石老人因辨不清铜与黄金，曾上当受骗；他在生活中经常分不清邮票、粮票与布票，甚至把部长当成局长……他们师生有一个共同的特点：他们都全身心地投入到了艺术研究与艺术创造之中，他们都将自己的毕生精力贡献给了伟大的中华民族艺术。故他们的艺术是不朽的，也是伟大的。苦禅先生有一句名言："金钱的圈子里只产生值钱的艺术，信仰的圈子里却产生伟大的艺术。"

在十年浩劫中，已作古的白石老人也成了批判的对象，有人当着苦禅先生的面砸碎老人塑像，推倒老人墓碑，还有人当众磨掉老人亲赠的名章以示"划清界限"……苦禅先生面对恐吓、辱骂甚至在危及生命的关头，他一直是咬紧牙关，站稳脚跟，默然不语。回家后，他赶紧让儿子李燕从被查封的箱子中冒险"偷出"老师送他的几方印章，以免被毁。十年浩劫过去，当苦禅先生紧握着因藏于鸡窝而得以幸免的老师赠印时，他老泪纵横，模模糊糊地看到了老师那惊人魂魄的冲刀劲笔——“死无休”三个大字，这老师的叮咛与教诲如何能忘？当至死不忘啊！

“四人帮”覆灭之后，国家决定重新修复被砸坏的齐白石墓碑，经齐家子弟提议，书碑重任落到了白石老人的大弟子苦禅先生肩上。先生以84岁高龄，用一个上午的时间，反复写了二十余遍，最后方才选定两纸：“湘潭齐白石墓”与“继室宝姬之墓”。然后又书白石老人两首诗，以备铭诸碑阴，落款是：“辛酉年弟子苦禅敬书”。

苦禅先生对老师的诚敬堪称：一以贯之，终生不渝。1982年清明——白石老人墓碑揭幕之日，祭扫已毕，他恭恭敬敬地守立在墓碑之旁，依然像当年侍奉着恩师一样，他嘴里还不住叨念着：“齐老师，齐老师……”苦禅先生尊师重道，至老不减，充分展示了他具有一颗“诚明”之心，他能始终不渝地沿着先贤的道路不停地求索，不停地奋进！

在白石老人的精心培育下，英杰于国画上的才气表现得愈来愈显著，也愈来愈令人瞩目，故时人称其“艺术头角日渐峥嵘”（当时报纸评语）。但在艺专校内，多数人还不知道他另学国画，更不知道他更换的新名“苦禅”。他在校内和几位同学发起组织了“九友画会”，九友分别为：李苦禅、王雪涛、王仲年、徐佩遐、阎爱兰、孙公符、何冀祥、颜伯龙、袁仲沂。成员均是来自艺专国画系和西画系的同学。他们志同道合，都主张走中西合璧的创新之路。

学校为了展示毕业生的学习成绩，决定面向社会举办一次北京国立艺专毕业生画展。经过一段时间的认真准备和筛选，1925年夏季，画展正式开幕了。画展的作品，意想不到地在当时的美术界、文化界与新闻界都产生了极大的轰动，每天参观者络绎不绝。展室内，中西绘画各占一半位置。陈列西画的一边，有素描、水彩、油画，内容包括人物、静物及风景。一幅题名为《合唱》的西画创作，吸引了不少观众的目光。作品右下角的卡片上署名是：三班李英杰。

展厅另一侧挂满了中国画作品，有工笔的，也有写意的。内容包括人物、山水、花鸟、走兽、虫鱼等，皆色彩缤纷，意态丰雅。其中有八件写意画作品显得尤为突出：大刀阔斧、笔墨奔放，犹如异军突起，展示了一种完全不同的格调。其用笔健而不媚，用墨厚而不浊，用色雅而不俗，以一种大气、壮气的豪迈雄姿艺压群芳。其所画的内容有雄鹰、苍鹭、鸬鹚、寒鸦、八哥、鹌鹑、麻雀等，并配以山石、流泉、松云、红梅、兰竹为背景。每幅画都展示了一种深厚、苍莽、新奇的意境，颇有明末清初八大山人的遗风。

这几幅画前面的观众越聚越多，一位社会上的丹青行家向西画系主任彭沛民教授说道：“这几幅画笔墨恣肆，泼辣简率，且构图新奇，意境幽远，绝非一般人所能画出，请问这署名李苦禅的是贵校哪位同学？”这一问，弄得彭沛民张口结舌，无言以对。他将国画系教授谢惠庭拉到一边，悄声问道：

“这几幅画的作者李苦禅，是你们系的学生还是你们从寺庙请的哪位高僧？”

“我也感到奇怪，不但我们国画系没有此人，就是全校亦无此名。想必是校领导请哪位高僧画的，以助画展的气氛。”谢教授答道。

正当观众们热烈地谈论着，记者们兴奋地询问着，老师们好奇地猜测着的时候，从门口突然传来一阵爽朗的笑声：“呵呵，听说展室里出现了高人的范画，我也看看是哪位‘苦和尚’的精品。”众人顺着声音望去，原来是著名画家、艺专校长林风眠驾到。大家自动让开一条通道，当“苦和尚”那八件作品一闯进林风眠的眼帘时，那非同一般的、震慑人心的气势便把他吸引住了：“好画，好画！笔墨、气韵、构图、意蕴俱佳，阴阳陶蒸，神工独运。景外之趣，意外之妙，画得太超脱了。诸君，这‘苦和尚’是何许人也？能否请来一见？”

“这要询问画展筹划人、图案系主任黄怀英教授。”有人说道。正在此时，只见黄怀英教授挽着一个人的手臂从人群中挤了过来：“林校长，这就是你要寻找的‘苦和尚’！”

林风眠颇有些莫名其妙：“李英杰，这‘苦和尚’就是你，还是你请了哪位方外高人？”

“林校长，英杰就是苦禅，苦禅即是英杰。英杰苦禅是一不是二。”黄教授笑着说道。

林风眠无比兴奋而意味深长地对英杰说：“好难寻找的‘苦和尚’啊！没料到你来了个‘明修栈道，暗渡陈仓’，学西画的同时又学了中国画，而且竟臻至如此高度，真是一片苦心哪！你的几幅大作我全收购了。”

“还是平分秋色吧，林校长可不能一人独吞哟！”黄教授一句打趣的话，使展室的气氛更加热烈。

此时的李苦禅百感交集，眼睛里仿佛有些湿润，是兴奋？是难过？是喜悦？还是悲伤？这个铁打的山东汉子，在苦难的面前，从没有屈服过，从没有掉过一滴眼泪，今天也不能，不能……当然今天不是苦难，是喜悦；不是失败，是成功。但这成功也还是微不足道的，而且成功背后有父母的支持，有孙占群老师、屠月三老师、悲鸿老师与白石老师的尽心教导和竭诚相助。总之，“苍天不负有心人”！“天道酬勤”哪！自己的努力、自己的奋斗都没有白费，但这仅是开始，千里之行，始于足下，更长更艰苦的路还在后头。

几位报社的记者同时围了上来向他采访：他的创作体会，他的人生道路以及毕业后的理想……他腼腆地低着头，一句话没说，在一片友好的热情的赞誉声中离开了人群。

这时的李苦禅对许多问题都是很有见地的，他完全可以词精义妙地回答记者的问题。但他觉得治学要踏实，不要张扬，要勤奋，不要炫耀，要深入，不要虚浮。正像他学习国画，校内多无人知，一旦他的画挂到展会上，竟连风眠校长也被蒙在鼓里，莫名其妙。他学习国画绝非泛泛而学，他是以继承传统、发扬民族文化精神并实现中西合璧为己任，故他能奋苦不已，深入其道，发其幽微，探其要妙。他的画虽初示世人，却能震惊四众，摄人魂魄，令人感受到其所具有的不同寻常的、深厚的文化底蕴。尽管如此，他却不愿炫耀自己，宣传自己。我们可用三句话来概括李苦禅此时的心态：

1. 做人诚实。

2. 做事求实。

3. 治学踏实。

苦禅先生于艺专毕业，便先后应聘为北京师范学校与保定第二师范学校的美术教师。此时他的收入仍然很低，但比起学生时期已有了较大的转机。这使他有机会大量阅读一些与书画相关的哲学、文学与历史书籍，对于禅宗写意画，他则作了更为深入的探究与学习，从唐代的王维、张璪，到五代两宋的石恪、梁楷、法常，到元四家及温日观，到明代的徐渭、陈淳、陈洪绶，再到清初四僧（弘仁、髡残、石涛、八大）以及后来的扬州八怪、海上画派，他无不涉猎。

记得有一次苦禅先生曾对笔者说：“宋代诗家陆游讲到学诗之人‘功夫在诗外’；学画亦是如此，‘功夫在画外’。齐先生曾有诗赠我‘廿七年华好读书’，其实是鼓励我深入治学，加强修养。诗句中还藏有一个关于吴昌硕先生的典故：有学生携画前来求教，问进益之法，吴老重复说：‘读书，读书，读书！’”苦禅先生还对我说：“不读书的画家，不管他在技法上如何熟练，也仅只是一般的画匠而已。中国画的高度，是文化的高度、精神的高度与人格的高度。”这谆谆教导，至今萦回耳际。苦禅先生的一生，是不断完善自我人格与画格的一生。

这一时期，苦禅先生在白石老人家中，结识了一位终生挚友王森然先生。王森然，河北定州人氏，早年投身五四、五卅等运动，与蔡元培、陈独秀、李大钊、何孟雄等人交往甚密，曾先后在华北、陕西、山东、绥远传播新文化思想，曾任中国大学、河北大学、华北大学等校教授。他学识渊博，于教育、文学、史学、艺术理论、绘画均有所建树，是我国著名的教育家、革命思想家、社会活动家、史学家和美术家。

李苦禅与王森然结识以后，很快就成了交心的挚友，彼此都倾慕对方的人格、才华与卓识。李苦禅经常向王森然请教文学、哲学等方面的学习心得，受益良多。他们经常对一个问题进行反复讨论，以至彻夜畅谈，直到明白为止。譬如对如何以“形而上者谓之道”与“形而下者谓之器”的哲学理论认识写意画，他们就在不断的讨论中达成共识。他们认为：书画艺术有形有色，为形而下之器，但由于其是在“道”的指引下创生的，故其非仅止于“技”，仅止于“器”；而是以有示无，以少示多，技进于道，以器示道。像徐渭、八大山人等画家的作品即已进入了“非画也，真道也”的境界。

二人愈谈愈觉得志趣相投，后来王森然便将李苦禅接到他家居住。和李苦禅同时住在王家的还有身无着落的青年画家赵望云。三人住在一起，十分投缘，也十分热闹，他们共同探讨、研究民族文化艺术的真谛及其未来发展的方向。

王长李三岁，二人以兄弟相称。李苦禅亲切地称王森然为仁兄，王森然则称他为“二哥”。王森然之所以如此称呼，是因为曾听朋友说过，大凡山东汉子，不管在家排行第几，出门在外，都喜欢别人称呼“二哥”，这大概与英雄武松排行第二有关。后来这“二哥”几乎成了李苦禅的官称，许多好同学、好朋友都喜欢以此热情相称。

李苦禅常于酒后，画兴大发，振毫濡墨，放笔直追。其意态忽忽，沉郁变化，大有“解衣般礴”之概。王森然常说：“李白‘斗酒诗百篇’，二哥可是‘斗酒画百幅’啊！虽一者为诗，一者为画，但豪气相类，逸兴相通。”王森然先生将李苦禅比作李白，事隔六十余年后，著名美术评论家孙美兰在“李苦禅艺术展研讨会”的发言中也有相类似的说法：“有些同志把可染先生比作杜甫，把苦禅先生比作李白。当然我认为不能机械地去理解，但对于我们对两位大师以不同格调不同风格而都达到高度造诣来进一步研究，给以应有的历史评价而言，这种比喻是一个非常好的启发。”（《李苦禅纪念文集》）

李苦禅在性格上的爽直大度与端正刚毅，直接影响了他艺术上的大刀阔斧与豪迈雄肆。“当其下笔风雨快，笔所未到气以吞。”这是苏东坡对吴道子笔下气势的生动写照，如用以形容李苦禅，我认为亦不为过。那时李苦禅每天都在不停地画，有时一幅画，他要连续画多张，直到满意为止。李苦禅于画兴勃发之时，一口气画上十余幅，方才歇手。有时他喜画大画，以吐胸中块垒，始觉畅意。20世纪30年代中期，一次酒后，他突然兴起，想画大幅荷花，来回换了几支斗笔，总觉不够满意，便兴冲冲地跑到另一间屋子，拿了一团老母亲（王森然之母）套被子用剩下的棉絮，一边走向画桌一边说道：“此物甚好，甚好！”他似已胸有成竹，不假思索地将棉絮饱蘸水墨泼向纸面。霎时间，团团荷叶，亭亭白莲，郁郁青石，沉沉竹叶，便跃然而出。在旁观看的王森然不住喝彩，最后李苦禅于画上题道：“森然兄属存，二十三年，弟禅醉写并题。”

王森然对此画的笔墨、章法乃至气韵格调都倍加欣赏，朋友们也多感妙笔难得。但也有人不以为然，看法不一。王森然便把此画拿去请白石老人鉴定。王森然打开画时，先将画面落款遮住，“齐先生，就画论画，不问其人，您觉得如何？”王森然与齐白石已相交多年，故说起话来，比较随意；又怕老人见是自己学生作品，有偏袒之嫌，故先将画款遮住。老人将画看了又看说道：“此画出手不凡，功力好，有特色，堪称一件佳作。不知为何人所画？”王森然这才将遮挡画款的纸片拿开并说道：“是先生的高足啊！”王森然还把李苦禅画此画的经过及观者褒贬不一的评论，都仔细向老人说了一遍。老人听了十分高兴，并对苦禅于艺术上不断创造新境的精神大加赞赏，他欣然在画面的左上角题道：

苦禅仁弟有创造之心手，可嘉也，美人招妒忌，理势自然耳。白石题。

又另题道：

余门下弟子数百人，人也学吾手，英也夺吾心，英也过吾，英也无敌，来日英若不享大名，天地间是无鬼神矣！

白石老人对李苦禅作了充分的肯定与高度的评价，他认为在他数百名弟子当中，多数皆学其“手”——其造型、用笔、用墨、构图之法，亦步亦趋，无有己意；而李苦禅则是夺其“心”——在学其表现手法的基础上，融会贯通，运化生发，创己风貌。所谓“夺心”，是指在艺术观念、革新精神与意象创构上，李苦禅能做到化他为我，融他铸我，以己法为之，以己意出之，以己心创之；他与白石老人的创造之心虽然相通，但路数不同，风貌不同，格调不同，正所谓“君子和而不同”是也。他能跳出老师之荫护，并以己之心、手独辟蹊径，开创新路。故白石老人以无比赞叹的口吻说：“英也过吾，英也无敌。”白石老人一生中很少以如此溢美之词评价他的学生，于此可见当时的李苦禅已展示了非同一般的艺术才华与令人赞叹的艺术创造能力。

王森然非常高兴地将白石老人落了款的《竹荷图》带回家，当李苦禅看到老师那刚劲有力的题字时，不禁热泪盈眶：“老师如此推重学生，意在鞭策我，鼓励我。‘享大名’不敢奢望，但为艺术苦斗终生，我是一定会做到的。”

在白石老人的鼓励下，李苦禅以更加坚韧的精神投身到改革与创新上，1927年他与赵望云发起组织了吼虹艺术社，主要成员还有王雪涛、孙之隽、王青芳、侯子步等人。该社宗旨是“以中为体，以西为用”，共倡新国画运动。他们深入生活，走向民间，以进步、向上的精神，挥动画笔，弘扬真、善、美，弘扬人与人之间的真情与至爱。他们在北京中山公园水榭联合举办画展，出版了两期《吼虹月刊》，并编有《苦禅望云画集》两册。他们的活动在当时的北京产生了很大的影响，这从《大公报》1928年7月7日的一篇评论中可见一斑：

新文化运动之后，谁都承认吧！在枯瘠的中国荒原里，播上完全的种子，而渐能结起繁茂的枝叶的，当然是绘画与文学了，我们应当一起呐喊，高唱绘画革命以援助他们否？到过去年中西画展览场的，李君苦禅名字之外，还记得一位赵望云吗？他并不灰心，依然勇往直前地走，同李苦禅、侯子步联合起来，从事于新的中国画的创作。所谓新的中国画，即是把中西艺术的真精神融合一起，新中国画才将出枝叶，要想它开灿烂之花，结圆美之实，则全在望云与苦禅几位新艺术家之刻苦努力，好在他们都在壮盛之年，都有同样改革国画的抱负，只要不畏威武的气焰，奋勇直前，什么能作他们的梗阻？绘画革命，新的中国画连连出现！我们有厚望于望云与苦禅！

这一时期，苦禅先生竭尽全力地探索着“中西合璧”之路，除创作国画之外，他还创作了不少油画作品，如《活动》、《和平之泉》、《群鬼》、《战场之夜》、《爱的哲学》、《童心的象征》、《威尼斯的佩环》等。王森然先生评其作品“是由他的意识的专一和他的至死不屈百折不回自以为得已的饱满丰富的美的融和，而达于成熟。其画上已充满‘黑夜’与‘赤血’的象征”。（王森然《画家李苦禅》）但这些作品今日已不可见，其艺术风貌究竟如何，仅能从王森然的评语中略见一斑。不过，我们尚可见到他这一时期创作的水彩画作品《麦收》（1925年）、《参观陈列馆》（1925年）与《宛平古城》（1926年）。从这些作品中，我们可以看到他纯熟的水彩技法，不仅有色彩的冷暖对比、景物的安排得当，而且主题突出，极富生活气息。

20世纪20年代末期苦禅先生经常在王森然主持的《大公报》的《艺术周刊》上发表作品，其中《惨淡京都》与《惨暮》两件类似版画的黑白画作品，影响颇大。第一件刊于1928年4月14日，画的前景卧有一黑底白线的骆驼，远处是烟雾弥漫中京都的城楼，象征着旧制度的摇摇欲坠。画下有编者按：“李君为艺专西洋画系学生，用中西调和之笔线，作别开生面之创作：林风眠先生许为少年画杰，齐白石先生称为后起之秀。对于画坛之贡献可见一斑云。”第二件刊于同年11月23日，画面上有五位长发裸女于落日的余晖中，掩面若泣，其伤己耶？伤时耶？伤世耶？这两件作品不仅手法洗练，且寓意精深，展示了青年李苦禅对艺术构思丰富的想象力及对社会人生的深刻思考。

艺专毕业之后，苦禅先生在中国画方面的进展更是十分突出，他的创作构思时与白石老师不谋而合，常令老师赞叹不已。一次他将所画渔鹰带去请老师指教，见老师正在创作一幅作品，刚刚画好露出水面的坡石。他想等看完老师接下去怎样布局全幅，然后再向老师请教。没想到，老师却收住画笔，坐下来说道：“苦禅，先看看你的画吧！”李苦禅将自己的画在画桌上刚一展开，白石老师就马上缓缓站起身来，定睛凝神，仔细观瞧，他左手捋着胡须，右手拿起题字的毛笔沉吟着……突然，老师眼睛一亮，十分兴奋地说道：“苦禅啊，你的构思和我不谋而合，使我想起了许多往事，真是太好啦！”老人遂挥笔写下了一段题跋，其具体内容，我们将在后文讲到。不过这里我们要强调一点：在构思上，学生能与老师“不谋而合”，想老师之所想，与老师心心相印，这即是古人所说的“师诸心”，也即是白石老人所说的“夺吾心”吧！

在老师治学思想的影响下，苦禅先生对历代写意画名家都作了比较深入的研究，其中在艺术上对他影响最大的、他研究最用心力的要算是八大山人了。

八大山人，名朱耷（1626—1705），“山人”为其号，本名统，是明朝皇室后裔，分封南昌，故又为南昌人。明朝覆亡后出家为僧，不久还俗当了道士，别号雪个、驴汉、个山驴、荷园主人等。其画工山水花鸟，常以作画传达亡国之痛，其画面多有深刻的寓意。画风简练雄奇，笔势阔大痛快，意趣冷傲而不可亲近。他的花鸟画成就最著，在前人林良、徐渭、陈淳的水墨写意基础上，进一步发展创新，笔墨豪放而温雅，单纯而含蓄，形成了一种古拙清新的独特风格。他有《荷石水禽图》、《河上花图卷》等代表作传世。

苦禅先生在《为有源头活水来》一文中曾说：“中国的写意画，以五代徐熙为滥觞，宋之石恪、梁楷、牧溪为开山祖，至明季白阳山人、徐渭出，则更臻成熟。八大山人以轶世之才，于笔墨集先贤之大成，而又为后来者广拓视野。”他认为：“中国之文人画到八大山人，在笔墨的运用上达到了前所未有的高度，正是妙悟者不在多言，八大山人做到了削尽冗繁，返璞归真。诚如荆浩《笔法记》所云：‘心随笔运，取象不惑’、‘隐迹立形，备仪不俗’。如此精粹的笔墨，一点一划，旨在邃滤心意，是意匠惨淡经营所得，绝非言之无物或欲言而口不逮的画家所可梦见。”他认为八大山人的笔墨“含蓄蕴藉，丰富多彩，淋漓痛快”；八大山人的画“意境空阔，余味无穷，真是画外有画，画外有情”；八大山人“以神取形，以意舍形，最后总能做到形神兼备，言简意赅”；“笔不工而心恭，笔不周而意周”。他认为，八大山人在写意画方面已经达到了“逸品”的境界。那究竟何谓“逸品”呢？

古代鉴赏家将绘画分为三品者（神、妙、能）、四品者（逸、神、妙、能）、五品者（自然、神、妙、精、谨细）等等不同品级。苦禅先生认为，中国写意画可分五品——逸、妙、神、能、俗。他说：“写意书画自分数品，狂涂乱抹，佯作才子态者为‘俗品’；功力甚佳而画意平平者为‘能品’；只见其传神而忘其功力修养者谓之‘神品’；神来之笔，妙不可言，尤不能再者谓之‘妙品’；全然隐去功力修养而似于不思不勉中从容中道者，物我两忘，人即画，画即人，‘非画也，真道也！当其有事，已知遗去机巧，意冥玄化，而物在灵府，不在耳目。故得于心，应于手，孤姿绝状，触毫而出，气交冲淡，与神为徒。’（唐·符载《观张员外画松石序》）全若天籁自鸣，遂谓之‘逸品’。”苦禅先生认为，八大山人大量的作品已达到了写意画的最高境界——“逸品”。他说：“逸品境界唯中国画中有之，中国画史中仅见石恪罗汉、法常古松八哥、徐渭写意花卉、八大山人大半墨迹、吴昌硕率意小品、白石翁晚年之作臻此境。”（李燕《李苦禅写意小品·序》）

一切画家从学习古法入手，至画法纯熟，功力深厚，其作品可称为“能品”；从此进而不为法拘，“无法而法”，心手双畅，传神写意，妙不可言，则入“神品”与“妙品”；由“无法”再进一步，则“有无双遣”，达“逸品”境界——此时非有法，非无法，不住于有法，亦不住于无法，《金刚经》所谓“应无所住而生其心”。整个过程经历三个阶段：“有法”——“无法”——“有无双遣”。在众多画家中，能进入第二阶段“无法”境界的已属不多，而进入第三阶段者则更是凤毛麟角。这第三阶段“有无双遣”，即是苦禅先生所说的“逸品”境界：不拘于“有法”，亦不泥于“无法”，一法不立，一尘不染，“全然隐去功力修养而似于不思不勉中从容中道者，物我两忘，人即画，画即人，非画也，真道也！”

苦禅先生对于八大山人的学习与研究，终生未曾间断。他在临摹八大山人作品的过程中，反复试验，反复体会，不断深入：他由形入神，由迹悟心，逐渐而至临其意而不拘其形，化其法而变其局；他忘形存意，化他为我，借题发挥，无限生发。故他从一开始学习八大山人，就注重学其笔墨，学其神韵，学其创造精神；注重神似、意通与心印。

苦禅先生初学八大山人时，尚于造型与章法结构上留有些许模仿痕迹，但随着学习的不断深化，这种痕迹则愈来愈淡，到了他艺术创作的中晚期，我们从其作品中所感受到的则完全是他自己所独有的个性语言与自家风貌了，他与八大山人完全拉开了距离，展示了绝然不同的艺术风格与美学特色，这在后文中我们会再作介绍。

1929年，由白石老人题签，他出版了自己的第一本《李苦禅画集》。

时隔七年后，1936年他在王森然先生的协助下，由北平炳林印书馆印刷出版了第二本《李苦禅画集》，集内收入他30年代初期作品17帧。

王森然先生在序言中，对李苦禅在五四运动以后早期的新国画运动中所起的重要作用及其超凡脱俗的画格画风都作了十分中肯的评价，他说：“苦禅，初组织九友画会，曾以豪放恣肆，惊动画坛。后又发起中西画会吼虹社等，为中国新兴画派之开端。历任北平市立师范、华北大学、杭州国立艺专学院教授。独具艰苦卓绝之精神，不袭雅人名士之行径，为白石山翁之高足。近画山水花卉虫鸟，无不精绝，以纵逸之笔，寓朴穆之神，研精覃思，尽变古法，沉郁雄浑，大气磅礴，扫除蹊径，另辟幽异。白石先生谓英也过我，又曰英也无敌，又曰若老死不享大名世无鬼神。可谓推崇备至，诚挽近以来，艺坛不可多得之杰才。”

曾有人仅把李苦禅先生作为继承传统型的一般画家来评述，显然是不公允的。早在20世纪20年代，他与一批青年艺术家在艺术革新先驱者的影响下，就已开始了五四运动以后早期的新国画运动；而且像“吼虹艺术社”这样宗旨明确的进步美术社团，也是当时首屈一指的。故李苦禅青年时期的美术活动及其发起组织的艺术社团，在当代美术史上所产生的作用与价值也是不容忽视的。从他于北平艺专毕业前后对中西绘画、中西合璧的种种探索、实践与创作到

画稿《拒霜魄力》 1962年

白石老人的多次题跋、林风眠先生的画展褒奖及王森然先生的画集序言，再到《大公报》的舆论评语，我们可以从中得出如下结论：在中国20世纪艺术大变革的初期，即五四运动以后的二三十年代，李苦禅在蔡元培、徐悲鸿、齐白石、林风眠的直接影响下，坚定不移地走中西合璧之路，不愧是一位勇敢的中国画革新的开拓者，他为现代中国画早期的革新与发展曾做出过十分重要的贡献。

至于在开拓的同时，他学习研究徐渭、八大山人等优秀传统画家，也完全是为了于继承传统中求发展，求创造，求革新，他绝不“因循其法”，亦绝不“故步自封”，如他本人所说：“我毕生追求的目标，也是要突破古人之窠臼，自辟蹊径。艺术总需要一代代有志之士竭思尽虑，不断创新。‘问渠那得清如许，为有源头活水来。’我民族之绘画自有其源，亦有其流，她永远在发展中涌进，畅流不腐，永保清涓。”（《为有源头活水来》）在某些评论家的眼里，仿佛画家一沾上传统的边，继承了传统笔墨，就一定是守旧的“传统型画家”。他们完全忽视了这样一个颠扑不破的真理：没有旧就没有新，没有昨天就没有今天，没有传统就没有现代，没有中国画的过去也就没有中国画的现在与未来。中国画一定要扎根在中国的土壤里，一定要在继承优秀民族传统的基础上不断发展与创新，这是一条任何人都无法改变的光明大道！苦禅先生正是沿着这条道路，百折不挠地奋苦拼搏，真诚不二地创造艺术的新天地。

1925年艺专毕业以后，李苦禅的生活较之学生时期虽然有所改观，但仍然捉襟见肘，处于困苦之中。当时白石老人的艺术已是名满东瀛，画价大增。其门下多有弟子造其假画，仅“稍有皮毛之似，卖于东京能得百金”（齐白石语）。李苦禅对此等行径深表厌恶，他表示一定要走自己的艺术创新之路，绝不能仅为眼前利益，而做对不起老师、有损道德的不义之事。对此，白石老人感慨不已，曾在李苦禅的画上题诗道：

一日能卖三担假，长安竟有担竿者。

苦禅学吾不似吾，一钱不值胡为乎？

品卑如病衰人扶，苦禅不为真吾徒。

白石老人认为像李苦禅那样“学吾不似吾”，为了闯出自己的新路，画出自己的新貌，即使暂且“一钱不值”又算得了什么呢？那些仿造老师作品而去卖大价者，在白石老人看来皆是“品卑如病”之辈，唯有李苦禅潜心治学，不为名利所动，才是真正的好学生，才有希望成为真正的艺术家。老人以“真吾徒”、“不似吾”六个字概括地赞誉了李苦禅高尚的人品与优秀的艺品。

1930年，正值桃花盛开的时节，李苦禅接到老校长林风眠从杭州寄来的聘书，邀他出任杭州艺专教授。林风眠在李苦禅从国立艺专毕业后，即已南下接任了杭州艺专校长之职。当时杭州艺专旗帜鲜明地提出了自己的艺术口号：介绍西洋艺术，整理中国艺术，调和中西艺术，创造时代艺术。而在学院初创时的《艺术教育大纲》中有一项特殊的教育安排：

> 本校绘画系之异于各地者，即包括国画、西画于一系之中，……我们假如要把颓废的国画适应社会意识的需要而另辟新途径，则研究国画者不宜忽视西画的贡献；同时，我们假如又要把油画脱离西洋的陈式而足以代表民族精神的新艺术，那么研究西画者不宜忽视千百年来国画的成绩。

林风眠先生知人善任，他认为李苦禅毕业于北平艺专西画专业，又得天独厚地受教于著名画家齐白石先生，堪称中西皆擅，因此是他进行此次教学改革最难得的人选。

李苦禅接到聘书之后，心潮起伏，久久难以平静。究竟何去何从呢？文明古都北京已是自己的第二故乡，这里有众多古人留下的文化遗产，有五四运动留下的革命精神，自己的探索磨炼、成长进步，每一次挫折，每一次成功，无不与之紧密相连。悲鸿老师、白石老师、风眠校长都曾指引过他人生的航向，他的同窗故友也都给过他真挚的帮助……

但是，当李苦禅想到老校长的厚爱与盛情，想到自己艺术创作的灵感也许会在风景如画的西子湖畔遇到新的契机并闯出新的道路，他便毅然决定暂时离开北平，去杭州走马上任。

一到杭州，老校长林风眠便拉着李苦禅的手情不自禁地说："当今大写意画，吴、齐双峰插天；老潘是吴昌硕的弟子，你是齐白石的弟子，二人咸集我校，实为幸事！你二人南潘北李，定会珠联璧合。看来，我艺专兴盛，势在必得。"

第二天下午，林校长专门举行了一个欢迎宴会，将学校教师向李苦禅一一作了介绍。当介绍到潘天寿先生的时候，李苦禅上前紧紧握住潘先生的手，热情地说道："久仰，久仰！在北平时就已仰慕先生大名，今日得遇机缘，与先生共事，还望以后多多赐教。"潘天寿从李苦禅说话时那爽朗高亢的语调，握手时那令自己有些疼痛的力度以及那仿佛有一见如故的热情中，便深深感受到：其人其画，何其相似乃尔！见其画如睹其人，睹其人若见其画。爽朗的性格展示酣畅的笔墨，淳朴的人品表现厚重的情韵；果然名不虚传，真乃画中英杰也。想到这里，他赶快对李苦禅说道："先生过奖了，我们早已闻听先生大名，初时也像校长那样，以为是哪座名山古刹里的得道高僧，后经校长点破，才恍然大悟。又见校长所藏先生毕业时的大作，笔墨厚重，格调豪放，果然不同凡响。"

自此以后，潘李二人朝夕相处，切磋画道，共同探讨教学的方法与途径，共同研究中国画的传统与发展方向，共同实验中国画笔墨创新的道路。

在教学思想上，他们于经常交流中形成了许多相通的共识：

1. 在人格与画格之间，首重人格。

潘天寿说："艺术品，为作者全人格之反映。无特殊之天才，高尚之品格，深湛之学问，广远之见闻，刻苦之经验，决难得有不凡之贡献。故画人满街走，而特殊作者，百数十年中，每仅几人而已。"（摘自杨成寅等著《潘天寿》，以下潘先生语多引自此书）

李苦禅说："必先有人格尔后才有画格，人无品格下笔无方。""艺术乃真、美、善之物。第一是真诚、天真、不虚伪造作。再一步则是美，美德可以教化人以善，即为尽善尽美了。如果作者人格鄙劣，是无人格，实在与艺术没有缘分，遑言真善美。"（李燕《李苦禅画语录》，以下李先生语多引自此书）

二位先生在传授中国画时，都十分注重强化对学生的人格教育，李苦禅先生常以岳飞、秦桧为例来教育学生，说明人格的重要性："民族英雄岳飞人格高尚，其书法艺术盛传不息，为后人所喜爱；奸臣秦桧人格低劣，其书法虽有可观处，却湮没无闻，为人们所不齿。故为艺者，先当为人。人品高，其艺品自高。"

2. 苦学苦行，方得进益。

潘天寿说："要实践，要用笨功夫，要苦干，要耐心。做学问本身是苦的，只有不怕苦的人，才能尝到甜的滋味。画家不动手，诗人不动笔，是不行的。"

李苦禅说："艺术是苦事。喜欢养尊处优不行。古人多少有成就的文化人都是穷出身、不怕苦练出来的。我有个好条件，出身苦，就不怕苦。当年每每出去画画，一画就一整天。带块干粮再向老农要棵大葱，就算一顿饭了！也有时来次'一个小子儿横吃横喝'——化一个小铜子儿买人家农民两个老玉米棒子，搂些干草点着烤熟了，横着啃，完了再到菜园子，爬水槽横倒那儿喝凉水。这不是'横吃横喝'吗？"

二位先生于治学中皆是苦学苦行的典范，李苦禅经常现身说法，以自己求学时的苦难经历来启励学生。学生们对李苦禅于苦中治学、苦中求索、苦中悟道的精神十分敬佩，特别是听说他一边求学，一边拉洋车谋生，在饥寒交迫的煎熬中兼攻中西两门绘画艺术——"穷而后工"的特殊经历后，学生们更是深受感动，并决心以他为榜样，为发展民族艺术奋斗终生。

3. 认真读书，全面修养。

潘天寿说："不读书，不了解中国文化，就不知道什么是中国画传统。""画画的人，不能局限于画画一面，对诗文、书法、画论、画史等等方面的学识必须很好研究。学识要博，见闻要广。"

李苦禅说："古人、外国人好的东西都可以学，路子要宽。青藤、八大、石涛要学，达·芬奇、罗丹也要学，学人家的法子、画自己的思想稿子。我原先是画西画人体的，1923年改的国画。"

二位先生都认为学画者不能把目光仅局限于画，而要把绘画放在整个文化发展的大背景中加以观照。画非仅止于形与色——“形而下”，而应展示整个社会的文化内涵、精神内涵与道德内涵——“形而上”，这就要求画家要认真读书，全面发展，要懂得“功夫在画外”的道理。

潘天寿于书画之外兼长诗与印，李苦禅于书画之外兼擅戏与拳。潘天寿于课上常以诗之起承转合，讲解绘画之章法构图，以印之疏密布白讲解绘画之以意造境。而李苦禅向学生授课时，则常以戏喻画，以拳解画，他说：“尽管京戏表演如同写意画一样需要深厚的功底，但绝不愿意在台上（纸上）显功夫、露‘花活’，而追求自自然然归于化境。当年杨小楼上台好像不愿意使劲似的，架势似散漫又不散漫。念唱也不觉用力，但诸般表演皆在体统之中，顺理成章，洒脱大方。虽不求台下惊叹其功夫，却可给人以天籁之美的怡然享受。正如写意大师八大山人的行笔仿佛于不思不勉中得之，却恰如‘绵里藏针’，或云写意笔墨之中有一番‘内家拳’的‘太极气’。‘形意拳’大师王芗斋先生说‘形不破体，力不露尖’，即近此意。”

苦禅先生认为，绘画、京剧、武术及其他一切艺术达到了最高境界，都应该含而不露，自然无为，不思不勉，归于化境，给人以天籁之美的享受。学生们都说：李苦禅老师的课“文武带打，十分生动，对开拓学生眼界，提高学生全方位的艺术修养，起到了非常重要的作用”。

4．深入临摹，强化写生。

潘天寿说：“中国画要接受民族传统，然后加以发展。学习研究中国画，第一步应该临摹，深入进去了，再结合写生，发展创新，这是一条线。学习离不开旧的东西，有旧才有新，‘温故而知新’是有道理的。学习的另一条线，是与现代的环境，与世界的关系。现代的美术，有油画、版画、雕塑等等，它们都在互相影响中发展，这方面我们要关心。但它们都是洋的，中国画是中国的，中的与洋的，有时候会发生矛盾。如何解决这些矛盾呢？这需要很好地探讨。”

李苦禅说：“我学齐老师只是看、体会他的笔意，更体会他的用心，然后自己到大自然里勾速写稿子，选自己喜爱的过到宣纸上——加工、改造、融合前人和老师的笔墨，画自己的东西，创自己之笔墨。”“自己的速写就是自己最好的画谱。”

二位先生都十分注重学画阶段的临摹与写生，亦即师学古人与师学造化两个方面。师学古人，才能继承民族优秀的文化传统；师学造化，才能从自然中汲取创作素材，搜尽奇峰打草稿。二者必须有机地融为一体，绝不可偏执一端。若仅执临摹，则易步古人后尘，因循守旧。若仅执写生，则会远离传统，陷于“谨毛失貌”、“模仿自然”的境地。潘天寿反对把西洋素描当作“一切造型艺术的基础”，他认为：“画些西洋素描中用线多而明暗少的细致些的速写，确实是必要的。一是取其训练对对象写生；再是取其画的快，不浪费摸明暗调子的时间；另外则是取其线多，与中国画用线有关。这可以使学生以快速的手法用线抓对象的姿态、动作、神韵、神情，有助于抓对象的动态和布局。这就是用西洋素描中速写的长处，来补中国画写生捉形不够与对象缺少关联的缺点。这可以加强中国画的基本训练，我是十分赞同的。”潘天寿主张学生画“用线多而明暗少”的速写，不赞成学生把较多的时间用于明暗素描；因为中国画的笔线与西洋画的明暗放在一起，总是容易打架，不相协调。他说：“艺术上的学习，往往不能照搬，要取其精神，经过改变，才能吸收。”（《潘天寿》）

李苦禅从中学开始，就已十分注重对写生的练习；进京求学后，他更是写生本从不离身。一有空闲，便打开速写本画起来。他以线造形，画得既准又快。他认为：“速写可以训练手疾眼快——手、眼、心三者配合得快——下笔稳、准、狠。”他说他是“以前人与老师的笔墨，画自己的速写稿子，写己之意，创己之路”。他一直在追寻老师徐悲鸿倡导的“中西合璧”之路，他说：“为了突破画界陈陈相因的陋习，我曾在艺专教务会议上与友人提议：将中西画合并排课，以力促中西绘画之融合，同时强调‘师造化’，安排学生们在西子湖畔实地速写，从速写中出稿子，力求别开生面。为此，自己亦亲身力行，作了大量的速写，将山鹫、雄鹰、苍鹭等等有气魄的‘大黑鸟’移入画面。”（李苦禅《欣逢盛世忆杭州》）同时他也坚决反对生搬硬套，反对中国画走西化的道路。他认为他一再强调的“实地速写”，即是他进行“中西合璧”的重要通途。为什么这样说呢？

1. 速得其概，写我心意。对一人一物的快速勾画，往往能抓住其精神本质，既不脱离实际，又与画家意不相违。

2. 多写则准，心手双畅。古代中国画有捉形不准之弱点，经长时间速写，则手、眼、心三者配合默契，下笔稳、准、狠。

3. 多写则活，形神兼备。经反复多次的速写，不仅能准确地捕捉其形，而且可以进一步以形写神，做到形神兼备。

4. 多写则广，深入生活。使画家不局限于传统题材范围，能多角度地反映社会，描绘自然。

5. 多写入妙，创我佳构。在长期不断的写生中，即能亲近自然，体合造化，最后达到与天同契的境界。

李苦禅在强调速写的同时，有时也提倡学生画一些比较细的写生与素描，以深化对客观物象细部的认识。他常常带学生外出对景速写，或将一些鸟类标本，拿到课上，让学生当堂写生。有时细画，有时粗画，根据教学安排，各有侧重，以达到对学生全面训练的目的。

潘李二位先生在教学上互相交流，互相沟通。他们还常常互相听课，取长补短。他们十分尊重并热爱博大精深的中华传统文化，都希望通过自己不懈的努力，能在传统绘画的基础上有所发展，有所创新。李苦禅曾说：“我们俩是一个路子。”所谓“一个路子”，即是他们二人既没有故步自封，因循守旧，也没有崇洋媚外，全盘西化，而是都在走着不断继承、不断发展与不断创新的道路。

于教学之外，他们还在一起共同切磋中国画的表现技法与美学特征，探索中国画的创新之路。他们常常通宵达旦地实验着各种不同水墨技法与材料的运用，以寻求如何扩大笔墨的表现力以及水的晕化力。他们一方面研究徐渭、八大、石涛等书画艺术大师在笔墨、章法、造境诸方面，所形成的风格特征以及程式规律，以解决如何继承和继承什么的问题；另一方面他们也在研究社会实践——当时画界正处在画风衰微与摹写“四王”的沉闷空气之中，但南有吴昌硕、北有齐白石，两位巨匠异军突起，为中国画创新开拓了新的道路，也为时代迎来了希望的曙光。

潘天寿与李苦禅作为吴齐二位艺术宗师的弟子，他们既不愿意亦步亦趋，紧随师后，又希望能学到老师的创造精神与求新思想。他们既从理论上、观念上建构起新的思维模式，又从实践中进行大胆的多样尝试。他们在使用工具上，除了传统的画笔外，还曾运用指头、棉絮、笋壳、生丝头作画。潘天寿对指头作画颇多倾心，李苦禅对棉絮作画深得其妙；潘天寿总是在深思熟虑之后，将其精美绝伦的构想，抒诸画面，而李苦禅则是在不思不勉、信笔挥洒的过程中，灵感风发而天籁自得；潘天寿以险绝高华见长，李苦禅则以苍厚雄浑著称。从那时起，二人已开始形成自己独有的风格。

他们还经常在晚上进行有趣的“试墨”，即两人各在宣纸上运笔作“点”，然后共同鉴别墨气、墨韵及浓淡层次的变化，看谁的烟霞气重（所谓烟霞气是指用墨之变化、层次与轻重，气韵生动，恍若云烟）。当时杭州艺专的一位学生李霖灿在他的《铁骨铮铮的艺术家——李苦禅》一文中对潘李二君共同切磋艺事曾作了些许记载：“他（指李苦禅）和潘天寿老师也相处得不错，两个人论书论画，十分投缘，因为都是不世出的天才，又都年轻，常常挥毫切磋琢磨，他俩也常挥笔作‘点’，然后再映窗透视，看谁的烟霞气重……麻衣相法上有‘南人北相’、‘北人南相’皆主大贵的话语，这回真是京戏上的‘将相和’了，一时校中传为佳话。”潘李二位老师对中国笔墨、中国绘画艺术孜孜不倦的探索精神，不仅深深打动了当时在校无数的学子，而且被作为“将相和”、“不世天才”的美谈广为流传。

李苦禅自到杭州以后，一直在深深地怀念着自己的恩师齐白石。虽难得见面，却常有书信来往。1931年白石先生的一封信这样写道：

苦禅仁弟：

二函悉。璜自弟别后，中心若有所失，知弟亦然。南方风景，游历一处可增一处之画境。又有风眠先生及李、潘诸君子日可相携，虽远客他乡，不至苦寂。平汉通车，年假回平一亲师友可矣。宣纸有最佳者带少许一看。若全刀可佳，必欲多购；若无纯棉者，可作罢，不一一。小兄璜复白。（1931年12月）

老人于信中言：“自弟别后，中心若有所失”，足见师生情谊之深厚；又言：“游历一处可增一处之画境”，他仍殷切地希望自己的学生在艺术上能不断进益，不断创造新的境界。因思念至深，他期盼李苦禅能于“年假回平一亲师友”。

李苦禅先生曾非常热情地将潘天寿的书画艺术向白石老人引荐，齐老见后甚是高兴，即回信写道：

承代寄来潘君字一幅，不独书法入古，诗亦大佳。予常言，书画工在南，不在北方也……迟当作画奉答潘君耳。弟代为一言，未另作谢……炎威珍重 。兄璜复。（1930年夏）

于此信中，可以看出，齐老毫无门派之见。他不仅十分敬重吴昌硕先生，对吴老的弟子潘天寿，亦赞不绝口：“不独书法入古，诗亦大佳。”齐老在评价艺术时，不问南北，不管门户，只看艺术的人文内涵与美学内涵，只看其有无新意，有无自家风貌。他对自己的弟子李苦禅如此，对吴老的弟子潘天寿也是如此。李苦禅在老师的影响下，对人艺双优的画家从来是尊重的，他从来不只把老师据为己有，还常常把一些品格优秀的人才介绍到齐老的门下，让他们也得到老人的教诲。

当时吴昌硕先生已经辞世，潘天寿便凭自己的回忆，时常向李苦禅介绍吴老的艺术成就、表现手法及风格特征。潘李二人不仅互相取长补短，同时还以一颗恭敬之心向对方老师学习。二人自此以后完全成了治学道路上的畏友——互敬、互砺，互相鞭策，互相促进。

后来李苦禅返回北京，二人亦多有书信往来。潘天寿于“文革”初期被关“牛棚”时，曾对肖峰（著名油画家、中国美术家协会副主席）说：“我们这些人都关在这里，不知道北京——我们学校的老艺专的几位同事都怎么样呢？像苦禅啊，可染啊，这些朋友都怎么样啊？”潘天寿先生虽身陷囹圄，却仍深情地怀念着故友。当时肖峰问：“苦禅先生是跟齐白石先生学的，但他为什么和齐白石先生不同呀？”潘先生答道：“他这个人是北方性格，齐白石先生是南方性格。他们的东西都很好。但齐先生是柔的东西更多一些，苦禅先生刚的东西更多一些。我是画雁荡，我很少画黄山。我喜欢刚，我很喜欢苦禅先生的东西。当时，我们是同事啦，都是很要好的。有那么一天哪，我们能离开‘牛棚’的话，大家见见面，老朋友来叙叙那就好了！”（据肖峰回忆，引自《爱国艺术家苦禅大师》）遗憾的是，潘先生没有能够等到“离开牛棚”的那一天，没有能够等到和老朋友“见面”，便在难以忍受的非人的折磨中，身怀重病，含恨离去。噩耗传来，李苦禅先生洒泪不止，遥望南天：“老朋友，老朋友……还期望着我们能聚在一起把酒论画，不想仁兄先我而去……”

在去世前，潘先生曾对他的一个学生说：“以后你要学大写意花鸟，就到北京去找苦禅先生，他造诣甚深，你可以求他指教。”李苦禅1979年在北京“潘天寿遗作展”座谈会发言中说："回忆五十年前，在杭州艺专，我与潘老同任国画教授，是年我30岁，潘老比我长两岁，我们朝夕相处，共同研究国画。当时，国画界画风衰微，陈陈相因，趋步'四王'……那时候，潘老与我，尤其是我的恩师齐白石先生，皆对如此因循守旧的风气不满。我们追求的是力师造化、勇于独创的意旨，所遵崇的古人也皆是那些自成一家、别开蹊径、气势雄浑、格调高尚、大气磅礴的前人画师，如：青藤、八大、石涛、高且园等。""……尤其是看到了他那指墨荷花，回想起当年，我们为了表现自己的感受，不拘成法地探求，尝试着各种笔墨技巧。为了得到满意的笔墨效果，我们一方面研究八大、石涛等的用笔，一方面试用多种绘画的工具，如以指头、笋壳、棉絮来作画……我还记得潘老作画，一般是静静地在画室中作画的，他的大写意，非常恭谨、稳重，一点一划皆慎重为之，态度非常严肃认真。"（《潘天寿研究》）

从他们的言谈话语中，我们可以深深感受到：南潘北李，互敬互重，心心相印，情同手足，他们虽都曾经处在极度艰难甚至生死垂危之中，却仍念念不忘同甘苦共患难过的老友，此等真情厚意，当与天地共长久。

潘天寿与李苦禅在吴齐二位巨匠之后，能学老师而不似老师，能独辟蹊径，创我新貌，故他们的老师都十分喜爱自己的学生。吴昌硕曾有这样的诗句赠潘天寿："寿何状兮颀而长，年仅弱冠才斗量"，"天惊地怪见落笔，巷语街谈总入诗"。齐白石则赞李苦禅："不似吾"，"真吾徒"，"英也夺吾心，英也过我，英也无敌"。在二位老师的眼中，一者"天惊地怪"，另一者则"夺心过我"，在艺术上皆展示了不同凡响的高格调，步入了超妙绝伦的高层次与高境界。时人在"南吴北齐"之后称他们的学生为"南潘北李"，不仅是势之所趋，亦是理之使然耳！

李苦禅先生在杭州艺专期间，除了经常和潘天寿先生共同切磋艺道之外，还与外籍老师——苏联雕塑家卡姆斯基结为好友。卡姆斯基为人坦率爽直，虽已时过中年，但精力仍然十分充沛。他个子很高，留着一头卷曲的长发和络腮胡须，显示了苏联艺术家所特有的风度。他与李苦禅的交往十分默契，特别是在二人谈到艺术见解与创作时，更是无话不说。

一次，李苦禅拜访了卡姆斯基，卡姆斯基非常热情地接待了这位一起共事的同道："李教授，我喜欢您的画，更喜欢您的为人。您的画像您的人一样淳朴真率！"

"卡姆斯基教授，我也非常喜爱您的雕塑，您刀下的人物形象有如中国的大写意，大刀阔斧，奔放自然，颇有罗丹大师之风！过天，我一定去您课上，聆听教诲。"苦禅先生说。

卡姆斯基听到苦禅先生的赞誉非常激动，他好像遇到了异国知音，便毫不隐晦地说："我就是罗丹的学生啊！"苦禅先生马上惊讶地问道："您的年龄能赶上他的亲授吗？"卡姆斯基说他年轻时十分荣幸地成为罗丹最小的一位学生，他受到罗丹的亲传与教导，他曾多次亲眼目睹过罗丹雕塑的全过程，罗丹也曾手把手地向他传授各种手法与刀法，向他讲解各种理论与创作构思……他以十分兴奋的口吻述说着亲受罗丹教诲的经历——那是一段不平凡的永远令人难忘的时光。

苦禅先生听完他的述说，也按捺不住自己喜悦的心情说道："太好啦，今天就请讲一下罗丹大师吧！"

"李教授，正好我也想听您讲讲您的齐白石老师，我们共同来交流一下吧。"卡姆斯基一边说一边从抽屉里取出自己珍藏多年的纪念册，找出一张发黄的照片递给李苦禅："这就是老师与我的合影，一直珍藏在身边。您看，这个留着大胡子的就是我的老师罗丹，站在他身边的年轻人就是我。当时我还不到20岁。这身后的背景即是大师震惊世界的杰作——《地狱之门》的石膏模型。"

于是，他们便开始从罗丹谈起。奥古斯都·罗丹（1840—

1917）是法国历史上第一位世界意义上的雕塑艺术大师，他具有非凡的才能和惊人的毅力，他创作的大量作品足以震惊整个世界。他具有一个艺术革新者必须具备的激情和独立的见解，从而使他以自己超凡的天才扭转了世界雕刻艺术的风貌。他博学多才，素描、版画无所不精，他的艺术理论至今还是艺术家们津津乐道的必读教材。

卡姆斯基在谈到罗丹大师的艺术成就与见解时，对李苦禅说："老师的艺术道路是坎坷不平的，生活的磨难甚至周围人的冷眼、讥笑与攻击，他全然不顾，他常说：'如果你们的才艺是新颖的，那么最初志同道合的只能很少，而敌人很多。可是不可扮鬼脸、做怪样来吸引群众。要朴素、率直！''真正的艺术家总是冒着危险去推倒一切既存的偏见，而表现他自己所想到的东西。'"

李苦禅十分激动地说："罗丹大师说得太好了！'才艺新颖'者，即是有新意，有创意，不为旧的模式所束缚。做前人之所未做，想前人之所未想，自然曲高和寡，反对者多，'志同道合'者少。艺术之美在'朴素、率直'，如庄子在两千年前的《天道》中所说：'夫虚静恬淡，寂寞无为者，万物之本也……静而圣，动而王，无为也尊，朴素而天下莫能与之争美。'故'扮鬼脸、做怪样'皆为哗众取宠之庸俗艺术。一切真正的艺术家都应该像罗丹那样'冒着危险去推倒一切既存的偏见，而表现他自己所想到的东西'。齐白石先生在送给我的一首诗中说道：'世人如要骂，吾贤休吓怕。'这在骂声中无畏无惧（'休吓怕'），坚定不移地走自己的道路，与罗丹的'推倒偏见'、'表现所想'，不是如出一辙吗？"

卡姆斯基点头称是，便接着继续谈罗丹的艺术观点："大师在说到对待前辈艺术家的态度时，曾十分中肯地告诫我们：'在菲狄亚斯和米开朗琪罗的面前，你们要躬身致敬。崇仰前者神明的静穆和后者犷放的忧思吧。对高贵的人，崇仰是一种醇酒。可是要小心，不要模仿你们的前辈。尊重传统，把传统所包含的永远富有生命的东西区别出来——对自然的爱好和真挚，这是天才作家的两种强烈的渴望。他们都崇拜自然，从没有说过谎。所以传统把钥匙交给你们，而靠了这把钥匙，你们会躲开陈旧的因袭。也就是说传统本身即告诫你们要不断地探求真实，并阻止你们盲从任何一位大师。’”

罗丹所提到的两位前辈雕塑家：菲狄亚斯（活动时期约为公元前490—前430年），古希腊雅典雕塑家。帕特农神庙建筑工程的艺术指导，创造了庙中最重要的神像和装饰雕刻。成名作是雅典卫城的三座雅典娜纪念像和奥林匹亚宙斯神庙的巨大宙斯坐像。现存作品仅有帕特农神庙装饰雕刻残片。他创立了理想主义的古典风格，形成了公元前5世纪后期到公元前4世纪的希腊艺术的特色。米开朗琪罗（1475—1564），意大利文艺复兴时期杰出的雕刻家、画家和建筑设计家、诗人。他的艺术创作在人文主义思想支配下同时受萨伏纳罗拉宗教改革运动的思想影响，表现当时市民阶层的爱国主义和为自由而斗争的精神状态，在艺术上具有坚强的毅力和雄伟的气魄。代表作品有雕像《大卫》、《摩西》、《奴隶》等，以及天顶画《创世纪》、祭坛画《最后审判》，还有诗集和书简传世。

李苦禅听了罗丹关于“尊重传统”的论述后，颇有感触地说道：“卡姆教授，我认为罗丹大师的告诫有四层含义需要我们认真地接受与领会：

第一，一定要尊重传统，学习传统，继承传统。第二，崇仰前辈，但不要模仿前辈。第三，我们尊重传统，因为传统中包含着那‘永远富有生命的东西’——即艺术家‘对自然的爱好与真诚’，这是传统不断更新、发展与进步的最根本要素。第四，要接过传统的‘钥匙’，‘躲开陈旧’，‘探求真实’。

一切优秀的传统和不断创新的前辈艺术家们皆从自然中获取画稿，这即是他们交给我们的‘钥匙’，也是传统本身对我们的告诫。中国古人有云：‘学穷性表，心师造化，非复景行，所能希涉。’（南朝·姚最《续画品》）亦是在说要以万物为师，以造化为师，绝不能仅局限在古人稿本的狭小天地里。齐白石老师曾说：‘学我者生，似我者死。’同样是在告诫学生，不要单纯模仿老师笔下所留存的墨迹，而要学习老师的创造精神。”

李苦禅愈说愈兴奋，“白石老人有一首诗这样写道：‘记得门前看小溪，水清溪底却无泥。斜阳时候虾成挤，羡杀群雏岸上鸡。’老人以艺术家独有的眼光，捕捉到生活中为一般人所忽视的极有情趣的美的细节，真可谓匠心独运。正因为他具有‘对自然的爱好与真诚’，他能‘躲开陈旧’、‘探求真实’，故他的作品具有强烈的生活气息，展示出一种真朴的生活美与自然美。”

卡姆斯基接着说：“白石大师实在了不起，不仅是一位卓越的画家，而且是一位优秀的诗人。他把生活中一个极普通、极平常的细节写得太美了：门前小溪，水清无泥，斜阳虾游，羡杀雏鸡。读其诗如见其画，真是诗画交融的境界。齐白石不愧是中国当代一位杰出的大师，他有一双智者的慧眼，能洞察到生活中诗一般的美境。罗丹老师说：‘所谓大师，就是这样的人：他们用自己的眼睛去看别人见过的东西，在别人司空见惯的东西上能发现出美来。拙劣的艺术家永远戴别人的眼镜。’齐白石先生正是这样一位了不起的大师。看到小溪、游虾、夕阳、雏鸡的人很多，但能从中发现美并融成一境者，唯有白石老人。”

“说得太精彩了，看来中外艺术家在‘形而上’的思考中是息息相通的，正所谓‘心有灵犀一点通’啊！画家一方面要‘外师造化’，另一方面又要‘内得心源’。‘师’者，即学而化之，绝不重复；‘得’者，即‘迁想妙得’，以意造象。此象非客观物象之摹写，亦非主观意念之妄生，而是以自然为基础，以生活为源泉，通过作者的理想、提炼与加工，创造出的新的艺术形象。白石老人曾对我说：‘作画妙在似与不似之间，太似为媚俗，不似为欺世。’‘作画要形神兼备。不能画得太像，太像则匠，又不能画得不像，不像则妄。’”

“李教授，你能否解释一下‘妙在似与不似之间’的含义呢？”卡姆斯基问道。

“我认为当从四个方面来理解这句话的含义：

“第一，绘画既是造型艺术，就不能抛开写形造像，若此像太‘似’，则谨毛失貌，近于‘媚俗’。第二，若与事物的真实毫无联系，完全‘不似’，则陷入‘欺世’的恶道——‘不像则妄’。第三，真正的艺术形象应该是：基于形似又超乎形似，基于生活又高于生活，要似而不似，不似而似，若即若离，‘妙在似与不似之间’。第四，以心写物，心物交融；以形传神，形神兼备。这即是白石老人此论的最后归宿。”

“白石老人的画论太精辟了！经您一番讲解，我完全明白了。中国画重在以形传神、形神兼备。我们西方雕塑也有相类似的理论。我的老师罗丹曾说：‘如果艺术家像照相所能做到的一样，只画出一些浮面的线条，如果他一模一样地记录出脸上的纹路，而不和性格联系起来，那么他丝毫不配受世人的赞美。应该获得的肖似，是灵魂的肖似——只有这种肖似是唯一重要的。雕塑家或画家应当通过面貌去探索的就是这种肖似……总而言之，所有的刻画都应该是有表现力的，就是说，有助于某种意识的启发。’罗丹老师所谓‘灵魂的肖似’，即白石老师的‘妙在似与不似之间’，不以模仿、复制为艺术的目的，而以传达精神、传达生命为最高追求。艺术家在这样的艺术追求中，便能以自己独有的样式、语言及格调，展示自己的心灵姿势与个性风貌。罗丹大师曾经说过：‘的确，在艺术中，有性格的作品，才算是美的。所谓性格，就是，不管是美的或是丑的，某种自然景象的高度真实，甚至也可以叫做双重性的真实；因为性格就是外部真实所表现的内在的真实，就是人的面目、姿势和动作，天空的色调和地平线，所表现的灵魂、感情和思想。因此对伟大的艺术家来说，自然中的一切都具有性格——这是因为他的坚决而直率的观察，能看透事物所蕴含的意义。’”

“罗丹大师以‘双重性的真实’来诠释‘性格’，真是一语道破个中奥妙。中国画论常常讲到的物我交融，天人合一，我神与物神融为一体，即是将外部真实与内部真实融合为一的艺术整体。每一位画家笔下天空的色调、流云的动态甚至村边树木的浓淡，都是不一样的，都表现着画家的‘灵魂、感情和思想’。于是，便展示了不同的‘性格’特征与不同的艺术风貌。清代画家石涛说：‘我之为我，自有我在。’白石老人亦说：‘古之画家，有能有识者，敢删去前人窠臼，自成家法，方不为古人大雅所羞。今之时流，开口以宋元自命，盗窃前人为己有，以愚世人，笔情死刻，尤不耻也。’画史上凡是能永垂不朽的，皆是那些能独树一帜、有自我性格特征的艺术家。以画竹而言，中国绘画史上虽名家林立，但却各不相同，各人笔下的竹子均展示了其自家的风貌与性格特征。从历代画竹名家之中，我们可以看到八大的简率、石涛的超逸、金农的拙朴、板桥的洒脱、吴昌硕的凝重以及齐白石的朴厚，皆各具有其独特的艺术个性。正如罗丹大师所说：‘有性格的作品，才算是美的。’如果千人一面，互相雷同，都像照片一样，那也就没有了艺术。”

卡姆斯基教授说：“是啊，艺术应该不与人同。一般人总认为竹子生机勃勃，节节向上，才是美的；不过，我特别喜欢吴昌硕、齐白石的风竹：残缺的竹竿，飞舞的墨叶，它们像是狂风中的英雄，傲然不屈。其笔法乱中寓动，放中寓刚，蕴藏着一股坚韧的力量和百折不挠的生命力。罗丹老师说得好：‘平实的人总以为凡是在现实中认为丑的，就不是艺术的材料——他们想禁止我们表现自然中使他们感到不愉快的和触犯他们的东西。这是他们的大错误。在自然中一般人所谓丑，在艺术中能变成非常美。’罗丹大师认为，艺术中最动人的是残缺的美丽与悲怆中的倔强，她能令人深思，令人遐想，令人惊叹，令人感悟。大师不愿以谎言粉饰太平，他要从虚伪罪恶的社会现实中，表现出最真挚的诚信，最率直的人类精神，他要努力以艺术的魅力唤醒人们，唤醒社会。”

李苦禅细心地倾听着卡姆斯基的讲述，同时他也陷入了深深的思考中，我们之间的这种交流，太有益了。看来中西绘画的融合绝不能停留在表面上，仅学点明暗处理、色彩搭配及各种技法的运用，而应从理念上、思想上、精神上吸收与熔铸。罗丹的人物雕塑，表现出一种悲壮的情怀与奋苦的精神。我们中国的写意花鸟画，能不能从中受到某种启示呢？能不能让人看到我们的作品有所感发、有所体悟并催人奋进呢？可以，当然可以。罗丹告诫他的学生要从一般人认为是“丑”的现象中表现出美来，这在《庄子》一书中，早就有过同样的阐述。《庄子·德充符》中讲了一些形体残缺人的故事：他们外貌奇丑，而内心却蕴藏着充实的道德与高尚的精神；他们的人格是自由的、真朴的，而不是虚伪的、矫饰的。其中一则说道：“闉跂支离无脤说卫灵公，灵公说之；而视全人，其脰肩肩。瓮盎大瘿说齐桓公，桓公说之；而视全人，其脰肩肩。故德有所长形有所忘，人不忘其所忘而忘其所不忘，此谓诚忘。”在庄子的笔下，一些奇丑人物虽然存在着外形的怪异与残缺——或“闉跂支离无脤”，或“瓮盎大瘿”，但却深得卫灵、齐桓二公的赏识与尊敬；而所谓“全人”在其比衬下，也显得“其脰肩肩”，渺小可怜。“丑”化为美与“全”而成缺，形成鲜明对比，正显示了内在人格精神美的巨大作用。“德有所长，形有所忘”，德有所长使人不忘，形有所短能使人忘之；长短互补，美丑合璧，遂展现出一个“人不忘其所忘而忘其所不忘”的崇高形象。这里，我们可以深刻感受到，庄子对人格精神美的高度重视及热烈渴望；另一方面我们还可以从中认识到庄子美学思想中所存在的重要部分：通过形短德长、极丑极美的强烈对比，以展示更为撼人心弦的“大美”的形象与境界。

《老子·四十五章》中所说的“大成若缺”与“大巧若拙”，应该说是美学史上对残缺美最早的阐述。一切完美的人格，完美的艺术形象，往往都不表现为外在的显露。外表上仿佛“若缺”、“若拙”，而于内涵上，却是“大成”、“大巧”，令人味之无穷。故中国大写意绘画，自徐渭以来，凡卓然成家

画稿《玉簪花》 1951年

者，无不在笔墨结构与意象造型上，表现为“宁拙勿巧，宁丑勿媚，宁支离勿轻滑，宁直率勿安排”（清·傅山《霜江龛集》）的美学特色。罗丹画论引发了李苦禅先生对传统美学的深入思考：自己的创作道路，一定会在中西理念的融合中、中西绘画理论的指引下，不断拓展，不断深化，不断通向新的阶段。

与卡姆斯基教授理论上的探讨，使李苦禅先生的心久久难以平静。一天，李苦禅又去听了卡姆斯基的讲课，并当堂观看了他雕塑“加减法”的演示。

其课上演示的整个过程是这样的：卡姆斯基在审视了一下坐在旁边的模特儿之后，首先概括介绍了如何抓住对象特征的几个要点，便接着说道：“请大家先看一下雕塑加法的全过程。”只见他迅速地抓起泥团，雨点似的拽向塑台上的支架，发出“叭，叭，叭”的响声。不一会，一个与模特儿大致相仿的头型出现了；接着，他用手指手掌捋、按、抹、压，并配以雕塑刀或削，或增，或刻，或抹，既充分表现了模特儿的形态与神采，又明显地突出了手段过程中的痕迹。他的动作是那样熟练，那样自如，仿佛是一出精彩的文艺表演，令人获得了难以名状的审美享受。看那形、那神，真是惟妙惟肖。

然后卡姆斯基又把另一个支架（上面堆有一个椭圆形泥团）放到雕塑台上，“同学们，下面要做的是减法。”他一边讲着应注意的要点，一边抄起雕塑刀，在水里蘸了蘸；待他凝神片刻，便飞刀直遂，上下左右，横削纵砍，刀落形出。开始时，他大片大片地往下削，大刀阔斧： 慢慢地，愈削愈细心，以显精妙。这与中国写意画中所说的“大胆落笔，细心收拾”同是一个道理。李苦禅一边仔细注视着卡姆斯基已经完成的塑像，一边想：真是太精彩了，他把艺术的生命付予了本无生命的泥巴！雕塑上保留的行刀的痕迹，有如中国画的笔触一样美，粗细相间，错落有致。雕塑与写意，二者是相通的，可以互补。卡姆教授的手法如此神妙，不愧是罗丹大师的弟子。课后，苦禅先生兴奋地对卡姆斯基教授说：“太好啦，简直是罗丹的大写意风格啊！中国的大写意正是既表现物象的意象美与神韵美，又同时保留笔墨手段过程本身的笔触美！从罗丹的铸铜雕塑上到处都能欣赏到他手迹的美，有人说好的雕塑是凝固与流动的统一，是表现与自我表现的结合，这才算真正的写意！罗丹的艺术就是欧洲的写意雕塑。”

说到这里，李苦禅头脑里也突然闪过一个念头：他们的雕塑有大写意的特征，我们的大写意为什么就不能融入些雕塑的神韵呢？以刀入笔，以棱入形，以刚健挺峻的雕塑感入画，其意味神态会是如何呢？会有什么更突出的特色呢？

从此，苦禅先生与卡姆斯基教授成了很要好的朋友，后来他回忆起这一段往事时曾说：“我们俩在‘形而下’（即表象）上迥然不同的从艺之人，却在‘形而上’（即抽象）的写意境界里找到了不约而同的东西。”从这句话里，我们也可以感受到苦禅先生对中西艺术融合的认识与理解，绝非一般人所认为的那样，简单的挪用、混合或代替；他认为，这融合绝不是“形而下”的、表象的糅合，而应是“形而上”的、本质的神遇。融合应该是一种化入，化为一体，不露形迹。中国的艺术不能混杂，不中不西，更不能姓“西”，应该仍然是中国神韵、中国气派与中国风格。

当苦禅先生谈到卡姆斯基教授时，他曾深情地说：“可惜啊，后来因为我总‘多管闲事’，为进步学生说话，所以在任教四年后不得不离开了杭州。从此与卡姆斯基教授失去了联系。他是第一位把罗丹的艺术同技巧直接带到中国来的外国人。但美术史上却没有人家的名字，更没有人家的小传。我永远忘不了他，罗丹的弟子卡姆斯基。”（纪从周《苦禅宗师与罗丹的弟子》）苦禅先生到了老年，仍一直念念不忘这“第一位把罗丹的艺术同技巧直接带到中国来的外国人”，美术史上虽然没有记下他的名字，但他为中国艺术教育所作出的默默的贡献，苦禅先生永志不忘，所有的中国学者也将永志不忘。

李苦禅先生除在校内和林风眠、潘天寿、刘开渠、卡姆斯基多有往来之外，还在校外结交了一些社会名流。其中，著名京剧表演艺术家盖叫天便是他经常往来的朋友之一。

盖叫天（1888—1971），原名英杰，号燕南，河北高阳人，他从8岁学戏，10岁开始登台。他继承了南派武生创始人李春来的表演艺术，又博采众长，遂形成了南派短打武生又一重要流派，世称“盖派”。梅兰芳曾说过：“他的短打干净利索，谁也比不上，手眼身法步，没有一样不到家，有人说他学李春来，其实讲到功夫，恐怕有过之无不及哪！”著名作家田汉曾赞誉他为“南派武生泰斗”，并赠对联：“英名盖世三岔口，杰作惊人十字坡。”陈毅副总理亦有诗相赠：“燕北真好汉，江南活武松。”他的代表剧目，除了《武松》之外，还有《狮子楼》、《十字坡》、《三岔口》、《恶虎村》、《闹天宫》等。

李苦禅先生在杭州艺专课余时，常会去看盖叫天的演出，对其舞台上精彩的表演颇为赞赏。一次经朋友介绍，便认识了盖叫天先生。二人初次见面，虽谈话不多，却很是默契，仿佛有一种似曾相识之感。

一天，李苦禅先生在朦胧的晨光中，慢步跑向西子湖畔。“湖光空际漾，山色静中移。”他一边欣赏着晨光中的西湖，一边舒展四肢，在湖边打起拳来。只见他虎步稳健，腾身如飞；他时而快，时而慢，时而虚，时而实，展转进退，变化莫测。一套拳打下来，他面不改色，气不发喘。正欲收住拳脚之时，忽听得旁边有人叫道：“好！”其音嘹亮，声若洪钟——且京腔京韵，与舞台上的叫板无异。是谁有如此好的嗓音呢？李苦禅先生收住拳脚，稳定身形，待回头定睛观看时，却原来是日前刚刚认识的“活武松”——盖叫天先生。他抱拳拱手，笑呵呵走上前来说道：“想不到李先生还如此精通武术，可敬，可敬！适才见先生身手如此不凡，便情不自禁地喊了出来，请原谅。”李苦禅见盖叫天如此客气，赶紧抱拳还礼：

《新雨后》 1977年

“先生，让您见笑了，只不过是活动活动筋骨，强身健体而已。”

二人的交谈更加贴近了，这位盖叫天先生原名叫张英杰，字燕南，河北高阳人，“盖叫天”是他后来起的艺名。二人的原名正好皆为英杰，又都爱戏、爱武、爱书画，真是天赐良缘！苦禅先生对自己的人生经历也做了进一步介绍。

盖叫天上前拉住李苦禅的手，仿佛多年不见的故知一样：“原来只知李先生乃画坛高手，与潘天寿先生并称‘南潘北李’；后闻李先生全力扶持校内剧团，躬身登场，亦是京剧行家；今又见李先生功夫了得，令人惊叹，堪称武林侠士。其他方面尚不知晓，以今所知，先生已把国画、书法、国术、国剧集于一身，可敬啊，可敬！李先生，您对平剧如此痴迷，一定也是拜过老师的吧？”

“我从小就迷戏，在北京求学时最喜尚和玉的武生戏。艺专毕业后，为了更深入地了解平剧，我常找行家说戏，自己也试着‘粉墨登场’，当时跟丁永利、侯喜瑞、高庆奎、李洪春诸先生常有来往。”

“尚先生是北方武生的一代宗师，尚派创始人，了不起啊。看来您对戏的痴迷颇有渊源啊！”盖叫天满怀激情地说。

李苦禅邀盖叫天在湖边石凳上坐下，说道：“张先生，早就闻知您的艺名，也听了一些传说，莫衷一是，您的艺名不知有何寓意，能否相告？”

“李先生，这话可长了！听我慢慢向您道来：我幼年入天津，隆庆和科班习武生，当时个子小，说戏的齐先生就送了我一个艺名——金豆子。出科后，10岁开始登台，11岁到上海，后又到杭州。随着年龄增长，我渐渐觉得‘金豆子’的艺名不够响亮，也不太适合。戏班里的一位老板建议说，唱老生的孙菊仙名气很大，你不如就叫‘小菊仙’吧。可我还觉得太一般，不合己意。当时我非常佩服名震大江南北的‘小叫天’——谭鑫培，便决定把艺名改为‘小小叫天’。没想到却遭到一些人的白眼与非议，有人竟说：‘还往小叫天上攀附，你也配！’我一听气得火直往上撞，想不到连起个艺名都会招来如是议论。好吧，既如此，一不做二不休，我就来个彻底的，不叫‘小小叫天’，我就叫‘盖叫天’！李先生，这个艺名是我一口气赌出来的。自那以后，我便狠下苦功，难忍能忍，难行能行，横下一条心，非干出个样子来不可！俺岂能言过其实，而遗人笑柄，今天这两下子也是硬逼出来的呀。”

李苦禅先生听罢，不禁肃然起敬：“想不到先生的艺名还包含着这样一段动人心弦的、不平常的故事，真是：志气催人愤发，苦修助人成功。一切有成就的艺术家，恐怕无一例外地都要经受各种各样非同一般的磨难：生活上、意志上、学业上乃至身体上。但世上无难事，就怕有心人。所谓‘有心人’，即意志坚定者，勇往直前者。郑板桥的一首题竹诗说得好：“咬定青山不放松，立根原在破岩中。千磨万击还坚劲，任尔东西南北风。这‘劲竹’‘咬定青山不放松’的精神，应该是一切治学、治艺者所必须具备的。”

苦禅先生也将自己求学的苦难经历及所起“苦禅”艺名的由来，向盖叫天述说了一遍。盖叫天深有感触地说道：“李先生，你经历了非常人所能比拟的苦难，您是在苦难中崛起的艺术家。你的艺名不仅道出了你人生苦难的经历，而且蕴含着一个伟大的哲理：一切艺术家都必须在苦中磨砺，在苦中成长，在苦中悟禅，没有凄风苦雨的洗礼，恐怕是永远也难以攀上艺术的高峰的！孔圣人所谓‘君子固穷，小人穷斯滥矣’（《论语·卫灵公第十五》）也正是说明这样一个道理，君子在穷苦与困顿中，能立定脚跟，不断完善自己，并成就自己。”

二人愈谈愈觉得投缘。说到武生戏时，李苦禅便又向盖叫天请教演武生的要领，盖叫天说道：“我体会演武生有三要诀：快、脆、漂。快者，‘打出手’犹如闪电一般；脆者，指一招一式要干净利落；漂者，是指身段英武，姿势优美，含舞蹈性与雕塑感，犹如你们大写意的线条，纵横驰骋，纷披有致。演武生一定要注意精、气、神的完美统一，武生的一切动作都不能离开精、气、神，要做到威而不猛，文中有武，武中有文，方才合乎武生品局。”

李苦禅听了盖叫天对演武生戏的精彩评论，不禁连声称妙，说道：“张先生，这戏理与画理处处相通啊！您讲的三要诀——快、脆、漂，即如写意画用笔中所说的：大胆落笔、放笔直遂而至随缘迹化；‘精、气、神的完美统一’，则是艺术的整体效果：气韵生动、写意传神。张先生武戏文唱，重在写心传神，故先生所演出的舞台人物皆活灵活现，性格丰满，令人品味无穷。先生一席话，对我启迪甚多，受益匪浅啊。”

“仅只是演戏的一点感受而已，毋需夸奖。以后多切磋、多探讨吧。”

李苦禅看看天色，已是不早，向盖叫天说道：“本周末，我校平剧团在校内演出《平贵别窑》，我扮演薛平贵，想请张先生光临指教，不知可否？”

盖叫天略一思考，即说：“没问题，我一定准时到场，一睹先生风采。”二人拱手道别。

很快到了艺专晚会演出的日子。这是一个春风荡漾、暖气融融的晚上，空气中散发着淡淡的花的清香。艺专校园内外，人来人往，灯火明亮，呈现出一片欢腾景象。

盖叫天走进礼堂，见黑压压的已是坐满观众，前排坐着林风眠校长及潘天寿、刘开渠、卡姆斯基诸先生。他在学生的指引下，找到自己的位子，坐了下来。周围许多校内、校外的朋友，不住向他招呼、施礼，他都一一抱拳还礼。

戏台两侧一副手书联语首先闯入他的眼帘：

戏台小天地，天地大舞台。

那书法笔厚墨朴，雄浑苍劲，正是李苦禅先生的手笔。盖叫天想：苦禅贤弟真是热心肠的人啊！他们虽为业余剧团，但对平剧的兴旺与普及，却是功不可没啊！

此时，台上响起了开场锣鼓，大幕徐徐拉开。李苦禅扮演的薛平贵在锣鼓声中走上舞台，他扮相英俊威武，身扎白硬靠，头戴银色硬扎巾，足蹬厚底靴，一个神采飞扬的亮相，赢得了满堂喝彩。

李苦禅由于有多次“粉墨登场”的经验，再加上自己深厚的武术功底，故他演得洒脱自如，落落大方，无丝毫拘谨怯场之态。特别是他那酣畅、婉约的唱腔，放得开，收得住，回肠荡气，悲壮感人。整个演出，台上高潮迭起，台下掌声不断。盖叫天从李苦禅的唱、念、做、打中，听得出，也看得出他那有如中国大写意画般的粗犷恣肆、酣畅淋漓的格调，是一般专业演员所没有的。盖叫天深感李苦禅已经在深谙国画与国剧二者的基础上，将它们融会贯通，互取所长。他以后在艺术的道路上，一定会创造出一个与众不同的、独具一格的新天地。

这时，但见李苦禅在台上做了一个自己精心设计的平贵上马的身段，干脆利落，遂博得了个满堂彩。盖叫天也觉得颇有创意，便不由得脱口而喊了声“好！”

演出结束后，盖叫天到后台表示祝贺。李苦禅拱手致谢：“能得仁兄光临，我艺专蓬荜生辉。演出过程中多有‘洒汤漏水’之处，望多多指教。”

盖叫天非常高兴地说道：“来艺专看戏受益良多！其一，海报精彩，书画并茂。‘男儿有志赴战场，远征西凉愤满腔。’一语双关，爱国情重，振奋人心哪。其二，舞台联语，寓意深远。不仅享受到贤弟的书法艺术之美，亦令人回味深思。其三，文中有武，武中有文。贤弟演戏有如您的大写意，解衣般礴，自由无拘，写中有工，工中有写，把人物的精神世界表现得十分丰富！”二人又谈了一会，并约定隔天再到盖叫天家小叙。

一个清凉的早晨，李苦禅来到盖叫天的寓所。刚一进门，就看到盖叫天正在花坛旁边刷牙漱口，那姿势很特别——“骑马蹲裆式”。他便轻轻咳嗽了一声，盖叫天闻声，猛回头，来了个“犀牛望月”，那功架矫健优美，二目炯炯有神，仿若舞台上的一个“亮相”。李苦禅禁不住赞道：“仁兄于生活中一举手一投足，皆不忘练功。如此沉迷于艺术境界之中，实在令人敬佩！”

盖叫天见李苦禅前来赴约，甚是欢喜，一边收拾洗漱用具，一边说道：“贤弟应是知道的，武行有句名言：‘行动坐卧，不离这个。’又说：‘戏不离口，拳不离手。’我自幼投师学艺，何敢有一日懈怠。天久日长，便自然形成了这个习惯。外人看到还以为我辈皆癫狂之徒呢！”说话的同时，只见他一抬腿伸上旁边的树杈，又压了压，便双手抱住树干，两腿遂形成一字形垂线。

李苦禅接着说道：“那些人都是少见多怪！古代书画家在与人交谈时，不是常有画地、画空、画衣等忘我之举吗？至于被称为疯、癫、狂者那就更不足为怪了。唐代大书家张旭、怀素，落笔迅疾，呼喊狂走，世人称之为‘颠张狂素’，五代书家杨凝式被称为‘杨疯子’，宋代写意画大师梁楷被称为‘梁疯子’，明代徐渭、清代八大山人、扬州八怪皆被目之为癫痴狂怪之辈，连白石先生，也是在绘画之外诸事愚拙，不通世故，常常受人欺骗。”

“苦禅贤弟说得好，搞艺术的就应该专心致志，让别人去说吧，坚定不移地走自己的路。艺术家如果总是瞻前顾后，谨小慎微，事事关注，他怎么能搞好艺术，又怎么能为艺术作出突出的贡献呢？”

二人坐定，盖叫天非常神秘地对李苦禅说道：“我最近偶然兴起，也抹了几张，想请你指教，但又怕让你笑话……”说着便从柜子里拿出一卷画来，逐一摆在桌上、地上。李苦禅将盖叫天的作品仔细看了一遍，主要描绘的是马的形象，但姿态各异，无一雷同：有行、有卧、有奔、有立、有静、有动；或配以清溪、杨柳，或配以浅草、青松……皆神采飞扬，栩栩如生。另外还有两张虎，亦颇有生气，大有夺画呼啸而出之状。

“仁兄于戏曲界乃一代名流，想不到于绘画亦臻上乘。你笔下的马，大有悲鸿老师意蕴，笔简意丰。白石老人说，作画之难，难在似与不似之间，似则媚俗，不似则欺世。你画的马与虎，都已达到了神似境界。”

盖叫天笑道：“承蒙贤弟夸奖了，你爱戏是从戏中参悟画理，我学画是要从画中参悟戏理，路数不同，道理是一。看来，以后我们应多在交流中互相启发啊！另外，你想不想看看我的‘雄鹰写生’作品？”说完他便马上拉开了一个架势：单腿屈立，引腰舒臂，做了个“雄鹰展翅”的身段——给人的感觉是矫健、勇武、豪壮，大有振羽长空，搏击万里之势。“贤弟画了那么多雄鹰图，我实在不敢争美。为了避免抄袭之嫌，只好来个别出心裁，不知此‘写生’之作，能入贤弟法眼否？”

这时，李苦禅才恍然大悟地说道：“好一个‘雄鹰展翅图’！你已把写生从绘画移入戏剧的身段，令人不知君之为鹰，还是鹰之为君啊！看来，一切艺术要想在不断发展中标新立异，恐怕都离不开以造化为师，以万物为师；谁违背了这个原则，都将一事无成！”

盖叫天收式说道：“舞台动作中的鹤立、鸡步、虎扑……无一不是取自动物的姿态，而后加工提炼而成。这不即是师造化与师万物吗？你们绘画艺术讲‘搜尽奇峰打草稿’，讲‘外师造化，中得心源’；其实演戏中的身段造型和你们作画时的笔墨造型具有同样的道理，都需要经过造化与心灵的碰撞与熔铸。大自然中的花鸟禽鱼，风雨霜雪，山川赤霞，云涛古树，都能给人以舞台的启示与心灵的感悟。故艺术家要善于发现，善于提炼，善于加工。我把自己加工的‘雄鹰展翅’这个身段，用到了《恶虎村》黄天霸夜行‘走边’里，行里行外看过之后都觉得新鲜，因为从来没有人这样演过。看来，唱戏与作画都必须不断创造新的手法、新的路数与新的风貌，老是反复烫着祖宗留下的残羹剩饭，那怎么行呢？”

李苦禅听了盖叫天的一番议论，十分敬佩，其论可谓一语中的。话虽不多，却切中了一切艺术创作的要害之处。古往今来，有创意的艺术家都离不开两个方面的深化：

第一，认识自然，按形求法，外师造化。

第二，感悟自然，以意造象，中得心源。

艺术家塑造的形象，既非复制自然的“具象”，亦非凭空杜撰的“抽象”，而是“主客交融”、以意为之的“意象”。盖叫天所塑造的黄天霸夜行“走边”的形象，即是以意为之的意象范例。其中有“雄鹰展翅”的意味，但不是单纯的摹形，而是求其威武矫健的神韵，求其生命内在的节奏。

李苦禅请盖叫天到院中说了一回《恶虎村》并作了黄天霸“走边”的演示，果然精彩！李苦禅异常兴奋地说：“敬佩，敬佩！仁兄能以独到的‘写生’之法，又经自己的意象造型，然后融入戏中，难怪新意迭生，层出不穷。”二人在交谈中，找到了愈来愈多的契合点，平剧、武术、绘画三者的融合使他们之间心心相通，追求一致，颇有相见恨晚之概。

二人在又一次见面中，共同游览了灵隐寺，该寺畅怀和尚非常热情地接待了他们。在随后的交谈中，他们共同探讨了佛法的精义。盖叫天向老和尚问道：“《金刚经》上说：‘不应取法，不应取非法。’当如何解其意？请法师开示。”

“‘取法’则易滞于法，‘取非法’则易泥于空性。这里说‘不应取法，不应取非法。’是要善知识既不偏执于法相，亦不偏执于非法相。”

“那如何看待佛法呢？”盖叫天又问。

“所谓佛法者，即非佛法，是名佛法。佛法本来无有，佛说法假以开悟众生，回归真性。譬如人未渡河，须假船筏，即到彼岸，当离船筏，不可执著也。‘既非佛法’是要人们不执著，‘是名佛法’是要人们不舍离，如此即可以做到：心境空寂，自然清净。”

李苦禅听了畅怀和尚开示，若有所悟：“法师，《金刚经》中多次出现‘即非是名’之句，皆是为了破一切相，那绘画艺术乃至一切艺术中是否也应‘破相’？”

“佛法中所说破相、无相、非相，但去妄念，不去天理。要人们于法无所住，于相无所拘。每一个朝代的艺术都没有拘泥、住守前一个朝代，而是在继承中不断发展。”

李苦禅接着说道：“法师说得好啊！对于传统，对于古人遗法，既不能拘泥，又不应舍弃。所谓画法者，即非画法，是名画法。一切学画者从有法开始，至精熟时归于无法；此时虽为无法却不离法，处处与法相合；再进一步，则有无双遣，不执着有法，亦不执着无法，于不思不勉中，随缘迹化，从容中道。因此，我们应作如是抉择：不无视传统而继承之，亦不固守传统而创造之，在创造中不断求新，易易相生，生生不已。”

畅怀和尚点头称是，并说道：“二位施主皆为当今名流，能悟入佛法，他日定受益良多。”略停一下，和尚又说：“我寺想请苦禅居士画一处壁画，以为庙宇添彩，未知可否？”

李苦禅满口应允，于是他们便一同来到灵隐寺五百罗汉后殿，畅怀和尚指着一处新刷好的墙壁说道：“就画在这里，以宝莲妙香为题，有劳苦禅大居士了。”小和尚将李苦禅吩咐准备的一应用具全部送到，李苦禅凝视着墙壁，以手比划着大概的构思与布局。此时，他的脑海里仿佛浮现出一池接天碧叶：“白日传心净，青莲喻法微。”那阵阵荷风迎面吹来，沁人心脾的无尽妙香令李苦禅不由得情从心起，妙意涌动。他迅疾地抓起一大团棉絮，浸水蘸墨，举臂挥毫。但见他“笔笔”诱发，随缘迹化，任运成相，浓淡相生，或花藏叶下，或秀苞玉立，或翠叶层叠，或上下掩映。不多时，一幅苍润飘逸、清香四溢的荷花图便跃然壁上。

接着，李苦禅取过提笔，审视了一下整个画面，便题上“西方净土，宝莲妙香”八个苍劲有力的大字。

畅怀和尚纵览全图，连连称道：“莲洁浩荡，污泥不染。

愿‘随风散馥，沿水流芳’，愿‘众宝莲花，周满世界’。”

盖叫天在一旁观看了李苦禅作画的全过程，他颇有感触地说：“贤弟作画有如拳舞，意意相连，气气不断，堪称‘一以贯之’、‘一气呵成’。若心未虚静，何能以此超凡脱俗之笔，创作出如是清香溢远的境界？”

李苦禅听了他们的赞语，不住解释道：“拙墨若能不污佛门圣地，已属幸事。今日作画，有法师开示，又有前几日仁兄以画入戏的启迪，似心有所悟；若非如此，恐难以遂意哪。”

后来，李苦禅先生直到晚年还念念不忘这一段与盖叫天先生颇有深义的交往，他在《欣逢盛世忆杭州》一文中曾说：“为了加强艺术修养，我认为画家要有多方面的艺术实践，因此与友人在杭州组织了业余平剧（即京剧）团，专聘导师前来说戏。我学的武功戏颇得益于盖叫天。我常去他家串门、请教。他时常谈起自己含辛茹苦的艺术生涯，亲眼见他为了练好《十字坡》中武松剁刀子的技艺，每日清晨向足边剁竹刀无数次。此种刻苦精神在无形中促我奋发自勉。那时他曾给我说过《白水滩》的十一郎。他常常鼓励我：‘放开胆子最要紧。’艺贵创新，我扮演《平贵别窑》的薛平贵时，曾自编了一个上马的身段，竟博得了个‘满堂彩’。”他还说：“也记得灵隐寺的畅怀和尚曾邀我在五百罗汉后殿壁上作巨幅墨荷。不幸的是在一次火灾中，这幅壁画与殿宇同归于尽了。”

苦禅先生于灵隐寺所创作的“巨幅墨荷”，今日我们已不可得见，但那一尘不染的墨韵妙香伴随着他那高洁的人品却依然回荡在我们的心间……

《迎朝晖》 1977年

李苦禅先生年至八十多岁时，还常常念及往事："杭州，阔别已近五十年了，但昔日情景仍时常萦系于胸中。"为什么这"昔日情景仍时常萦系于胸中"而念念不忘呢？因为这一段时间，对他绘画艺术技法的锤炼及风格的形成，都起到了十分重要的作用。

首先，他在生活上获得了前所未有的"衣食无忧"与安定，他已完全不像在北京当学生时那样"饥饱无定"，也不像毕业后初工作时那样"工资低微"；这时，他在衣、食、住等几个方面，都已颇感欣慰，无后顾之忧。特别是他这种出身贫苦之人，更是容易知足，知足常乐。其次，他的全部精力已全部集中到艺术教育、艺术研究与创作上，因此他能在不断地实践、思考与求索中获得迅速的深化与升华。第三，他在校内外结识了许多新的学术上志同道合的朋友，像校内的有潘天寿、刘开渠、卡姆斯基（林风眠校长是原来就已熟悉的）等，校外的有盖叫天、张大千等。第四，杭州的湖光山色，陶铸了李苦禅对艺术美的审美修养与取向，也滋养了他出众的人品与画品。他在回忆杭州时曾情不自禁地说道："最让自己陶醉的还是西子湖畔的水光山色：孤山的朝晖暮霭，九溪十八涧的幽静，龙井寺的芳茗，虎跑的清泉，林处士的'梅妻'，宝俶塔的佛首，还有荷塘月色、苏堤嫩柳、断桥细雨，更有那钱塘怒潮令人惊心动魄，岳飞坟墓令人感怀悲叹……这些名胜，无不使我日后潜然凝化于毫端尺素之中。"

这大自然的山水烟云乃至历代遗留下的古迹名胜，都在耳濡目染的岁月潜流中凝化于李苦禅的"毫端尺素"，故他时时"萦怀"，终生难忘。

当时，李苦禅不仅出自教学的需要，常带学生到校外实地写生，而且自己也不时地独自一人投身于大自然的怀抱：或徜徉于西子湖畔，或荡舟于荷花深处，或漫步于绿雨蕉林，或吟哦于深山翠竹……这时，他除爱画"大黑鸟"之外，还喜画荷、蕉、竹，对画荷尤为钟爱。在历代名画家中，他最敬慕徐渭、石涛、八大山人笔下的荷花。前文我们已经介绍了他对八大所作的研究，另外两位画家——徐渭与石涛在他心目中也占有很重要的地位。

李苦禅认为此三位是写意画中创造性最强的大家，学习他们不仅要学其法，更须师其心——他们的创造之心。仅学其法，则会泥古；仅言师心，亦会落空，故不可偏废。从师法步入师心，以师心引导师法，由他法而创我法，师他心以成我心。故李苦禅学白石而不像白石，学徐渭、八大、石涛而不像徐渭、八大、石涛。他要坚定不移地走出自己的道路，创出自己的艺术风貌与自己的艺术天地。

他画荷花，除了研究、学习他所崇敬的三位大师之外，更重要的是他进行了大量实地的写生：朝露夕阴，风晴雨霁——各种不同自然状况下，荷之花叶所展示的不同变化，他都进行了悉心的观察与比较。他认为不同画家以不同的技法创造出形象各异的风貌，但有一点他们都是必须遵循的，不能违背的：都应表现出荷花那种亭亭玉立、出污泥而不染的高洁品格与精神。而这种笔下之高洁与人心之高洁是密不可分的，画格和人格是一体的。

从那时，李苦禅笔下的荷花就逐渐形成了自家风貌。他汲取了徐渭荷花之势，八大荷花之骨，石涛荷花之韵。他以骨铸势，以势生韵，以韵造境。他在灵隐寺五百罗汉后殿所绘制的巨幅墨荷壁画，即是他这一时期的代表作。遗憾的是在后来的一次火灾中，这幅壁画与殿宇皆被焚毁。这时，他笔下的墨荷在上海的展示中也屡屡出现。一次展会上，他与张大千先生邂逅相遇。二人在互道姓名、互致问候以后，便开始交流彼此的观点并进行了十分诚挚的画理方面的探讨。二人都很直爽，又都喜画泼墨大写意荷花，故在艺术的见解上有许多共同语言。

张大千与李苦禅同庚，二人虽互闻大名，但以前并不相识。张大千看了李苦禅笔下的荷花赞赏不已："李教授的荷花笔笔写来，且墨彩丰厚，气韵生动。八大、石涛、齐白石俱已融入您的笔下，实在是妙趣横生！”

“承蒙张先生夸奖，我尚在不断摸索之中。先生也善画荷花：有工有写，工者，金线红妆，曲尽其意；写者，泼洒飞纵，变化无穷。敢问先生对临摹古人与写生自然二者之间的关系有何高见？愿闻一二。”

“以我之见，临摹古人与写生自然是每一位学画者终身都必须面对的重要问题，所以非下一番死功夫不可。今人学画，每不知临古与写生二者不可偏废。临古，犹士人读古人书，学为文章；写生，则详审造化形态之真谛，如山水之路源，花木之茁长，人物之动态等等。举凡物理人情，差之毫厘，谬以千里，故而好学深思，心知其意，下笔始无舛讹。”张大千还特别强调了：“写生首先要了解物理、观察物态、体会物情。”（陈洙龙《张大千》）

李苦禅连连点头，表示十分赞同张大千的见解：“精到，精到！你这‘了解物理、观察物态、体会物情’，提得好。只有通过认真写生，才能真正了解、认识并体会客观物象的理、态与情。自前清以来，画界盛行临摹‘四王’之风，陈陈相因，至今尤重。故在师古的同时一定要大力提倡写生。明代画家沈颢在其《画麈·临摹》中曾说：‘董源以江南真山水为稿本；黄公望隐虞山即写虞山，皴色俱肖，且日囊笔砚，遇云姿树态，临勒不舍；郭河阳至取真云惊涌作山势，尤称巧绝。应知古人稿本在大块内，吾心中，慧眼人自能觑著。’古人的稿本并不取自前人，并不蜗居在前人的笔下，而是在对大自然的写生中，在对大自然的心灵感悟中创造所得。故我们师古人，不应单纯局限在其画迹上，而应追本溯源，探究他们是如何取法自然，并创造性地表现自然的。”

张大千听了李苦禅的一番议论，便接着说道：“太受启发了！现在画人，只知学习古人之‘技’，不知学习古人之‘心’，只知学习古人现成的‘粉本’，不知学习古人心中变幻的‘粉本’。您的话使我想起了清代画家龚贤的一段话：

‘古人之书画，与造化同根，阴阳同候，非若今人泥粉本为先天，奉师说为上智也。然则今之学画者当奈何？曰：心穷万物之源，目尽山川之势，取证于晋唐宋人，则得之矣。’这段话不仅劝诫我们莫要‘泥粉本为先天，奉师说为上智’，更给我们提出了明确的方向与道路：一定要‘心穷万物之源，目尽山川之势’；还要在‘心穷’与‘目尽’的过程中，不断取证古人——‘晋唐宋人’，他们是如何从自然万象中抽取、提炼并加工成我法、我象与我境的，这才是真正的师古之心！”

李苦禅对张大千的见解十分敬佩，便也就此议题进一步说出了自己的看法：“龚贤说古人之书画与造化同根，阴阳同候。古人之书画如此，今人之书画亦应如此。谁离开了这一规律，谁都将一事无成，都将偏离创新的轨迹。书画不离造化，书画必须体合造化与造化为一，因为造化中有无穷无尽的创作素材与稿本。书画家在体合造化的过程中，能认识自然界中所蕴含的阴阳之道——即大自然的变化之道、发展之道与创生之道。《易经》说：‘一阴一阳之谓道。’世间的万事万物无不寓含此理，像刚柔、虚实、动静、疏密、黑白、浓淡、轻重等皆是其所体现。书画中阴阳变化的程度，应与大自然‘同候’，亦即体合大自然变化的节奏。这如何才能做到与大自然

画稿《风荷》 1961年

相体合呢？由于各人的悟性不同，其体合的程度也会有一定的差异。但首先必须明白：自然界的各种阴阳变化既是相互对立的，又是相互依赖、相互补充的，它们是矛盾的统一体。正如《老子·二章》中所说：‘有无相生，难易相成，长短相形，高下相盈，音声相和，前后相随，恒也。’自然界是如此，那作为与自然界‘阴阳同候’的书画艺术也应如此。如果仅有前者，而无后者之‘相生、相成、相形、相盈、相和、相随’，那就没有统一的艺术整体。当然如果原本就没有前者，那也根本就不会有后者。矛盾与统一，缺一不可；矛盾愈大而又愈统一，其美的含量就愈大，其艺术性也就愈高。像徐渭、八大、石涛，他们的荷花画面即运用了大疏大密、大虚大实、大黑大白、大浓大淡的对比，但又协调统一，故而他们的艺术具有一种强大的震撼力与感染力。”

他们在谈论中深深感到，一位书画家的眼力与悟性是相当重要的。如果根本连悟都没有悟到的境界，他如何可能达到呢？他实际的水平与他的悟性，永远是同步的。大量的画家，往往在追求艺术美的道路上浅尝辄止，因为他们的见识限制了他们的艺术表现力。龚贤在他的《山水图》中曾有题句：“作画难，而识画尤难。天下之作画者多矣，而识画者有几人哉？使作画者皆能识画，则画必是圣手，恐圣手不如是之多也。”显然，能识画之要妙，悟画之真谛，比一般作画更加困难。为什么呢？因为一般的作画，只要经过一段时间的训练，皆能做到掌握基本技法；而能识画悟画者，则需要经过长期深入的研究实践——除绘画技法本身的研究之外，尚须熟知画史、画论、哲学、美学、文学、诗词及其他艺术等，方能渐次达到。至于要真正悟入，也不是仅靠学力即可水到渠成的，尚需要一定的天分与悟性。唐代虞世南在其《笔髓论》中对此即有过深刻的阐述：

字虽有质，迹本无为，禀阴阳而动静，体万物以成形，达性通变，其常不主。故知书道玄妙，必资神遇，不可以力求也；机巧必须心悟，不可以目取也。……字有态度，心之辅也；心悟非心，合于妙也。

这里，虞世南虽为论书，但书画相通，画亦如此。一位书画家要真正进入识与悟的境界，必须具备两个方面的条件：

第一，学力——包括专业及各方面的学养与修养。

第二，悟性——书画中或称为才气、天分。

二者皆不可缺，若仅有前者，艺术之高层次、高境界，往往“不可以力求”，必须资以悟性，方得攀上高峰；若无有前者，则后者即便存在，也难以显示与发挥。故先当致心于学，积功累力，在学力逐渐积累和提升的过程中，也会逐渐引发其悟性。因为一个人的学力提高了，其智力、思维力与感悟力也会逐渐提高，而至渐渐悟入。从虞世南这一段精彩的论述中，我们可以看出他更强调的是后者——悟性；多数人可以达到一定的学力层次，而于“悟性”，能突破这一最高关卡之人，却是少之又少。因为到了这一境界——“禀阴阳而动静，体万物以成形”、“达性通变，其常不主”，一切都在无法、无规律之中，都要随机应变，因时而变，都要信笔生发，随缘迹化，都“必资神遇，不可以力求也”，“必须心悟，不可以目取也”。

古代禅宗里曾有“渐悟”与“顿悟”的说法，二者有区别，但又是互补的、统一的。据说禅宗五祖弘忍欲传衣钵，便要弟子们以偈表达自己对禅领悟的心境，有二位弟子作偈。一者神秀上座作偈曰：

身是菩提树，心如明镜台。
时时勤拂拭，勿使惹尘埃。

（身是原已悟道的菩提树，心如清净亮洁的明镜台，所以要经常擦拭，不要让它们蒙上烦恼的尘埃。）

另一者慧能初学作偈曰：

菩提本无树，明镜亦非台。
本来无一物，何处惹尘埃。

（菩提树与明镜台都是虚无的，烦恼也是妄生的，本来什么都没有，无生无灭，无形无色无相，哪里有尘埃需要拂拭呢？）

前者是强调不断修行、不断清除尘埃的重要性，后者则说尽了禅的绝对性——无树、无台、无物、无埃，“一真一切真，万境自如如”；前者被称为北宗禅，重渐悟，后者被称为南宗禅，倡顿悟。世上能像慧能那样一听《金刚经》，即入“顿悟”境界而明心见性者，毕竟是少数，因为那必须是上上根人；而多数则需要经过依次渐修，方能逐步达到慧能顿悟的禅境。

后世书画家们将“渐悟”与“顿悟”的观念，引入了书画领域，并反复阐述了“悟性”对书画创作的重要性。书画界常常把悟性高者看作是有天才、有才气的人。而悟性高、有天才的人，也需要锲而不舍，苦苦修学，在不断修行的过程中，从“渐悟”进入“顿悟”的境界，正所谓“不积跬步，无以至千里”。

李苦禅先生曾说：“写意大师里，青藤能力、才气大，八大作性强，石涛悟性强。白石老师相对他们来说天分有限，但功力最大。他一生每天早6点就画，而后除了在藤椅上略休息一会儿和吃两顿饭以外全在画。天黑了，点上大洋蜡再画……从不在庸俗事情上浪费时光。他也不大生病，寿数长，一生一个劲地干，实在是‘勤能补拙’的典范。天才是有的，但不能等待，要磨砺，要苦练以助天才。齐老师一辈子每早到晚地画，到70岁以后才显出天才来。故悲鸿先生对我说：‘白石如六十而殁，淹没无闻。’”

张大千先生曾说："或谓石（涛）公为画苑之杰，由于顿悟。余独谓法华境界，实由渐悟而方跻。余昔藏石公为其友吴逸云画山水题云：'作书作画，无论先辈后学，皆以气胜。得之者精神灿烂，出之纸上；意懒则浅薄无神，不成书画。善收藏者，勿求纸之短长粗细。古人片纸只字，价重拱璧，求之不易也。故有真精神、真命脉，一时发现，直透纸背，此皆大手眼，用大力气，摧锋陷刃，不可禁当，遂令百世后晶莹不灭，即如文天祥先生所谓风檐展书读，古道照颜色也。'观石公自道甘苦如此，得非渐悟之效耶？"

李苦禅与张大千一见如故，在交谈中，他们都十分坦诚地阐明了自己的观点。此后，张大千还专程到杭州艺专拜访李苦禅，二人共同泼墨挥毫，相互切磋。

他们在交流的过程中，各画了一幅荷花。张大千边画边说："李先生，我主张画荷要表现它出污泥而不染的性格特征。画荷叶，用笔要像汉朝人写隶书那样，逆入反出。画荷主要在于画荷叶与荷梗。"张大千先生挥毫自然，笔笔生发，气韵生动，其叶含风，其花蕴露，整幅画虚实互补，开合得度。画完后题以："人品谁如花浩荡，文心可比藕玲珑……"

李苦禅接着也画了一幅荷花，他对张大千说："大写意不求小巧，而求大巧，大巧若拙。张先生以汉隶入画，我亦主张笔笔写出。熟而稳重为上，潦草驰骋为下。郑板桥说得好：'画到熟时是生时'，生得似乎笔先无意，笔下无法。"但见李苦禅信笔挥洒，易易相生，临机应变，随意而成，更于花叶之间，添一翠鸟，益显天趣，于画上题道："白荷花开解禅意，点缀不到红蜻蜓……"

二人互相观摩、切磋、发问、探讨，如至友，似兄弟。从他们绘画的风格和意境，我们可以看出：

第一，张大千以荷喻人，李苦禅以荷喻禅，皆展示了荷花高洁的品格与诗一般的境界。

第二，二人皆尊学八大石涛，但能遗貌取神。

第三，二人皆重写生，但都追求“似与不似之间”的意象美，迁想妙得，写意传神。

第四，二人皆重以书入画，强调笔墨的层次、变化、节奏与意蕴。

第五，张大千的画泼辣豪纵，李苦禅的画雄浑厚重，风格虽异，但都展示了大手笔、大气势与大境界。

他们此时的年龄仅三十多岁，但他们的修养、见解及艺术上所展示的文化内涵及美学理想，却是一般人无法企及的，难怪他们日后都成了大师级的艺术家。

李苦禅先生在谈起这一段与大千先生的往事时，曾对我说：“大千先生，为人爽快，很有见解，他学问好，读了很多书，从他那里，我受到很多启发。”对于学术上的朋友，他从来都十分谦虚，说是别人启发了自己，说自己受益良多。

自那以后，到1946年，他们才在北京又见了一面，然后就再也没能见面。

1980年12月，年逾八旬的李苦禅与儿子李燕，在国家有关部门的支持下，赴香港举办父子书画展。开幕式盛况空前，前来祝贺的人们，络绎不绝。据有关报纸报道，在开幕式的盛大酒会和记者招待会上，来自我国台湾的同胞和新加坡、日本等地的侨胞、朋友及各界人士频频举杯，祝贺李氏父子展览成功。许多报纸、电台连续发表了二十多篇热情洋溢的评论、报道和消息。展览大厅里，挤满了参观的人群，许多书画爱好者争相购藏他们的作品。

展览期间，最令李苦禅激动的是见到了阔别已久的林风眠校长，他感慨万千地说：“我们国画界八十岁上下的同代人已经不多了，这两天有幸见到林风眠校长与赵少昂先生两位老友。”他非常虚心地请老校长对展出的作品进行批评指教，林风眠老人一边看一边称赞李苦禅的笔墨气势与格调的不同凡响。

李苦禅在与新朋故友欢乐相聚的时刻，心中一直念念不忘住在台湾的一位老友——张大千先生。据说当时张大千正病居台北市，当他闻知李苦禅父子的展讯时，真想立即飞赴香港，与老画友李苦禅晤面畅谈，欣赏其新作。但由于旧病复发，只好谨遵医嘱，未能成行。李苦禅深感遗憾地说："他从国外回来后，一直养病台北，我们已是将近四十年没见了。"他便把新近出版的《李苦禅画集》和李燕新作《猴图》分别题上字，寄赠给张大千以表思念之情。

不多日，张大千先生收到这些来自远方的礼物，一时禁不住热泪盈眶。他心潮起伏，浮想联翩。他回忆起40年前与李苦禅先生相处的情景：他们一起畅谈传统、评论古今、以禅悟画、挥毫切磋……他激动地说："当年苦禅先生不但擅书画，京剧也唱得不错啊！他每天要大刀练功，能唱许多武打戏……"当他展开李燕的题有"张大千伯指正"的《猴图》与人物新作《钟馗役鬼图》的照片时，脸上露出笑容，连说："有趣，好呀！苦禅的艺术有后人啦。"此时张大千正患糖尿病，又得了感冒，医生劝他多休息，少讲话。但他还是坚持要和香港远道来访的客人多谈一会儿，他们不仅带来了老友李苦禅父子的画集与作品，还带来了展览会的盛况及诸多讯息。当得知展览圆满成功时，他感到十分欣慰。他高兴地取出一部《蜀郡张爰大千父笔》画册，饱蘸浓墨，恭正地题上了："苦禅道兄教正，弟大千寄呈。庚申十二月。"接着又取出印有他近照的《张大千巴西荒废之八德园摄影集》和描绘四川、西藏山川胜地的《西康游屐》画册，以回赠李苦禅父子。

"蓬山此去无多路，青鸟殷勤为探看。"二位书画大师，虽多次相约，终因种种原因，直到逝世亦未能再度相见。但有书画这只"青鸟"，在他们之间传递消息与友谊，互致问候，"殷勤探看"，他们已是感到十分欣慰了。李苦禅先生说得好："故人不能相见，见物也就如见人了！"

画中有人，心中有画，画心人心，心心相印，是永远相知、相连的！

寄情黑鸟　气壮河山

在李苦禅的写意花鸟画中，画得最多、最有创意也最能代表他艺术风格的，除了荷、竹之外，就是鹰、鹭、渔鹰等“大黑鸟”的形象了。他爱画“大黑鸟”，终生不辍，究竟有什么渊源呢？

第一，古代神奇的传说。他童年时就听到了关于“大玄鸟”生出人类祖先及“金色乌雀”放射光芒的传说，从而在他幼小心灵中生出对他们的无限好奇与崇敬。

第二，庄子笔下的大鹏。至青年时他读《庄子·逍遥游》，那大鹏的恢弘形象，令他深受感动：“北冥有鱼，其名曰鲲。鲲之大，不知其几千里也；化而为鸟，其名为鹏。鹏之背，不知其几千里也，怒而飞，其翼若垂天之云……谐之言曰：‘鹏之徙于南冥也，水击三千里，抟扶摇而上者九万里，去以六月息者也。’”此大鹏与曾经听说的“玄鸟”、“金乌”，是同是异，它们之间有没有什么文化亲缘的联系？

第三，大自然的稿本。自幼时他即在自然界中看到天上翱翔的大鸟，河中游戏的水鸟，并对他们产生出一种说不出的钟爱，总希望有一天能用自己手中的笔把他们画出来，表现出来。

童年时，在所闻所见的促动下，他拿起树枝在地上画出自己心目中与鹰类似的形象，开始了他人生旅途中最早的“艺术创作”。他画了擦，擦了画，还从庙堂壁画及民间画家李宾爷爷那里寻求帮助。他那股认真劲、痴迷劲，恐怕也注定了他日后必定会走上追求艺术的道路。中学时，在孙占群老师的热情帮助下，他看到一些近现代名家画谱，使他对中国画不仅有了初步的认识，而且在一定程度上掌握了中国画的基本表现技法。后来在北京求学期间，为了追寻悲鸿老师提出的“中西合璧”之路，他于1923年拜师于齐白石门下。当时他向齐白石学习，却从不拘泥于老师笔下的形貌，学其表面。他要“以老师的笔墨，画自己的稿子、自己的思想”。他说：“虾蟹小鸡都是齐老师常画的，早已创出了自家面貌，若再跟着画，就脱不开他，创不出来了！”他便开始以笔墨表现自己心目中自童年

《与天同契》 1981年

以来所形成的“大黑鸟”的形象。以何为稿本呢？从哪里开始呢？雄鹰，就从儿时所见空中翱翔之大黑鸟开始画起，玄鸟、金乌、大鹏的意味与神韵亦根据自己的审美理想融入其中。于是他笔下开始了对鹰的探索与表现，一幅接着一幅，他将自然中的鹰与古人作品中的鹰相比较，将实际中的鹰与传说中的玄鸟、金乌、大鹏相比较，如何画出自己理想中的“鹰”呢？他在造型上、笔墨上、色彩上与构图上进行了反复的实验与锤炼。遗憾的是，他学生时期的作品已经荡然无存，现在我们所仅能看到的他最早的作品是1926年所作的《松鹰图》，曾发表于1927年6月22日的《晨报》上，但影像模糊不清。不过，幸运的是画上有依稀可辨的齐白石先生的珍贵题字：“昔人学道，有道一而知十者，不能知一者，学画者亦然。劣天分者，虽见任何些数而不能焉，愚者见一亦如无一。苦禅之学余而能焉，见一能为二也。白石题记。”齐白石于此对李苦禅学画中所表现的智慧及悟性，给予了充分的肯定。画的下面还附有一段编者的评语：“李君号苦禅，学画白石而能变化，在艺术大会中佳构甚多，最得好评。”

李苦禅在将精力倾注于画雄鹰的同时，也开始了对渔鹰形象的描绘，他决心一定要画好这古人笔下少见的题材。有一次，他将画好的一幅渔鹰带去给白石老师指正。没想到的是，老师也正在画一幅以渔鹰为题材的山水画，师生之间不谋而合，心心相印。师生所画题材虽然都是渔鹰，但老师所画为远景，李苦禅所画为近景，造型、笔墨与意境都有很多不同。齐白石十分感慨地说：“人也学我手，英也夺我心，英也过我。来日英若不享大名，世间是无鬼神矣。”（所谓“英”即李英杰、李苦禅）

1927年李苦禅画了一幅《群渔鹰图》，神姿各异，栩栩如生。白石老人看了以后十分欣赏，随即挥毫题道：

曾见赣水石上鸟，却比君家画里多。
留写眼前好光景，篷窗烧烛过狂波。

苦禅仁弟画此，与余不谋而合。因感往事，记廿八字。

师徒二人一起把创作的目光对准了古人从未画过的“渔鹰”题材，虽然不谋而合，但他们却走着完全不同的创作道路：齐白石把渔鹰融入山水画之中，以剪影式的远景表现；李苦禅则把渔鹰作为画面主体——纯花鸟画的构图样式，是特写式的近景表现法。李苦禅创画渔鹰，与老师“不谋而合”，但他并没有模仿老师的稿本，而是在不断的探索中，寻找自己独有的艺术语言，创造自己与众不同的样式与格调。故而齐白石对李苦禅“删去临摹手一双”的敢于创造的精神倍加赞赏，并认为他不仅夺老师之心（“夺我心”），而且在艺术的某些方面超过了老师（“过我”）。

李苦禅从不因老师的赞语而自居，相反，他以此自勉，更加努力，更加勤奋了。他深知创画一种题材，绝非一蹴而就之事，更何况古代写意画中尚难找到可资参考的渔鹰画法的范例。如何以中国画的笔墨手段成功地表现“渔鹰”的结构、形态与神采，则须经反复的写生、实验、研究与总结。虽然有老师的首肯评定，但自己仍觉得很不够。他常想：如果能将传说中的“玄鸟”、“大鹏”的形神融入其中，以增强其笔墨的张力与文化的感悟力，那岂不是更好？

他在杭州艺专执教时，曾亲购渔鹰数只，每日在湖边放养，和学生们一起观察其入水、游水、戏水、潜水以及昂首、展翅、梳羽、栖止的各种状态，并进行反复写生、加工、概括与提炼。他的教学不离写生，他的创作同样不离写生。他说为了促进中西绘画的融合，他特别强调“外师造化”，“安排学生在西子湖畔实地速写，从速写中出稿子，力求别开生面。为此自己亦亲身力行，作了大量的速写，将山鹫、雄鹰、苍鹭、渔鹰等等有气魄的大黑鸟移入画面”。（《欣逢盛世忆杭州》）

李苦禅画“大黑鸟”，目的在于表现其气魄、其力度、其浑然浩荡的阳刚之气，故他认为不应拘泥于其形体，应在“似与不似”、不黏着于形、又不脱离形似的基础上，追求其气、其势、其神与其韵。他这一时期所画的渔鹰，显然已经在20年代的基础上，又前进了一大步。如果说20年代，他笔下的渔鹰尚有黏着于形的痕迹，处于发轫期，那30年代他已开始注重形的夸张与神的传达，进入了发展期。他留下的这一时期的作品《水禽墨戏》（1932年），即展示了渔鹰姿态各异、怡然自得的神韵；在挥洒自由的笔墨中，充分描绘了渔鹰如游龙戏水般的体态与身形，对渔鹰的嘴、眼与颈都进行了适度的夸张与变化。不过，先生笔下的渔鹰真正进入成熟期，应在1960年前后。从他1964年所作的《水乡图》，我们可以深刻感受到其“心随笔运，取象不惑”及“隐迹立形，备仪不俗”的大家气度；而到了他人生的最后十年，则完全进入了化境。1980年他所作的《渔乐图》，即是这种境界的生动展示。此时已“遗去机巧，意冥玄化”，得心应手，“与神为徒”，仿佛一切都在信笔挥洒、不思不勉中完成。此画幅面壮阔（丈二），有渔鹰九只：鸣叫者、展翅者、呼者、应者、企立者、远视者，或游于水中，或立足石上，皆神态如生，和而不同，异而统一。李苦禅先生在画面上写渔鹰九只，以喻《周易》“用九，见群龙无首，吉”。“九”可变，阳之数“九”为极多，故曰“群”，阳极反阴，反阴则无首，无首则以柔济刚，故“吉”。这九鹰戏水之象，以示社会的安乐、和谐与吉祥。画的右方题写了白石老人旧时赠诗：

昔日过洞庭，烧烛渡狂波。
曾见石上鸟，却比君家多。

先师白石翁题余画鸬鹚诗。岁在庚申初秋月，于北戴河渤海之滨。八十三岁苦禅并题记之。

诗中记写了白石老人昔日兵荒马乱过洞庭时触目所见的

景象，“狂波”兼指其解放前在自然与社会两方面所遭遇的苦难。画的左方则题写了画家本人创画渔鹰的基本过程与作此画时的感受：

曩居江南西子湖畔，养鸬鹚数只，朝夕观其出没水中，捕鱼之状，聚散沉浮飞鸣相，则大有趣也。因以写之，较快意耳！是时小雨初晴，海浪吼声中爰题于画之尾。苦禅励公又识。

这件作品中融入了李苦禅苦难的人生经历与艰辛的艺术锤炼，他从20世纪20年代开始创作以渔鹰为主题的画作，直到七八十年代，几无中断。而到创作这幅画时——1980年，他对自己的作品才比较满意——“较快意耳！”这“快意”中包含着数不清的苦难、磨砺与辛酸，人生中太多的“狂波”冲击着他、扑打着他，他都从来没有后退，也没有折服。他从容地笑对一切：饥寒交迫也好，命垂一线也好，坐牢受刑也好……他都以自己坚强的意志、爱国如一的精神挺过去了，故他的笔下有一种历史的沧桑感、厚重感，有一股骨气、豪气与浩然正气。他的人就是他的画，他的画就是他的人。

李苦禅先生笔下的写意渔鹰在形象与神态上，与生活中所看到的渔鹰已非同非异、同中有异了。因其来源于生活，故同；因其高于生活，故异。先生已将自己心目中“大黑鸟”那种威武、豪纵的大气势、大魄力融入其中，故画面上洋溢着一种壮美与阳刚之美。

苦禅先生以意造像、以意造境，其所追求的是“似与不似之间”的意象美。对此他做过十分明晰而透彻的阐述：“须知，在大写意的传统造形观念中，从不追寻极目所知的表象，亦不妄生非目所知的‘抽象’，乃只要求‘以意为之’的意象。昔白石翁画虾，乃河虾与对虾二者之惬意的‘合象’。世间虽无此真物，而唯美是鉴的观众却绝无苛意较真的怪异。余常书‘画思当如天岸马，画家何异人中龙’：我等画者实乃自家画的‘上帝’——有权创造我自家的万物，意之所向，画之所存。余画雄鹰，乃胸中众鹰之‘合象’——庄生之大鹏是也！”（《写鹰随感录》）他笔下的渔鹰、雄鹰皆是一种“惬意的合象”，皆是以意为之、以意融铸诸象的“意象”。他的渔鹰意象是在前人尚无先例的情况下，通过自己的写生、概括与提炼创画出来的。而于雄鹰，前人擅画且技法妙绝者，画史上则不乏其人。故欲超出其上，另辟蹊径，实非易事。前者无先例，无参照，首创其法，谓之难；后者有先例，亦有参照，而欲标己之新，立我之异，则尤难。

前面，我们已经讲到，李苦禅于1927年即有作品《松鹰图》发表于《晨报》上，而且还得到了白石老人的充分肯定。另有一件《雄鹰图》也是同年所作，于人民美术出版社2005年出版的《李苦禅画集》首页可见，上面有其子李燕的题跋——具体记述了此画被发现的经过：“昔日余在荣宝斋工作。一日，大山携此画悄悄而至，言及近日于门市，收得人家出让此幅，云画甚佳。依题字所记，系1927年之作。唯字之内容，皆怒骂彼时政客与得势小人者。如今文革未完，恐此画给苦禅大叔招来穿凿之灾，故将字挖去矣。余携此示予家父，老人喟然长叹，即补盖印章如是矣。劫后，李燕拜题。”此画应是劫后余生了，一只苍鹰雄踞于巨石之上，其目光颇有蔑视群小鼠辈之概。李苦禅先生抚今思昔，能不“喟然长叹”耶？

在杭州艺专期间，他画鹰亦从未间断。当时，他与著名京剧艺术家盖叫天交往甚密，常在一起说戏论艺。有一次，盖叫天十分风趣地问李苦禅想不想看他写生雄鹰的作品，没想到的是盖叫天所展示的写生作品不是在纸上，却在身上：他做了一个威武雄壮的“雄鹰展翅”的漂亮身段。李苦禅看过以后受到很大启发，盖叫天以画入戏，我为什么不能以戏入画？他将“雄鹰展翅”的形象融入到舞台上黄天霸的“走边”里，我为什么不能把黄天霸的英雄气概化入到鹰之形神之中？画面上的鹰不应该只是自然界鹰的再现，而应该表现出人的性格与气魄。他40年代所留

《达摩面壁图》 20世纪60年代

下的作品《英姿》，即展示了风云激荡中的一个英雄形象，在战火纷飞的苦难中，在日本强盗血腥的屠刀下，他一身正气，铁骨铮铮，纸上的英姿不正是他鲜明的自我写照吗？“英”字有双关之意：英即鹰，即英雄；英即鹰，即李英杰。

至20世纪60年代，他笔下的鹰完全进入了成熟期。其中最有代表性的，是他的《松石雄鹰图》，此画作于60年代初期，仅题“苦禅写”三字并印。画面上鹰的形象无论从笔触美、造型美、意态美与神韵美都已达到了极高的境界。其眼、嘴、翅、尾、爪乃至羽毛，都显露出以书入画的强烈意味，让人感到棱而不僵、拙里含巧，其中蕴藏着一种磅礴的气势与憾人的力量。松石的衬托，则更显示了画面的完整意境。苦禅先生曾对自己所塑造的笔下之“鹰”，做过如是描述：“鹰之为物：威猛雄健，袭狐鼠，奋苍穹，展羽翱翔于云霓之间，驻足独立于天峰之巅。形踞一隅而神往河汉，敛翼一时而搏击万里……故余笔下之鹰，已将鹫、雕、鹰、隼之属合于一体，显其神魄处着意夸张之，无益处毅然舍弃之。”画家为了显示鹰之“神魄”，把眼与嘴夸张成方形，爪部用写碑的笔法画出，以强化其力度，翅与尾皆向上耸，整个身体以倾斜的体态展示出一种欲动欲飞的气势。这鹰仿佛是一尊立于巨石上的雕塑，这不能不令人想起他在杭州艺专期间与罗丹弟子——卡姆斯基交往中所受到的启示：如何把西方雕塑融入绘画，在绘画中展示雕塑的某些特征，以丰富绘画的美学内涵。他的许多作品，一直在不停地进行这方面的实验，而且取得了很大的成功。但他的作品对罗丹雕塑的吸收融化，是不露丝毫痕迹的，是完完全全的中国气质与中国神韵。他所创造的系列“大黑鸟”形象：雄鹰、渔鹰、苍鹭等等皆蕴含着一种雕塑之美，从中可以感受到一种震撼人心的气势与力量。这件《松石雄鹰图》即是如此。因此我们说：其笔下之鹰，非简单再现之“表象”，亦非妄心所生之“抽象”，而是具有雕塑意味，融鹫、雕、鹰、隼为一体的，以意为之的“合象”——“庄生之大鹏是也”。此大鹏之“意象”非“画出”，乃以书法之笔趣“写出”，故其不唯现出“雄鹰之美”，亦笔笔生发其自身的“墨韵之美”。

苦禅先生81岁高龄时，又在此画的上方题写了一段文字：“写鹰松石，当写脑中所理想者，抛去实际愈远而所要者亦愈近也。”（《李苦禅画集》）话虽不多却道出了他精辟的艺术见解。

艺术家要师法自然，体合自然，但并不是说对自然表面，仅作简单的模拟或翻制；而是要选择自然间最适宜的题材，加以理想化、精神化——李苦禅所谓“当写脑中所理想者”，以使其艺术成为人类最高理想、最高精神的自然体现。艺术是需要借景抒情、状物言志的，但其所借之景、所状之物，均是对自然精神、生命节奏的深入领悟；其所创造的生机活泼的景与物的意象画面，均是艺术家理想感情的具体体现。因此我们说，没有感情的融织、心灵的映射、理想的育化，是无所谓美的。艺术不是自然的仿造，而是主观精神、理想感情的净化与深化。八大山人的鱼鸟、郑板桥的兰竹、吴昌硕的梅菊、齐白石的虾蟹，李苦禅的雄鹰，无不如此。

苦禅先生“脑中所理想者”，即其意中所追求真善美的、最理想的艺术形象，而这“理想者”与客观“实际”物象，究竟存在着什么样的关系呢？怎样才能以自己心仪的形象表现其“理想”呢？苦禅先生的艺术实践告诉我们：

第一，“理想”的艺术形象来源于“实际”，但绝不是“实际”的翻版与摹写，它必须“抛去实际”，超越“实际”。

第二，“抛去实际愈远”，其所追求的“理想”，“亦愈近也”。

那应该如何理解“抛去实际”的正确含义呢？现在有些人错误认为，写意画家可以不问“实际”地任意乱画，随意妄为，这是十分幼稚可笑的。他们哪里知道，写意画同样需要经过严谨而扎实的基础训练，通过“外师造化，中得心源”，方能逐渐达到“超以象外，得其环中”的艺术妙境。苦禅先生这里讲“抛去实际”，是对那些已经十分熟知“实际”且具有较高表现能力的画家而言，以使他们的艺术在大胆的取舍中不断升华。而对那些尚未知晓或尚未熟知“实际”的画家来说，其当务之急则应该是深入“实际”，而绝不是抛去“实际”。否则抛之愈远，所要者亦愈“远”矣！

因此，我们认为：所谓“抛去实际”，不是脱离实际，不要生活，恰恰相反，李苦禅十分重视对客观世界的深入体悟和细微观察。在我随他学画的日子里，先生曾反复叮嘱：“要多写生，多积累。写生时一定要抓住客观物象的生长规律和结构特征，切不可放过每一个细微的变化。这是艺术创作的起步，也是相当重要的一步。”他在给我的一段题句中曾写道：“学画规律：一写生（速写在内），二临摹（典则性的），三创作。”显然，先生的“抛去实际”说绝不是要人于实际之外闭门造车，向壁虚构；而是要人在创作实践中不拘泥于实际的一事一物，不为其繁缛之表象所迷惑。应由表及里、直接探入生命节奏的核心，“感觉那自然凭借物质以表现万象的过程，然后以自己的精神、理想情绪、感觉意志，贯注到物质里面制作万形，使物质而精神化”（宗白华《看罗丹雕塑以后》）。所抛去者乃实际表象之繁枝缛节——与物之精粹结构无关的部分。这样艺术家就能在创作实践中“洗尽尘滓，独留孤迥”，深入自然人生之核心，“求返于自己身心的心灵节奏，以体合宇宙内部的生命节奏”（宗白华《论中西画法的渊源与基础》），其作品就脱离自然主义的表面摹写，再现出一个内含自足、意义丰满、情景交融、心物两契的境界。其抛去实际之表象愈远，步入宇宙之核心就愈深；其与天地精神往来愈密，就愈能深谙绘物之大法，味象悟道，体道而行，于是“所理想者”，“所要者亦愈近也”。

李方膺有咏梅诗云：“触目横斜千万朵，赏心只有两三枝。”抛去触目所见的“千万朵”之繁，唯留赏心悦目的“两

《远瞻山河壮》 1982年

三枝”之简；这“两三枝”不是自然世界“千万朵”的随意剪取，而是主观精神对其取舍概括的精心创构。其所简者，简于象非简于意，简于形非简于理，简于有非简于无，此时这“两三枝”在画家的眼中已非一般物象，而是“道”的替身，“道”的映现。它以有限之花枝，表示无限之春色、无限之生命，遂使画面上的景观物象以少胜多，以小见大，以简寓繁，以有限寓无限，以达到“大象无形”、“大音希声”的最高境界。李苦禅为求此境，其于鹰的笔墨造型上匠心独运，将鹫、雕、鹰、隼之属合为一体，进行了最大胆的概括、融合与取舍。他以十分简略而又十分丰富的“意象”造型发人联想，令人进入一个气势恢弘、意欲凌风的大美境界。

显然，苦禅先生的“抛去实际”说，具有相当深刻的美学含义。它要求艺术家们要刊落一切表皮，让艺术心灵超越“实际”的局囿，纵身大化去探寻并把握这大美的理想境界。

在谈到塑造“大鹏”形象为其“所理想者”时，先生曾对我说：“若仅以客观有限事物、具象鹰形为对象进行描绘，美就受到了局限。唯有庄生笔下的‘大鹏’英视瞵瞵，振羽熠熠，背负青天，扶摇万里，才足以表现大美的境界。”他还说过：“早期，我也曾比较写实地画过鹰。然而真正的鹰体型不大，画起来总觉得不够气魄。后来我反复观察了与鹰同一类的隼、雕和各种鹫类，我抓住它们突出的特点不断观察写生，久而久之，便逐渐把它们的形象综合在一起，再经过笔下不断的提炼、夸张和变形。作画就是这样，不满足就要变，就要夸张。最终它已不再是客观世界原始的真实，而是本质的真实、艺术的真实了。只有这样我才能摆脱客观物象的束缚，写我之心，写我之爱，画出我理想中的雄鹰来。”

李苦禅先生不愿把美局限在个别事物狭窄的范围之内，而要总揽大千于胸中，舒卷风云于笔端，“以一管之笔，拟太虚之体。”（王微《叙画》）将其扩大到整个宇宙，达到“天地与我并生，万物与我为一”（《庄子·齐物论》）的境界。诚然，个别事物亦有其美之所在，但“美则美矣，而未大也”（《庄子·天道》），此乃有限之美。一切有作为的艺术家都希望超越有限，飞向无限，从而使其艺术造境得象外之象、韵外之致、味外之旨。李苦禅在《面壁图》中曾题：“于大鸿蒙宇宙中著思下笔，当局作者亦寓在画之著想中。”其著思于“大”，下笔于“大”，不为小物、小法所囿，故能造美于“大”，大道圆通；而我寓“画”中，我与“物”合，则至“造化之秘，与心匠之运，沆瀣融会，无分彼此”（钱钟书《谈艺录》）。李苦禅对这种专注一趣的创作心态作了十分生动的描述：“笔飞墨舞之时，安知鹰为我耶？我为鹰耶？”“我”的生命和“鹰”的生命往复交流，在无意中“我”的性格灌输到“鹰”，同时又把“鹰”的姿态吸收于“我”，这正是庄子所谓“用志不分，乃凝于神”的忘我之境。当此之时，心忘其手，手忘其笔，元元妙妙，纯是化机，完全达到了主客合一、与天同契的高度。

他在《雄鸡图》题跋中曾提出“与天同契”的美学观点，即人与天地自然的和谐、与人类社会的统一，这是李苦禅先生终生美学追求的最高愿望与最高理想。他认为“与天同契”，即臻“返璞归真之境”、“天籁自鸣之境”、“以天复天的大美之境”。至此我们不难领会先生“抛去实际”的深义：他要沉冥造化，与天同契；要艺道体合，复归于朴；最后达到“所理想者”——艺术的大美境界。从师法自然——重写生，到超越自然——远实际，再到复归自然——与天契，这即是李苦禅追求艺术美的足迹。李苦禅对大鹏形象的创构，充分体现了他的磊落胸怀与浩然正气，他的心灵世界与庄子“大美”的美学理想是息息相通的。

他不同时期画的鹰，均与当时的心态与理想密切相关。学生时画鹰，表达一种抱负；解放前画鹰，表达一种抗争；文革时期画鹰，表达一种无奈；粉碎“四人帮”后画鹰，则表达一种歌颂。李苦禅先生画鹰在古人之外已独辟蹊径，自成一家。在历代名家之中，我们可以看到林良鹰的古穆，八大鹰的孤郁，华嵒鹰的机巧，齐翁鹰的憨勇，今天我们更可以看到李苦禅鹰的大气与豪壮。李苦禅先生为我们创造了他心目中"大鹏"的意象，其气势与魄力都是前无古人的。他笔下所创造的一系列"大黑鸟"的形象——渔鹰、苍鹭、鸡鸭等，无不像雄鹰一样显示出雄强之美。至于他笔下形体小的禽鸟，像寒鸦、八哥、喜鹊、麻雀等，也都尽力夸张放大，从"大"处构想，从"大"处落笔，以小示大，同样也透露出"大黑鸟"的气魄、形神与意趣。

李苦禅先生以一颗热爱祖国，热爱天地万物的心，把元元妙妙的自然生机移入画面，他要通过大气势、大力度的阳刚之美，表达对时代的赞美、对未来的憧憬和对祖国的希望。他在《写鹰随感录》的末尾写道："余一生坎坷，饱经沧桑风云，至老才得欣逢盛时……胸中所快，唯期祖国励精图治，奋发振兴！是以笔下雄鹰乃日趋渐多，或展于公共场所，或刊于书报，或赠与朋友……时人谓余画鹰尚有'时代气息'，余不自知，唯愿于'鹰'之上，多题'远瞻山河壮'之句，'鹰'当会我意也。"

这段话堪称苦禅先生的人生感言，可总结为以下几点：

第一，一生坎坷，饱经沧桑，"至老才得欣逢盛世"。

第二，爱国之心，终生无悔，"唯期励精图治，奋发振兴"。

第三，画鹰虽得时人所赞，亦不自知，唯愿"远瞻山河壮"。

从其中我们可自然感受到苦禅先生高尚的人品与艺术。他不是为艺术而艺术，为绘画而绘画，他要通过绘画"成教化，助人伦"——使观者在艺术的潜移默化中得以培植其德，净化其心，鼓舞其志。而欲达此目的，画家就必须以精妙绝伦的作品昭示于人，其艺术也即成为社会不可或缺的精神财富。

1993年10月17日，党和国家领导人在中国历史博物馆参观了历代书画大师杰作展。当江泽民主席走到李苦禅《松鹰图》前面时，情不自禁地说道："在世界上这种雄鹰的形象，应当说是一种英雄的形象，希望祖国英姿勃发，富强昌盛！"（电视片《爱国艺术家苦禅大师》）江主席不仅充分肯定了李苦禅绘画所展示的高度的艺术成就，而且肯定了中国画中花鸟画不可忽视的艺术价值与人文内涵。花鸟画所表现的内容虽为花鸟，实则是人，是人的精神、人的情感与人的品格。李苦禅先生笔下的"雄鹰"不就展示出"一种英雄的形象"吗？不就寄托着祝愿"祖国英姿勃发，富强昌盛"的崇高"希望"吗？

人物画可直接描绘英雄，花鸟画则可以喻含英雄，殊途同归，皆有其美学价值与启示价值。李苦禅先生所塑造的"大黑鸟"形象，大至雄鹰，小到麻雀，皆蕴含着大气、壮气与阳刚之气，他们不仅活在人们心中，而且飞翔在浩瀚的蓝天下，他们歌颂着祖国的繁荣昌盛，他们瞻视着社会美好的未来！

苦禅先生一生听戏、品戏甚至上台演戏，堪称：生命不息，爱戏不止。难怪他说："我画了一辈子画，我喜欢了一辈子戏。尤其是京戏，与我的艺术生涯结下了不解之缘。"（李苦禅《画戏不解之缘》）人们不禁会问：作为一位教授、书画艺术家，苦禅先生为什么会如此迷恋于京剧艺术呢？

前面我们已作过一些介绍，苦禅先生早在少年时代即已对戏曲有浓厚的兴趣。那时家乡常常演出"大台子戏"——河北梆子或是京戏。尤其是在修缮庙宇完工之日，在举行"开光"仪式的日子里，庙前要唱好几天大戏，周围十里八乡的老乡都会赶来观看。幼年时代的李苦禅在他爷爷的带领下，自是每场必到。那令人眼花缭乱的五彩行头，那稀奇古怪的各色脸谱，那枪去刀来的迷人武打，那感人肺腑的激越唱腔，那响遏行云的紧锣密鼓……无一不在他那幼小的心灵里留下终生难忘的印象。

自此以后，苦禅先生对京剧的喜爱有增无减。著名京剧表演艺术家李洪春回忆起青年时与先生相遇的情景，曾说："我俩同庚，他小我半岁。我们从不到20岁上相识，是六十多年的好朋友……仿佛还是在济南那个小戏园子里，我刚演完了戏下来，有个不相识的穷学生找来了，开口就聊戏，越聊越投机……又仿佛回到60年前的天津，这个穷学生为了交学费，头上蒙个手巾，半宿半宿地拉洋车……还是这个穷学生，迷上了尚和玉的戏，每天黑下'跟头过城'翻出校墙去听戏，为此还让学校罚了站……这就是年青时候的苦禅。"从李洪春先生这一段回忆中，我们可以看到青年时期的李苦禅对京剧痴迷的程度。在北京求学期间，因为太穷，他只能托熟人带他进戏园子听戏。当时，他十分欣赏杨小楼的戏，先后看过他的《连环套》、《状元印》和《落马湖》等。他在《画戏不解之缘》一文中说："当年杨小楼上台好像不用使劲似的，架势似散漫又不散漫。唱念也不觉用力，但诸般表演皆在体统之中，顺理成章，洒脱大方。虽不求台下惊叹其功夫，却可给人以天籁之美的怡然享受。”

艺专毕业后，苦禅先生经济状况有所好转。为了深入了解并认识京剧，他常找行家来说戏，自己也试着“粉墨登场”。他曾请杨派的丁永利先生说过戏，还和侯喜瑞、高庆奎、李洪春诸先生有过交往。在与他们聊戏的过程中，他对京戏美的特征、美的意味及个中奥妙，领会更深了，可谓是受益良多！在京剧中他最喜爱武生戏，这恐怕与他的性格、与他喜爱武术、喜爱写意画有着天然的密切联系。1930年至1934年他在杭州艺专任教授时，曾参与组织了校业余平剧团，专聘老师前来说戏。他先后扮演过《白水滩》中的十一郎、《别窑》中的薛仁贵等，他还与西子湖畔号称“活武松”的张英杰——盖叫天结为好友，并常去他家聊戏，亦获益匪浅。

画稿《墨荷》　1962年

北平沦陷之后，苦禅先生辞去了一切公职，以卖画为生。卖画之余，他仍不忘学戏。他说：“这既是爱好，也是一种国破家亡的精神寄托。那时我常在前门老爷庙中请武票纪文屏先生和短打武生票友刘俊甫先生说戏。由于刘先生常与谭鑫培等名角交往，肚里戏很富。”故他们说起戏来有声有色，十分生动。苦禅先生除了听他们说戏之外，有时还与他们摆开架势，练习对打。除此之外，他也常在老爷庙吊吊嗓子。他非常尊崇唱老生戏的刘鸿声，刘的唱腔高亢激越，长于抒发情感。先生为了表达内心深处的郁闷和愤恨，有时会手握板棰，仿着刘派的唱腔，声泪俱下地唱上一段“击鼓骂曹”。他骂的何止是曹，分明是横行霸道的日本鬼子、汉奸走狗和一切反动派！他一吐心头之恨，骂得舒畅，骂得痛快！由于他的音色高亢洪亮，做相真切动人，吸引了许多过路的观众为他鼓掌叫好。

一次，他在观看京剧《武松打店》时，产生了这样一种颇为深刻的感受：演员通过舞台上惟妙惟肖的打斗，让观众感觉那不是灯光通亮的舞台，而是在伸手不见五指的环境下激烈夜战，有灯无灯，无灯有灯，是夜非夜，非夜是夜，这不正是一种写意的手法吗？这与白石老人画虾不画水，仅以虾的生动姿态，即表现出虾戏水中，不是如出一辙吗？二者之间，好像有异曲同工之妙。古人留白为雪，留白生云，留白涌浪，不皆是运用的此法吗？这不正是中国画中所说的化实为虚、“无画处皆成妙境”吗？他深切感到，京剧是写意的，是高度的综合性艺术。想画好中国画的青年人，除了要打好一切有关的绘画基础之外，最好还得懂点京戏。他曾说过：“京剧的本子原是一定的，程式要求也颇为严格。对此，艺术修养差的则只在路术上下功夫，做些‘形而下’的表演过程。于是徒见其形，了无戏味。反之，那些造诣甚深的名角则会在同样的一板一眼、行腔用字间，以似有若无的微妙变化给人以别开生面、余味无穷的感受。其美妙之处真是无之不可，寻之又‘无’，已达‘形而上’的高度了。在‘狂草’艺术行笔使转的‘龙蛇竞走’，在书法笔趣入画的大写意笔墨中，也有类似的情形。如此神韵，只是就画论画便不易觉察，倘以京剧艺术与之相互参照则很便于体会。”（《画戏不解之缘》）

苦禅先生认为，戏理画理，原是一理，戏与画是完全相通的。倘能以戏解画、以戏悟画、以戏入画，这岂不是帮助画家深入画理的一条绝好途径吗？苦禅先生学戏，不只是嘴上说说，一时兴起，玩玩而已；也不是略学一点，即浅尝辄止。他在拜了当时著名武生京剧艺术家尚和玉先生为师之后，即开始了对京剧艺术做更为深入的学习与研究。

尚和玉先生不仅在脾气秉性上与苦禅先生十分相似，其尚派艺术中所展示的大气豪壮、拙中寓巧，也恰恰与苦禅先生所追求的大写意风格相一致。故师徒之间十分默契，苦禅先生爱听其戏，尚和玉先生则爱看其画，故二人之间亦师亦友。苦禅先生由于具有良好的武术功底，再加上自己的勤学苦练，故其武生戏进步很快。他练厚底，练把子，一招一式都是尚派风范。尚老先生见他如此诚心，也就全力教授。据苦禅先生说，尚老先生曾手把手给他说过《铁笼山》、《艳阳楼》、《挑滑车》、《恶虎村》等剧目。

经尚先生的指点，苦禅先生不断悟入戏理，并以戏理进一步加深对画理的认识：

第一，京戏与写意画同是写意艺术，与写意画有异曲同工之妙，两门艺术可以互相启发，互相吸收。

第二，京戏以小舞台表现大境界，写意画同样要以小见大，以少胜多；京戏要表现台外之景，戏外之戏。写意画则要展示画外之画，笔外之妙。

第三，绘画中的笔墨如舞台上的“功架”要有筋骨，有力度，美而不媚，壮而不野，刚健与婀娜兼而有之。

第四，京剧表演与写意画一样都需要深厚的功力，但都不露“花活”，都不求外表的虚华与好看，要以真情感人，朴实感人。

李苦禅在尚先生的指导下，唱、念、做、打，无一不精，还经常上台参加彩唱。据说，有一次他在前门戏园子“票”了一场《铁笼山》，扮演姜维，尚老先生还亲自到场为他压阵督战。一位美术教授登台票戏，这在京城尚属首例，故梨园界各位老板、名票纷来沓至，都想一睹为快，看个究竟。此次演出十分成功，有人曾这样描述当时情景：苦禅先生的演出“尚味”十足，天衣无缝。台上精彩纷呈，台下掌声不断。演出过后他曾说：“演《铁笼山》里的姜维，实在是重头戏，仅身上的八大件，就很难对付哩！唱不好就黏上、挂住，被人喝倒彩。下场后，想起来还真有点后怕。”

苦禅先生最后一次“票戏”是62岁那年，在中央美术学院工会剧团上演的《群英会》里扮了一场赵云。当时“扎靠”上场，先生虽已年届花甲，但那硬靠、厚底、老路数的“起霸”功夫和做派，仍不减当年的台威。直到晚年，即使在“四人帮”的“牛棚”里，他的功也舍不得撂下。到70多岁的时候，他还在家里练“走边”，打“飞脚”。

苦禅先生从解放前的美专到解放后的美院——在校执教的过程中，他常常把京剧引入绘画教学。他认为：京剧是一门综合性的时空艺术，直观性较强，学生通过对京剧艺术的认知，完全可以深化并加快对传统文化的把握与理解。他的课堂教学形象生动，深受同学们的喜爱与欢迎。同学们都说：李老师的课将深刻的道理隐喻在生动的演示之中，他的课“文武带打”，“有文有武”，以武喻画，以戏解画，以印证并加深对写意画理的领悟。他在课堂上，常常是一边示范笔法，一边讲戏，顺便站个舞步，拉个云手，或来个“走边”，拔几句高腔让你体会，有时甚至口中带上“锣鼓点儿”，让你感受一下快慢缓急、轻重疏密的意蕴。同学们都说他讲课生动活泼，深入浅出，平易近人；他从不故弄玄虚，总是以无私的胸怀有声有色地向学生们传授艺术的理念与技法。

他在杭州艺专时，曾亲自登台，演出京剧《平贵别窑》。

同学们不仅看得投入，而且一直在为苦禅教授英俊的扮相及委婉跌宕的唱腔不停地喝彩。台湾故宫博物院副院长李霖灿先生，曾是当时杭州艺专的学生，当回忆起那一段往事的时候，他依然十分激动地说："大家一边看一边鼓掌。李老师的一招一式，太精彩了，太令人震撼了，同学们把手掌都拍红了。李老师真是一位能文能武的全才教授。"（《爱国艺术家苦禅大师》）

60年代，他给学生示范画荷时，其飞笔驰骋，如纸上舞蹈，又如老将斫阵，气势磅礴。他说："画荷用笔要像尚派武戏演《四平山》那样：气势威猛，功架坚实，浑厚灵动不尚花巧。"他还说："尚老先生的李元霸，真是独一份儿！在台上很勇猛，硬得没人敢碰。可是，……先生的'手里头'真是绵软极了。……也和写意画用笔的道理一样，如果没有笔墨功夫和多方面的艺术修养，而一味地追求'硬'，就会流于'霸气'。"（李竹涵《苦禅恩师梨园缘》）先生以戏来解说了硬与软、刚与柔之间相为表里的辩证关系。

在李苦禅先生艺术思想的影响下，学生们逐渐认识到戏画一理，加深了对写意画的认识：

第一，重在以形写神，形神兼备。绘画与京剧虽面貌不同，其神理却是相通的，二者都重在写意、抒情与气韵生动。绘画以笔墨造型，京剧是以功架示形，而神则蕴含其内。无神之笔墨则滞，无神之功架则板，故皆应形神交融，求取"气韵生动"之最佳效果。

第二，追求自自然然，归于化境。写意画的用笔用墨乃至造型、布局有如京戏名角那浑然一体的表演，要自然而不造作，要像《中庸》里所说的那样："不勉而中，不思而得，从容中道"，要于不思不勉中得之，如"绵里藏针"，有一番"内家拳"的"太极气"的功夫。

第三，艺术应授人以真、善、美。唯有人格的真、善、美，方能创造出艺格的真、善、美。苦禅先生说："好的京戏尤重扬善抑恶，褒忠贬奸。有个演秦桧的被台下的飞茶壶打破了头。群众从中了解了一些历史，辨明了是非曲直，深受教益。写意画虽多属无题之作，但也寄托了作者之心。我曾有感于周总理的平凡而伟大，在巨幅墨竹上题道：‘未出土时便有节，待到凌云尚虚心。’以竹来赞誉周总理的人格、品质。为了强调这方面的意义，我多次向学生们提到京戏《连升店》里那丑扮的店家。他得知原先自己瞧不起并百般污辱的穷书生王秀才突然中了举，连忙将他父亲的衣服送来，亲自为‘王大老爷’穿上，穿了一只袖还不放心地问：‘你姓王还是姓汪？’待确切无疑之后，才穿上另一只袖。尔后倒退几步大哭说：‘您穿上先父这身衣裳，简直就像我爸爸活着一样！’真把势利小人骂得痛快淋漓！当然，画好画尤须先有人格而后才能有画格。梨园行的从来都讲究个‘戏德’，无此则没人理他了。于艺术的若目无群众，汲汲名利，巧伪钻营，自吹自擂是无以提高格调的。盲目崇外，了无民族自尊心也是与艺术无缘的。心灵不美，遑言善美？”（《画戏不解之缘》）

第四，艺术源于生活，但又高于生活。京戏以大量历史人物与历史故事为蓝本，但它绝不是原封不动地将历史搬上舞台，它经过了艺术家的整理、集中、提炼与创造，“它从行头、把子、道具、扮相、脸谱到唱、念、做、打，都与生活迥异而大大地夸张、规范、装饰化、舞蹈音乐化了。其中吸收了许多传统艺术成分，变成了一种综合的时空艺术，从而加强了艺术感染力。”（引文同上）大写意一如京剧艺术，也绝不照搬生活、模仿自然。但它却从来没有忘记以生活为根，以自然为师。它是在扎根生活、师法造化的基础上，“内得心源”——得于“心”与“物”交织、融合天才的想象与创造。苦禅先生对此曾做过如下生动的阐释：“大写意绝不以写真为极则，乃将意中的美形象归纳、选择、改造、综合，‘妙在似与不似之间’；画家应是自己画面的上帝，可创造自己意中的万物，古人谓之‘意象’。”（引文同上）齐白石笔下的虾，徐悲鸿的马，李苦禅的鹰，李可染的牛，潘天寿的松……乃至京剧中所有的脸谱，无一不是“意象”的创造。它们源于生活，但又高于生活；它们是生活中所有，又是生活中所无；它们是一种心灵的展示，完全脱离了客观事物外在的表象，它们是“形而上”审美理想、社会道德与民族情怀的外化与象征。

第五，矛盾冲突，变化统一。戏的情节要求有矛盾有冲突，画的构图则要求有参差有变化。没有矛盾，没有变化，没有统一，就没有艺术。

第六，丰富修养，强化内涵。苦禅先生说：“梨园名角们很重视多方面的艺术修养。当年余叔岩、时慧宝、王瑶卿的书法，荀慧生、尚小云的山水都不错。这会儿，张君秋、李万春二位也常在联欢时即兴挥毫。……作为写意画，历来最忌‘胸无点墨’。古来写意画往往以诗的气质作画。大写意是多方面

画稿《牡丹写法》1962年

修养的结晶，殊非‘傻小子睡凉炕，全凭气力壮’。”（引文同上）显然，唱戏绝非仅靠嗓门高，作画也绝非仅靠胆子大，它们都需要靠一种内力、内气、内在的修养。

苦禅先生的众多学生，无不极力赞誉老师这种独具一格的以戏喻画、以戏解画的教学方法，他们都说：“李老师的课堂教学，在美术界是极富特色的，是无人能及的。”

李苦禅对戏画一理的认识与研究，已经达到将二者融合为一的境界，这在近现代书画家中恐怕是独一无二的。因为没有谁能像他那样对京剧的痴迷达到了能学、能唱且能演的高度。当然他不是一般的唱唱演演，他是深入其中，妙探奥赜，并反复求索着如何将戏的造型、神韵、意境融入到绘画之中，以滋养、丰富并加强中国画的艺术表现力。苦禅先生的用心是良苦的，不知者以为他是以戏为娱，以戏消遣，知之者则认为他是以戏悟画，以戏治学：学其神韵，学其艺理。

他为了研究京戏的意象造型，曾用几十年工夫搜集脸谱，也自画过脸谱，以备将来出版成册。遗憾的是这些脸谱历经浩劫已损失大半，所剩无几。直到晚年，他还不时地摆弄着珍藏几十年、劫后犹存的老“武把子”（刀枪等道具），其中他最心爱的是谭鑫培先生练功时曾经用过的长柄银口刀。于此可见，他对京戏难分难舍的情结终生不变，难怪刘曦林先生在《学我者生》一文中，曾对齐白石与李苦禅艺术做过这样的比较：“我说不清齐白石类似京剧里的什么角色，他应该是须生，又好像是语言幽默、心地善良的文丑，也许这都不甚恰当，他就是一位有文化有才华的农民，或者是保持了农民本色的文人，或者是农民与文人的合身。但李苦禅却明白无误地类似黑头，他在舞台上扮演的《铁笼山》中的姜维，也像黑头那样的稳重，像他的鹰那样雄健，与他的总体风格相近。”我们从他笔下的芭蕉、荷叶、松、梅、竹、菊、石及各种鱼蟹、禽鸟，都可以深刻地感受到这种强烈的“黑头”风格：稳重、敦实、雄伟的气魄与矫健的力度。

苦禅先生在为朋友、学生作画时，常常边挥毫边说戏，这似乎已经成了他解画的重要程式了。记得有一次我看他作画时，他对我说："画上的一草一木，一花一叶，一枝一干，一鸟一石，都要注意其姿态与神采，都要传达一种气质与一种人格。画花草非仅为画花草，画鸟石非仅为画鸟石，其中有我，有人，有神，有韵。花草鸟石之于画面，犹如演员亮相于舞台，能让观众眼睛为之一亮，那方称上一幅好画。"他讲话的同时，还拉了几个不同的架势。我们看他笔下的作品，其许多造型与京剧中的武生"亮相"都有着十分密切的联系：不仅威武大气，而且自然生动。像他笔下的八哥、乌鸦、鸡鸭、苍鹭、渔鹰、雄鹰等，皆是如此。

著名书画艺术家关有声先生在评说李苦禅作品时说："苦禅先生的画都是戏。"此话虽极简略却极深刻。从某种意义上说，也道出了苦禅先生所独有的、与众不同的艺术风格与特征。而这独有的的艺术风格与特征正是其独有的艺术修养所决定的。其笔下的一花一鸟、一树一石如戏台的人物一样鲜活生动，呼之欲出。先生曾与我说："画鸟如画人，传神写照即在阿堵中。鸟眼是传神的关键所在，我以两点画成鸟眼，上笔略长，下笔略短，如京剧化妆人物的眼相，以使其更加人格化。"（从其《鹰巢图》、《松鹰图》两件作品对鹰眼的处理，我们即可以看出他对这种方法的运用，很能表现鹰的神态。）

关有声先生还说："戏有戏胆，戏有戏眼。苦禅先生的画亦如戏，有胆有眼。"（《爱国艺术家苦禅大师》）所谓"胆"与"眼"，即其震撼人心处，神采盎然处，或是令观众眼睛一亮处。苦禅先生画面的各种造型不单纯是一种动作，一种架势，更重要的他是要表现一种"形而上"的有生命的"胆"与"眼"，一种生机勃勃的魂与神。"画到神情缥缈处，更无真相有真魂。"苦禅先生以戏入画，绝非一般的兴趣爱好，也非单纯的理论性研究，著名京剧表演艺术家李洪春说：“他迷画，也迷戏，最迷的是武生。在画界，他是齐白石的学生；在剧界，他却是尚和玉先生的弟子……他常说‘戏画一理’，对京剧他绝不光是兴趣爱好，可贵的是他从戏里琢磨作画的道理，让两门艺术互相启发吸收。他成为一代宗匠，跟他爱戏有着很大关系。”他是借鉴、琢磨、吸收，他是在进行着一种艰辛的探索与尝试，如何以自己的个性语言与方式，传达生命的节奏和自己对美的独有认识。他以戏入画，究竟要实现什么目的呢？我认为：第一，他是在追求一种“借鉴”与“转化”，将京剧的艺术语言借用并转化为适合于自己大写意花鸟的艺术语言，从形似到神似，而至形神兼备。第二，他在追求武生戏中的一种沛然正气与浩然大气，以形成自己画面上的阳刚之气，且贯穿于用笔、用墨、用水、用色及构图造境之中。第三，由此而进一步独辟蹊径，创造出自己所独有的刚柔相济、阴阳相生、复归于朴、归于自然的艺术语言、艺术风格与艺术境界。他借鉴京戏也像他借鉴罗丹雕塑一样是“形而上”的意味的化入，不着痕迹，而绝非“形而下”的简单的形与色的挪用。

于此可见，苦禅先生爱戏非仅止于戏，而是为了以戏养画，以戏解画，以戏悟画，以戏入画；而是借他山之石，攻己之玉，是为了创我之法，走我之路，树我之格，立我之境。今天我们所看到的李苦禅作品中所展示的苍润朴厚、大气磅礴、豪纵自然的风貌不正是他辛勤创造的结晶吗？他的画，即画即戏，即戏即画，戏画一如。人们可以从他的画中感受到各种不同的戏剧形象：如猛将、侠士、豪杰、英雄甚至文人雅士等等。他的画不同于他的老师齐白石，也不同于他最为崇拜的明代画家徐青藤及清初八大山人。他的作品如果与徐渭、八大、齐白石的作品放在一起，我们会很容易地分辨出它们之间风格的区别与差异。

苦禅先生曾对我说：“石涛有云：‘我之为我，自有我在。’‘我自用我法。’你一定要记住，学习的初级阶段，是师古人之法与古人之迹；但随着学习的不断深入，已谙熟古法，则必须从古法中跳出，进入‘无法’；此时虽为‘无法’，却暗合法要；再进一步，‘无法’之法亦应舍去，不有不无，有无双遣，一切皆在‘心随笔运，取象不惑’、‘隐迹立形，备仪不俗’中得之，自自然然归于化境，这即是中国写意画的最高境界。这境界可从释迦牟尼佛给迦叶尊者所说的一首偈子中深入领悟：‘法本法无法，无法法亦法。今付无法时，法法何曾法。’作为一位真正的艺术家，一定要经历千辛万苦的磨砺，潜心修炼，博采众长，最后才能真正步入艺术的大化之境。”这段话不也正好是苦禅先生自己艺术创造的最佳诠释吗？他以自己独有的戏曲艺术修养，以戏解画，以戏悟画并以戏入画，他走了一条书画界无人走过的新路。他运用了互通互化、借鉴融合等方法，经过艰辛的熔铸，最后终于创造出了画中寓戏、即画即戏的风格独具的李派花鸟画。他在苍润朴厚的水晕墨章中，展现出一种撼人心弦的大美、壮美与阳刚之美。

抗战胜利后，徐悲鸿先生北上接收北平国立艺专，苦禅先生被聘为教授。同年秋天，北平艺专的进步人士组织成立了“北京美术作家协会”，徐悲鸿被推为会长，李苦禅因在抗战中的杰出表现被选为常务理事。在繁重的艺专教学工作之外，苦禅先生还积极投入到协会的日常活动中，为推动美术事业的蓬勃发展做了大量工作。

就在这一年，他结识了许麟庐。他们二人皆性格爽朗，热爱书画与京剧艺术，故兴趣相合，十分投缘。李苦禅虽长许麟庐18岁，却将其视为自己的亲兄弟一般，结为生死之交。

许麟庐，又名德麟，山东蓬莱人，生于1916年10月19日，当代著名国画家、书法家、古今书画鉴赏家。他的画笔墨酣畅，雄奇洒脱，完全展示了一种大家的气度与风采。

当时，李苦禅见许麟庐聪慧好学，且又为人坦诚慷慨，便引荐他拜师齐白石门下。齐白石对许麟庐学习中表现的悟性及待人接物的大度，都十分欣赏，他常说：“启予者，麟庐也。”自此，李许二人更是出相随，入相携，成为白石老人终生相伴的左膀右臂。许麟庐视李苦禅为掌门师兄，于画上常多请教，互相切磋。曾听许麟庐先生对我说：“当时年轻，我们俩在一起画得高兴，一画就是一夜，画了不满意，撕掉再画。一夜能用去一刀宣纸。从苦禅二哥那里，我学到了很多。”我记得，当听了许先生的这一番话时，内心深处颇受震动：老一辈书画家为了艺术，竟能奋苦如此，夜以继日，孜孜以求，我辈后生一年半载不知能画上一刀宣纸否？相比之下，真是汗颜哪！

李苦禅对师弟在书画方面的长足进展有颇多称赞，许麟庐对师兄生活上的拮据亦多有关心。二人情深意笃，常在一起谈书论画，兴趣浓时便展纸泼墨，“醉来信手两三行，醒后却书书不得。”他们认为酒后之“醉”，能激发画兴；但论画时，谈古说今，有所感发，产生创作的冲动，亦是一种“醉”——当画家进入这种境界时，往往会产生意想不到的绝妙佳作。我们说一位画家“如醉如痴”，其真正含义应是指其感情的投入，意态的投入，而至创作的投入。李苦禅先生在他的一篇文章中曾说：“有史家云：‘八大山人欷歔饮泣，佯狂过市，其所为作，类皆醉后泼墨……’凡此种种评论，大体由于对笔墨之道无切身体会之故。八大山人的画面笔简意密，构图精深，足证其神思极清醒、状态极严肃，而毫无沈沕之处。故能达到剖裂玄微，意匠独运，观于象外，得之寰中的高远境界。”（《为有源头活水来》）显然，“醉”是指艺术家全身心的“投入”，而绝非神思迷乱的“沉醉”。许先生也说：“心态的投入与神思的清醒，二者是统一的。如果醉到昏昏欲睡，连眼前的笔砚都看不清楚了，如何能画？那时苦禅二哥下午常会到我店中，还有其他几位朋友，然后我们就会关上店门，或谈画论艺，或说戏清唱。唱到高兴时，便情不自禁舞动笔毫，抒写自己心中一时的感受。”

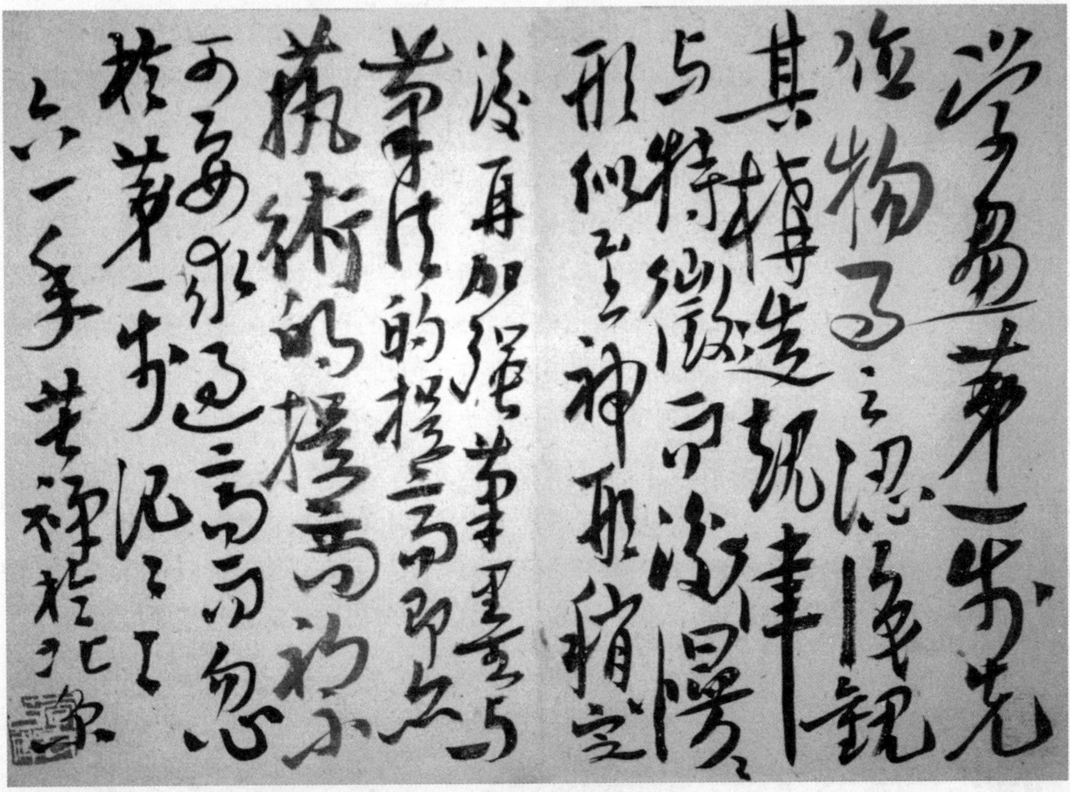

《学画第一步》（李苦禅先生给作者的题字） 1961年

有一次，师兄弟二人同到老师齐白石家中，见老师正在作画，二人便立于画桌旁边，一边伺候着老师的不时之需，一边观看老师挥毫落墨。看老师那镇定自若、胸有成竹的神态，再看那洁白的宣纸上：笔因心生，墨随情流，一切都仿佛自然而生、自然应有一样。片刻之后，一幅《荷花倒影图》画好了：上静下动，画面上方花与梗用浓色、重墨，下方红荷之影及周围簇拥的蝌蚪，在水的作用下，老人运用了浅色、淡墨与湿笔，画出了十分微妙的变化。然水中之影非为倒而为正，观者也许会疑惑地问："既是倒影，为什么画成正的，难道白石老人不知道水中之影皆为倒吗？此外，从科学的角度来说，水中之蝌蚪根本看不到荷花倒影，白石老人为什么要这样来表现呢？"

1982年我拜访苦禅老师时曾问起此画，他解释说："这正是齐老师的高明之处，他以一种艺术家浪漫而天真的情怀，完全超越了一般人的常规思考，他要表现的是自己心中的情感与意象，他是以意造象，以情造境。虽超以象外，却得其环中。我们看他笔下的正影，虽与实际相反，却感到很自然、很美。如果老师真的画成倒影，恐怕就难以产生这样的美感了。这说明他所表现的是超越生活与科学的艺术真实，他的构思是符合艺术规律的，也是符合一般人的审美取向的。正像他笔下的虾，实际生活中根本没有，但却为大家所喜爱，这就是艺术，这就达到了艺术的审美要求。"李老师还说："学画之初要注意物性，画到高度要灵活变通。比如，有一次齐老师画完白梅又配上一只焦墨大蝴蝶，很美！但他料到会有人诘问，便题了一些字：'座有客问：梅花开时安有蝶乎？余曰：君曾游罗敷山乎？客曰：未也。余曰：君勿问。'这当然是虚构的问答，但很妙。我当时问：'老师，您去过罗敷山吧？'他笑了：'我也没去过的。'"

白石老人画荷影蝌蚪、白梅蝴蝶，似与事实、科学不符，但他所进行的大胆"虚构"、"灵活变通"却与人们的审美趋向相体合，让人们看过后获得的感受是：很自然，很美。这正如宋代沈括在评论王维的“雪中芭蕉”时所说的：“此乃得心应手，意到便成，故造理入神，迥得天意……”（《梦溪笔谈·论画》）其所造之“理”，能入之“神”得于“意”，故能进入欣赏者的审美视野，令欣赏者流连忘返，其乐融融，以至盛传不息，影响久远。

白石老人的画一完成，站在画案旁边的二位学生便赞不绝口，皆欲得到此画，老人只好以抓阄之法来决定谁为得者。结果为许麟庐所得。白石老人便笑着说：“麟庐与此有缘，我再画一幅送与苦

《兰石八哥》1961年

禅。”遂又画了一幅《荷花蝌蚪图》，与上一幅堪称姊妹篇，有异曲同工之妙。不同的是，此幅细致描绘了一群蝌蚪簇拥着落在水面的一瓣荷花，于构思遣意上又别有一番情趣。两幅画皆展示了一种清新妙香、淡雅高洁的境界。白石老人分别在这两幅画上以同样题词写道：“苦禅（麟庐）得此缘也。九十三岁白石画。若问是何缘故，只有苦禅、麟庐（麟庐、苦禅）便知。白石记。”师兄弟得此姊妹篇，万分高兴；这两件作品不仅成了二人的传家之宝，而且也是他们之间深情厚谊的最好见证。

新中国成立后，李苦禅满怀激情地迎接着新时代的到来，他希望能以自己的专业所长，为国家培养出优秀的绘画人才。但由于当时的教育制度尚不健全以及领导工作中的某些偏差，中国画受到了不公平的待遇，而写意花鸟画则首当其冲，被认为“不能为工农兵服务”、“不能为政治服务”而被取消了相关课程。于是李苦禅也被剥夺了讲课的权利，先是被安排到陶瓷系去画茶碗，后又到工会管买发电影票等。更让人难以理解的是：学校举办画展，预展时陈列的有李苦禅作品，到正式展览时又突然撤下，他每月的工资也被降到约合现在的10元人民币。这时他的苦闷，不单纯是生活上的困苦——因为对生活上的困苦他早就习以为常——而是一种精神上的理不清的苦恼：在人民当家作主之日，他堂堂七尺汉子，却无用武之地，特别是他为之奋斗了大半生的写意画为什么就不能为人民服务，为人民所喜爱呢？写意画为什么就不能与祖国共繁荣呢？为什么一定要将写意花鸟从美院的课程中砍去呢？难道当家作主的广大劳动人民在生活工作之余对花与鸟就没有一丝一毫的喜爱之情吗？他虽然得不到问题的答案，但他并不以个人的荣辱得失来衡量自己所面对的社会与现实。他相信他对写意画的艺术追求是绝对不违反为人民服务的根本原则的，他的绘画总有一天会被理解、被认可的。他曾在一幅《风雨雄鸡图》上题道：“人道我落后，和处亦自然。待到百年后，或幸留人间。”他认为历史是公正的，他的大写意绘画一定会在未来的历史发展中得到最公正的评价。他依然如故地和朋友在一起，谈论艺术，交流心得。当时许麟庐在西观音寺开的“和平画店”是他常来的地方，那里给了他许多温暖与感情上的慰藉。书画文艺界的许多老朋友常会来此聚会，切磋技艺。齐白石、徐悲鸿二位老师，有时亦会光顾。

一天，李苦禅在“和平画店”里突然来了兴致，只见他走近画桌，铺开宣纸，凝神片刻，便仿佛已经成竹在胸地奋笔挥洒：那笔线如奔蛇走虺，那水墨似春雨泼洒。不多时，一幅笔墨豪纵、气韵放逸的《扁豆图》便展现在大家面前，在场旁观者无不为之拍案叫绝。李苦禅把笔题道：“鹅鼻山人青藤浪墨。苦禅。”其时白石老人也在旁观看，见自己的学生出手如此不凡，亦是赞赏不已，随即拿起笔来在画的右侧题写：“旁观叫好者，就是白石老人。”后来徐悲鸿见此画亦赞不绝口并题：“天趣洋溢，苦禅精品也！”李苦禅这幅画的艺术特色，确如悲鸿先生的四字评语：“天趣洋溢”。所谓“天趣”者，即“清水出芙蓉，天然去雕饰”之意，出自天然，不饰雕琢。亦如其自题“青藤浪墨”，所谓“浪墨”者，笔墨无拘无束、狂放不羁；放浪于形骸之外，故其能得天籁之趣。他爱青藤山人，爱其艺术中所表现出的随意、豪纵与大气，他师其意而不师其迹，故能得其神韵，得其气度，得其逸趣。此时李苦禅在工作上生活上虽然遇到了暂时的困难与不顺，但他的心胸依旧是坦荡的。一走进艺术的天地里，他对未来总是充满信心，充满希望。一与老师、朋友相聚，他仿佛只有欢乐、幸福与温暖。

同年的秋天，李苦禅为许麟庐的母亲祝寿作《双鸡图》。该图笔简墨妙，气韵超凡，亦堪称先生之精品。后来，当许麟庐将此图展现在齐白石面前时，白石老人抑制不住内心的激动，连说：“好！好！好！”并在画上题道：“雪个（即八大山人）先生无此超纵，白石老人无此肝胆。庚寅秋，九十岁白石题。”在白石老人看来，李苦禅的绘画此时已完全具有了自己独特的风貌，已进入了极高的艺术境界：远超八大——“雪个先生无此超纵”，近越老师——“白石老人无此肝胆”。白石老人既称赞了李苦禅笔墨超拔纵逸的匠心独运，又充分肯定了他在经营位置、骨法用笔及应物象形中所展示的惊人的气魄与胆量。在齐白石的心目中：八大山人是“亘古无二”的大家，敬佩之至，几欲为之“磨墨展纸”，若不纳，“于门之外饿而不去，亦快事也”。而于此处，老人竟说“雪个先生无此超纵”，显然，绝非只是一般泛泛赞语。白石老人已经把自己的学生李苦禅，视为一位十分了不起的、如八大山人一般的大师级画家了。

许麟庐先生将此画视为友情的珍宝，一直存之高阁。他在《哭苦禅》的一篇祭文中追忆此事，心情十分沉痛地说：“当此之时，苦禅去吾而殁，重聚难再，生死茫茫，唯有对画垂泪，忽捡苦禅馈赠家慈的旧作《双鸡图》，见白石老师题曰：‘雪个先生无此超纵，白石老人无此肝胆’。一时痛惜之情无法言状。苦禅，苦禅，虽悬其笔，罢其墨，人不可不与万物同生死，而你艺术传世，卓然不朽。”

李苦禅逝世两年后，1985年冬，许麟庐先生毅然将自己收藏了35年的《双鸡图》又回赠给李苦禅先生家属留作永久的纪念。许先生在画的右侧加了一段情深意重的跋语：

庚寅之秋，苦禅二兄为家慈所画，又经白石老师重要品题。因世谊情深，今转奉慧文仁嫂，望珍重保存，以作李家传家之珍也。乙丑冬至，弟许麟庐敬志，于竹箫斋。

于此可见李许二位老师“世谊情深”，堪称画坛“君子之交”的典范。许麟庐先生对李苦禅的艺术人生也作了十分中肯的评价：

第一，“人品至高”。主要表现为：待人——“急人之难，救人之危，济人之困”；对己——“苦也无妨，难也无妨，对酒欣然，忘其形骸，谈笑之间已经‘起霸’亮相”。

第二，“画品至高”。他的绘画艺术：1.“上追宋代牧谿，学贯青藤、石涛、八大，师承白石先生，而自成一家。形成了古朴、雄浑、厚重的风格。”2.“他的字从碑来，如刀劈斧斫；他的画乃写来，融书法绘画于一炉。”3.“用墨更是令人瞠目结舌，泼墨浓而不滞，淡墨淡而不薄，世上几人能为？”

第三，人民艺术家。“人民终于认识了人民的艺术家。人民的艺术家，他的画品和人品都将传世。”

第四，开宗立派。李苦禅已经独辟蹊径，自成一家，“李苦禅画派是当之无愧的。”

许麟庐先生还以二十四个字概括了李苦禅的一生：

仗义一生，挫折一生，苦尽甘来；
品德至高，艺术至高，万古长青。

（许麟庐《哭苦禅》）

说得太准确了！太精彩了！无论是对李苦禅先生熟悉还是不熟悉的人们，都会透过这两句话对他有个概括的了解：由于他一生“仗义”助人，安贫乐道，虽“挫折”而不悔，历苦难而弥坚，故而善有善报，“苦尽甘来”；由于其“品德”与“艺术”皆达“至高”境界，故能为人民所喜爱，流传久远，“万古长青”。

李苦禅在结识许麟庐之后不久，于1949年又结识了另一位终生难忘的好友萧龙士。

萧龙士（1889—1990），名品一，字翰云，安徽萧县人。他自幼喜书画，先后师从吴昌硕、齐白石等大师。于书画辛勤耕耘一生，锲而不舍。他擅画大写意花鸟，对山水、人物也有涉猎，其兰、荷最为显著。他的书法如画，苍古厚重，别具一格。萧龙士先生是我国有史以来少有的百岁书画家，有“画坛寿星”之誉，更以“德、艺、寿”齐馨而备受社会推崇。他生前为安徽省文史研究馆馆员，民盟成员，省美术家协会名誉主席，省书画院名誉院长，省政协常委、书画室名誉主任。

李苦禅与萧龙士的相识是经著名山水画家李可染介绍的。李可染亦为齐白石弟子，与李苦禅共同执教于北平艺专。萧龙士与李可染同是徐州人（当时萧县归属徐州），曾共读上海美专，还曾一起执教于徐州艺专，故相交甚密。

李苦禅见萧龙士衣着简朴，且为人坦诚、厚道，颇有农家子弟风范，便一起谈起了各自的人生经历。后来，萧龙士先生在谈起初见李苦禅的印象时，曾对我说：“李苦禅，是典型的山东汉子：直率、豪爽、仗义。他一旦把你当作可交的朋友，他能把心掏出来给你看。他谈了许多家乡的往事，他说山东与徐州紧紧相连，文化风俗与生活习惯都十分相似，我们也应该算是老乡了。他还谈了一些他求学时的苦难经历。”萧龙士先生还特别向我介绍了他与李可染、李苦禅、许麟庐四人在徐州会馆的一次聚会。当时，他们谈论绘画，从传统说到现代，从吴昌硕说到齐白石，他们对南吴北齐的艺术成就都十分敬佩。说到高兴时，李苦禅、许麟庐二位先生还唱了一段《桃园结义》，四人之间，情意甚笃，恰似兄弟。唱到高兴时，便铺纸挥毫，四人又合画了一幅作品：苦禅先生率先落笔画了一枝红梅，麟庐先生画老松与红梅相映成趣，龙士先生接着画兰花一丛与红梅老松呼应，可染先生最后补石连成一气，并落款成局。好一幅《松梅兰石图》！画的默契，展示了四人之间的默契与友谊。萧龙士先生曾与我说：“松梅兰石，情相近，意相合，昭示着我们兄弟之间朴实高洁的情意。自那以后，我们之间的通信互往，皆以兄弟相称。”

萧龙士于上海就读期间，曾拜师吴昌硕门下；此次来京，非常希望能拜谒白石老人，以求得大师指点。一天上午，由李可染、李苦禅引荐，萧龙士非常幸运地拜见了白石老人。当时老人正在画一幅棉花，有蝴蝶翻飞其间。老人行笔很慢，笔笔入纸，若有千钧之力。画完后，他挥毫题写：“花开天下暖，花落天下寒。八十九岁白石。”此画充分表达了老人对即将成立的新中国的期盼：新中国将给一切穷苦大众带来光明、温暖、幸福与希望。老人画毕，便非常热情地接待了他们。老人已事先从李可染处知道了来访者的情况，便笑着对萧龙士说：“好啊，你们都是老乡，多在一起切磋切磋吧，互通有无。听说你还带画来了？”萧龙士便将所带《荷花图》展放在老人的画桌上，请老人指教。老人看着画，不住地点头说道：“有北方人的气魄、胆量，笔墨、气韵都好。”说着便振笔于画上题道：“龙士先生画荷，白石自谓不及。国有此人而不知，深以为耻。想先生不曾远游也。”另在一幅《西瓜图》上，白石老人也有题句：“画瓜无多人，画能有如此之工，龙士外，恐怕更无多人也。”

白石老人的题句，不仅表达了老人对萧龙士艺术的充分肯定，而且赞美之意溢于言表。萧龙士先生受到老人的如此褒奖，心情十分激动。离开老人住处后，他便向李可染、李苦禅透露了拜师之意。李可染、李苦禅都说：“老师如此喜爱你的作品，拜师自然是水到渠成之事。看看老师的意思，我们安排一个合适时间，具体事宜，我们来筹办，龙士哥放心。”第二年即1950年，萧龙士先生再度进京，便在李可染、李苦禅、许麟庐的操持下举行了拜师仪式：许麟庐负责置办家宴，有徐悲鸿、李可染、李苦禅作陪，请白石老师中间上座，萧龙士恭恭敬敬地行了弟子礼。那天白石老人十分高兴，在萧龙士的一幅《墨荷》上又题：“龙士画荷，吾不如也。”

自此以后，萧龙士先生每年都要进京一趟，一者看望老师，聆听教诲；二者聚会画友，互相切磋。白石老人去世后，他依然如故，从来不曾忘却北京的故友。

1961年暑假，舅父萧龙士带我进京拜师学画，当时我正读高中，爱文学、亦爱书画。我自幼在舅舅的影响下，爱画写意花鸟。故在北京期间，经他引荐，先后拜了李苦禅、王铸九、许麟庐三位先生为师。记得初次见苦禅先生的时候，他给我的第一印象是和蔼可亲，没有一点教授架子。当时欲行拜师礼，苦禅老师忙说："现在是新社会，这些就免了。师父领进门，修行在个人。白石老人门下弟子不计其数，最后有成就的还是少数，主要靠自己的修行与努力。白石老人所下的功夫极大，他每天从早到晚，除了吃饭全在作画。他诗、书、画、印全能，都是学出来，苦出来的。你舅舅和我也都吃了许多苦，'书山有路勤为径，学海无涯苦作舟'啊！"当时舅舅把苦禅老师青年时历尽千辛万苦、拉车求学的往事向我讲述了一遍，苦禅老师接着在一旁说："那时也是年轻，有一股求学向上、不服输的心劲，苦也罢，难也罢，只要能学习，一切都不怕。"老师的求学精神太感人了，委实令我终生难忘！我把这进京后的第一课，当作我艺术人生的启迪课。自那以后，我决心以李老师为榜样苦修苦学，于苦修中不断进取，于苦学中不断奋进。当时听了老师勤学苦修的往事，我还写了一首小诗：

拉车求学苦禅师，亘古谁能如此痴。
艺海书山无尽路，安贫乐道吾心知。

苦禅老师在拉车求学中，能泰然自若，能视别人无法忍受的苦为乐——苦乐一如，是因为他能做到"安贫乐道"，具有自己人生的远大理想。后来，我将此诗呈给老师指正，老师看过后鼓励我说："不错啊，你文学好，能诗，能画，一定要沿着这条路走下去，苍天一定不负有心人哪！"老师对我总是多鼓励，多褒奖。

首次拜见老师，他要求我一定要练好书法。还专门在一张纸上给我写了所须临帖的目录：篆书《峄山碑》、隶书《礼器碑》、行书《弘仁集王羲之圣教序》、草书《孙过庭书谱》。他让我一切从基础做起，基础打好，自能循序渐进。他对我说："书法的线是中国画造型的基础，书法的高度即中国画的高度。我常常给学生们讲：画至写为上乘，书至画为极则。书法线条的提按顿挫、中侧藏露、轻重缓急，异常丰富，若能用于绘画之中，自然会极大地丰富并提高绘画的表现力。你以后在实践中，自会不断加深体会。"接着老师又十分风趣地说："我画张画送你，算是老师给学生的见面礼吧。"老师一边画，一边对我讲解用笔用墨的方法。他的神态坦然极了，自若极了！画的过程中，还会讲些趣闻，话声不断，笑语不断。舅父在一旁不时地对我说："你要注意看李先生的用笔，柔中寓刚，缓中含力，不浮不躁，变化自然。你看竹竿，逆锋涩行，竿边留下的齿痕是功力所至。你再看竹叶，浓淡相破，或人字、或个字，穿插交错，沉着有力。看下边一只趴在竹竿上的八哥，多神气，用笔简略，形神兼备。"老师画完之后，又略微端详了一下，在竹子根部点了几个苔点，然后在画上题道："静以观之可得也。志兴初来京，画此赠之。辛丑年夏，苦禅写。"（遗憾的是此画在"文革"中已失）当时，苦禅老师知道我不甚明白题句的含义，便作了一下解释："不管做什么学问，都必须首先要做到心静，静中治学，静中观物，才能深入其中，识其本质。如果想更多地领会这句话的含义，你读一下老子的《道德经》，就会获得更深入的理解。"我舅舅在旁也说："学习中国画不单单是学技法，还需要有丰富的学养，要懂哲学、文学、诗词、历史及其他艺术。李先生有十分全面的修养，他研究孔孟、老庄、易经，他读了许多古代典籍。他还擅长京剧、武术。"李苦禅先生笑着说道："老哥哥夸奖我了。不过，我觉得志兴可以从三个方面做起：1. 人格修养。咱们的孩子从小都吃过苦，受过老人好的影响，应该不成问题。2. 学问修养。多读点经、史、子、集。3. 艺术修养。书法绘画同修，写生临摹兼顾，不同艺术博取。这样循序渐进，一定会有所成就的。"

这首次拜见苦禅老师，我的收获太大了，后来时时忆起，终生难忘。老师的话不仅启迪着我的艺术道路，我还常常用老师的苦学精神，感召我的学生，鼓励他们为艺术事业做出不懈的努力。那天，离开老师家之后，舅父一再叮嘱我说："你来北京能见到苦禅先生是一个很好的机会，趁暑假，多住些日子，多多向他讨教。你要记住：第一，学习李老师青年时拉车求学的刻苦精神。有此精神，万事可成。第二，学习他多方面的修养。从现在起，你必须知道，一位画家最后所达到的高度取决于他修养的高度。第三，学习他的笔墨。白石先师之后，他的笔墨，堪称一流。你现在一时无法学到，但你要仔细观，悉心悟，注意他用笔起、承、转、收的过程以及浓淡墨的相间、相破、相交、相融的不同变化。第四，学习他的构图。他的构图比较丰满，一定要注意他处理虚实、疏密、开合的具体方法。向老师求教，除了眼、手、口三勤之外，还要'心勤'，要多思考，多提几个为什么。"

此后，整个假期我几乎每天下午都要去李老师住处一次，按照舅舅的指点不断向老师学习求教。每次去，都要在老师画室里呆上一到两个小时。老师十分耐心地从几个不同的方面对我进行施教：

第一，批改作业（当时我住在姐姐家，上午画几幅作业）。老师对我的作业进行修改，并写明应注意的问题。

第二，作画示范。每一次他都画一幅画，示范作画的方法与过程。他边讲边画，特别强调笔笔出于写，以书入画的运笔特征。他画荷叶时，还特别给我示范了蘸墨法及交错运笔法。他常说："我的画法，不怕人看。大道至简至易，但需要你具有深厚的功力和学养，功到自然成。怕人看的，往往都是小道，一看即会，没有什么内涵。"

第三，以戏寓画。他讲画的时候，常以戏作比，以戏说画，深入浅出，容易理解。记得有一次我向他问起写意画与生活的关系时，他说："先以京戏为例来说吧，它源于历史生活，但绝非依样照搬。它从行头、把子、道具、扮相、脸谱到唱、念、做、打都进行了艺术的夸张，与生活拉开了距离。它把绘画、音乐、舞蹈、雕塑等多种传统艺术融为一体，从而极大地强化了其艺术的感染力。写意画也是这样。如果把一只鸟、一朵花原原本本地搬上画面，那还有什么‘写意’？当然这需要对眼中所见之物，进行归纳、选择、改造、综合，既不能太似，似则媚俗；又不能不似，不似则欺世，应该像白石老人所说的‘妙在似与不似之间’。画家应是自家画的‘上帝’，创造自己心中的‘意象’。”

第四，人生与知识杂谈。他常对我讲起他人生的曲折经历、深心感悟、对古代画家的解读以及他对孔孟、老庄、周易研学的许多体会。（此书的许多内容即来自对当时的回忆。那时我有写日记的习惯，把每天与老师见面所受到的教益都记下来。遗憾的是此日记经“文革”已散失，不复再见。）

老师送我第一幅画的题词“静以观之可得也”，那几天，我一直念念不忘，便依照老师的指点买了一本老子的《道德经》。仔细阅读后，我终于找到了答案。《道德经·十六章》中有云：“致虚极，守静笃。万物并作，吾以观复。”原来老师的题句源于此，老师是要我在治学观物的过程中，能排除外界的一切干扰，进入心灵虚静空明的状态，这样就能认识并把握万物的本性及自然界发展变化的规律。后来我把自己的认识与看法讲与老师听时，老师十分高兴地说：“好啊！所谓‘学问’就是要多学多问，书本就是老师，要多读书，深入研究，探本溯源；千万不能一知半解就半途而废。老子的《道德经》仅五千言，语意丰厚，博大精深，像一部哲理诗，一定要细细读，反复品味。”

此次我还带去了所画的一幅鹰，请老师指点。他指出了我画面上形与神、笔与墨的不足之处。记得我所画的鹰中有一只睡鹰（根据动物园写生所画），老师便对我说：“一定要记住，画面上的鹰是英雄，不能把写生中的睡鹰搬到画面上来。画鹰不单纯是画其矫健的体形，更要展现其气质与神采。”

随后老师又画了一幅《鹰石松泉图》给我示范，他说："鹰既是英雄形象，就不能画得桀骜不驯、凶顽暴戾，而应该画得像孔子所说的那样：'泰而不骄，威而不猛。'（《论语·尧曰》第十二）"我接着说："孔圣人这句话是'庄重而不骄傲，威严而不凶猛'的意思吗？"老师说："对啊，你说得对，一定要表现出英雄的品格、英雄的气质与英雄的胸怀。"画完后，老师在画上题道："雄视。志兴谨记孔子语：泰而不骄，威而不猛。画鹰当如此。辛丑年夏，苦禅。"（此画亦于"文革"中失去。）

然后我又向老师问道："老师多画立鹰，肯定有一定的寓意，能否给学生讲解一下？"老师笑着说："画鹰，即是画我的心象与意象。第一，我喜欢雄鹰立于巨岩之上，高瞻远瞩的雄姿，意象壮阔，境界无穷。第二，远瞻山河壮，对未来充满理想，充满希望。第三，以静寓动，静立思奋飞，静中纳万象。刚才你不是还说到老子的'致虚守静'与'吾以观复'吗？透过'静'的功夫，才能深蓄厚养，才能厚积薄发。第四，'物壮则老'，这是老子的话，作画也要留有余地，给人以想象的空间，不能把弓拉得太满。"

老师的话很有深意，很有哲理。老师笔下的鹰从来没有那种骄态、凶态，他要表现的是庄重中的胸怀，是威严中的沉静。老子说："是以圣人去甚，去奢，去泰。（此处'泰'，太过之意。）"（《道德经·第二十九章》）老师主张：艺术形象的塑造要适度，不可太过，过犹不及。

有一次，我去老师处请教。当他看到我画的几种不同的鸟时，他说："你还需要深入进行写生训练，首先一定要把握好形，以形写神，然后才能形神兼备。"说罢，他提起毛笔在我册页本的首页上写了一段话：

学画第一步先作物事之认识，观其构造规律与特征。然后慢慢形似，至形神稍定后，再加强笔墨与笔法的提高，即亦艺术的提高。初不可要求过高，而忽于第一步。记记，记记。

六一年苦禅于北京

老师十分注重学画过程中的第一步："观物"。他认为只有在"观物"——"观其构造规律与特征"的基础上，才能"慢慢形似"——而至"形神稍定"——而至"笔墨与笔法的提高"，最后才能达到整体"艺术的提高"。老师很具体地给我规定了如何循序渐进的步骤，使我以后在学画的过程中明确了前进的方向。

我自京回徐后，将李老师如何耐心教我的情景向舅父萧龙士先生讲述了一遍，他十分感慨地说："苦禅二弟，好人哪，古道热肠，宅心仁厚，难得啊！"同样感慨的话语，我在苦禅老师处也曾听到过，那是"文革"之后，当他问及我舅舅的身体状况，我回答"很好"时，他也十分感慨地说："龙士老哥，好人哪，淳朴厚道，坦诚谦和，难得啊！"一个是"古道热肠，宅心仁厚"，一个是"淳朴厚道，坦诚谦和"，这不单纯是师兄弟间相互的赞语，也是时人对他们的称誉；这不仅是互相的敬重，也是相识甚深的一种真情。这样两位兄弟、两位德艺双馨的艺术家，在"文革"期间都曾遭到这样或那样的批判与冲击。历尽浩劫之后，他们又相遇了，重逢了，他们抚今追昔，他们倾诉着"四人帮"横行时所经历的种种苦难；他们畅谈未来，期望着国家繁荣，人民幸福，艺术发展。他们都进入了自己艺术创作的巅峰期，李苦禅先生见萧龙士画兰老笔纷披，赞曰："龙士哥画兰，全国第一，无人可比！"萧龙士见李苦禅画鹰大气磅礴，誉为："苦禅弟画鹰，气壮山河，古今无二！"他们多次挥笔合作，均给后人留下了珍贵的作品和美好的回忆。

20世纪70年代，他们共同画了一幅《兰瀑图》：萧老从画幅的上方画了一丛垂兰，摇曳洒脱，飘动若风，浓叶淡花，颇有花歌叶舞之姿；李老于丛兰之后引一清泉直泻而下，下画石岩、三五墨竹与之相映，泉水叮咚之声从画面喧然而出。画面上舞动的春兰与飞流的泉水，都表现的是动，但动中寓静，画家以动写静，静中飘香，香满天地。这使我想起了唐代著名山水诗人王维的一首诗：“人闲桂花落，夜静春山空。月出惊山鸟，时鸣春涧中。”诗人也是以动显静——通过“花落”、“月出”、“山鸟”、“鸣涧”，益显“春山夜静”之境。一者为画，一者为诗，二者有异曲同工之妙，都揭示了一种令人神往的深邃静谧的境界。

二位老人合作的《兰瀑图》，一直吸引着我的心，我爱画面那溢动的春光，我更爱画面那动中寓静的禅境。二位老人经历浩劫的磨砺，却仍能那样坦然、那样从容、那样热爱生活，那样在“与物共春”的平静中创造真的艺术。初看画时，我为老人们那精彩的笔墨所感动；渐渐地被引入妙境，我的心也复归于静，仿佛一尘不染，一法不着。我似乎更贴近了二位老人的心，我突然信手拈得几句，算是读老人作品的心得吧：

飘香翠叶舞，流玉向东风。
二老写春涧，禅心虚静生。

二位老人历经磨难，感情弥深。他们或见面畅谈，共同挥毫；或书信问候，切磋艺事。萧老长李老十岁，但对李老的人品、艺品都十分敬慕。苦禅老师仙逝之前与之后，萧老在与我的谈话中曾多次称誉苦禅老师的为人与艺术成就，归纳起来有以下几点：

第一，仁者风范。李苦禅的一生对人民对祖国的仁爱之心，一以贯之，始终不渝。而对日本侵略者，他则奋力抗争，宁死不屈，表现了大无畏的英雄气概。

第二，画坛英杰。他的画大气磅礴，以画寓人，展示了一种“天地英雄气”——他的鸟、石、松皆是英雄的化身。他与潘天寿并称“南潘北李”，誉满画坛。

第三，自成一家。他的笔墨远追八大，近取白石，自成一家。白石老人曾题李苦禅画云：“雪个先生无此超纵，白石老人无此肝胆。”这评语已是在说李苦禅在一些方面已经超过了八大山人与白石老人自己。

第四，集五绝于一身。他一生广泛涉足国学、国画、书法、国术、国剧，并相互借鉴，相互融化，故其书画益显文化内涵之丰富。他于古代文人诗、书、画、印融为一体之外，又开拓了一个新的境界。

老一辈画家情深意笃，知其心、其行、其学、其艺，故能言之确当，评之无失。透过萧老的评语，我们会更进一步认识李苦禅先生及其艺术。

《兰瀑图》 20世纪70年代

李苦禅先生的艺术道路崎岖不平，他一直在坎坷的山路上不断地奋力攀登。他说：“搞艺术的，要像赵子龙大战长坂坡一样，七进七出，要有奋不顾身的精神。”来自艺术方面、生活方面再多的磨砺他都能从容应对，而来自工作上的一些问题，他却手足无措，表现得十分无奈。前文我们已经说到，解放后，因写意花鸟画课程被取消，他被剥夺了讲课的权利，被安排到工会做发卖电影票的工作。这位曾饮誉大江南北的著名书画家，此时却无用武之地。他的亲友劝他：“给毛主席写信吧！你与他当年在勤工俭学会不是有过几个月的同窗之缘吗？如今下头这样对待你，大概上头不知道吧！如能知道定会解决你的困难的！”苦禅先生知道：这给毛主席写信等于“告御状”，不管成与不成，恐怕其结果都会凶多吉少，还是不要走这步险棋吧。没想到一日酒后，他竟忍不住提笔挥毫，文泻如注，以狂草疾速写了一封长达丈余的书信寄出……

待酒醒时，苦禅先生忽然感到一阵难以自控的不安，这会招致什么样的后果呢？他万没想到给毛主席的信寄出不久，问题便很快得到解决：毛主席一方面给徐悲鸿院长写了信，一方面派秘书田家英看望李苦禅并对具体情况作了进一步了解。毛主席信的内容如下：

悲鸿先生：有李苦禅先生来信，自称是美术学院教授，生活困难，有求助之意，此人情况如何，应如何处理，请考虑示知为盼。顺颂，教祺。（李信附陈）毛泽东1950年8月26日。

同时田家英还向李苦禅传达了毛主席的口讯：“毛主席派我来之前，让我转告给您，目前国家初建，正忙于结束战争和生产建设，对文化事业还有一时顾不上的地方，但是，主席说，您的写意画还要坚持画下去，子孙后代还是会需要的。”李苦禅对毛主席的深情关怀感激不已，他十分动情地说：“毛主席，他先天下之忧而忧，日理万机！我悔不该以私人之事打

《白菜》 1961年

扰他……”（鲁人《毛泽东与李苦禅》）

李苦禅先生的职务与工资很快得到恢复，生活有了保障。这使他对毛主席、对共产党感恩至深，他决心为发展民族艺术事业贡献出自己毕生的力量。

李苦禅先生在对待人生的态度上，有一点是非常值得大家称道的，即他不管遭遇到如何不顺心之事，他都表现得乐观、豁达与坚定，他从来都没有放弃过他所倾心热爱的书画艺术。尽管因为一些运动，使他失去了许多时间，但他仍然通过自己艰苦不懈的努力，追求着艺术的真谛。在20世纪60年代，他已把自己的绘画艺术推向了成熟期。他笔下的鹰、鹭、鸬鹚、鸡、荷花、芭蕉、竹子等等，都画得十分精彩，展示了强烈的个性风貌。但这一切，又都因突如其来的政治风云而中断。

1964年，康生、江青将中央美院当作“城市社教”的试点，首先在美院掀起了一股“批黑画”的邪风。国画系的郭味蕖、叶浅予和李苦禅三位先生首当其冲，遭到批判。

1966年，“文革”的风暴则更加猛烈，一开始李苦禅先生就被诬陷为“反动学术权威”，而不断遭到批斗，有时竟在烈日下被连续批斗达几个小时之久。每天被批斗后，他都迈着蹒跚的脚步回家，衣服上沾满了肮脏的脚印、墨水与糨糊。他面对的是自己的学生，他能说什么？他能做什么呢？他一句话也不说，唯有沉默。吴作人先生回忆起他们共患难的情景时曾说：“那时苦禅先生受了很多苦，但他并没有表现得愁眉苦脸，他很乐观，这是一种豁达的人生态度。他有时为了掩护别人，心甘情愿地代人受祸，他说：‘如果某某人被打，会断送性命的，我的身子骨硬实，多挨两顿，没事。’”（引自《爱国艺术家苦禅大师》）这品德何等高尚，这正是他那仁者爱人之心的自然流露。

李苦禅先生对于抄家以及肉体上的折磨，都能承受，但对人格品德上的污蔑，他却无法容忍。当有人说他在抗日战争时期有变节行为时，他在一张纸上愤然写道：“日本沦陷（北京）时，所有一切汉奸事没做过，新民青年会画展没有参加过，而且这个名字我就不知道，如果有的话，我认罪；如查出，我以生命抵罪！1969年1月15日，李苦禅。”他不仅签上自己的姓名，而且重重地按下自己的指印。这掷地有声的言辞，仿佛一纸宣言：士可杀，不可辱！这爱国之心，这民族大义是不容任何人诋毁的！

后来，他还被拉到郊区房山“劳改”。一次，他竟从山坡上滑了下来，幸亏他有早年的武功根底，使了个“抢背”的功夫，才免于重伤。1970年，他已经是72岁的老人了，还被下放到河北磁县“五七”干校“劳动改造”。有一次，他冒着40摄氏度的高温去田间捡粪，一下子晕倒在地。次年他获允回京养病，但仍需到传达室上班，负责收发报纸信件、接听电话及加热、派送饭盒等杂务。当时苦禅先生的家人皆散落异地，唯有他孤身一人在京，家徒四壁，许多书画文物已于抄家时被洗劫一空……老人望着这一切，想着这一切，能不忧心如焚？但他忧的不是自己，不是自己的财产，不是自己经受的苦难，而是自己所热爱的中华民族、中华文化及社会主义祖国。他长叹道：“此祸不息，我六千年文明礼仪之邦将丧于一旦！”

他一个人生活得很艰难，自己做不了饭，便买一摞烧饼，喝开水，就咸菜。但他仍然很乐观，他相信正义一定会战胜邪恶，光明一定会到来，而那些祸国殃民的东西一定会遭天报的！为了在胜利曙光到来时，他还能为国家提笔作画，每天早晚他都要坚持站桩、舞棍或走一路“起霸”，锻炼不止。

1971年冬，他终于等到了重新提笔作画的机会：周总理指示抽调一批中国画家为各大宾馆创作陈列画。他接到通知后，感到一种无比的激动与高兴，回家便马上让家人炒了三个鸡蛋，他一连喝了三盅！七年了，七年辍笔，他心中的郁闷之气一扫而空！七年来他从来没有像今天这样痛快！这是周总理的安排，还有什么可顾虑的呢？即便以后还有风险，也在所不辞，也要拿起笔来为国家作画，为民族作画！

苦禅先生虽在肉体上、精神上经历了巨大的磨难，但他一拿起笔来，仿佛就忘记了自己的年龄，忘记了自己所经受的痛苦与折磨，他要以最饱满的精力、最自由的心态，画出最精妙的作品，献给国家，献给人民！他的豪情不仅不减当年，而且由于他放下了所有精神上的压力，他忘我地创作，他作品的数量与质量都明显地超过了“文革”以前。他画的幅面愈来愈大，丈二、丈六、丈八的大画都陆续在他的笔下出现了。他用脸盆泼墨，双手舞笔，气势磅礴，观者无不为之折服。他绘了一幅又一幅，仿佛不知疲倦，没有穷尽，而且幅幅都是那么精妙老到！那被压抑了七年之久的创作欲望，一旦喷薄而出，便如江河行地，沛然而不可御，故其滔滔不绝，自自然然，应运而生。人们都以惊喜的目光看着这位老人，诧异他所具有的非凡的惊风雨、泣鬼神般的艺术创造力。1972年至1974年的3年间，他共为国家作画300余幅。

周总理十分满意当时画家们创作的作品，并通过具体负责组织的同志转达了对全体画家的问候。周总理还特别称赞：“苦禅的竹子画得好！”并表示忙一段时间后，一定去看望大家。总理对画家们热情的关怀，使苦禅先生感到一种深切的温暖与激动，这已是多年来未曾有过的感受了！他强忍着已经盈满眼眶的热泪，他作画的劲头更大了。

1974年，正当李苦禅以非凡的创造精神为国家效力时，乌云又笼罩了天空，“四人帮”再次掀起批“黑画”的歪风。李苦禅先生的一幅《荷花翠鸟图》，因画了八朵荷花而被诬蔑为“攻击八个样板戏无人看”，翠鸟低头觅鱼，被诬为“垂头丧气”，是“发泄对文化大革命的不满”，是“仇视样板戏”……真是欲加之罪，何患无辞！他再次被打成“黑画家”，并接连遭大会批斗四次。此时李苦禅先生在风雨面前表现得十分泰然，他的画经周总理过目审定，并未批评什么，他没有什么可交代的，他是按照国务院的指示精神作画的。

有人要他承认反党反社会主义，他都予以坚决反击：“我不反对社会主义，我也不反对党。解放后毛主席亲自过问安排我的工作，我老年生活很幸福，我热爱新社会！”

这段时期，他画了许多小品，用以表达他的心志及对祖国未来的忧思。他曾画一幅《兰石图》，上面题道：“想及天池不能眠。”他认为，徐渭（号天池山人）不仅是一位历史上杰出的文学家、戏曲家和书画家，而且以其“巍然人格与民族英豪之伟名”流芳后世。他思及徐渭之爱国精神，己之忧国忧民之心何能平静，又何能入眠！他一方面在苦难中、重压中忍受煎熬，一方面又表现得无畏无惧，豁达乐观，他笔下的画风仍然是那样豪放，那样大气，没有丝毫扭曲的心态、绝望的哀痛。他的艺术中虽然也融入了他人生的体验、哀乐与忧患，但他显示给世人看的却是刚健、豪放与洒脱的情怀，是阳刚之美的享受。他面对的、经历的、接受的是苦难，但他创造的却是美的艺术。这与牛吃的是草而挤出的却是奶是完全一样的。真正的艺术家不只是为艺术而艺术，更不只是为暴露而暴露，他们要以自己的艺术“成教化，助人伦，穷神变，测幽微”（唐·张彦远《历代名画记》），教育人民，鼓舞人民，催人奋进，催人奔向美好的未来。因此，好的艺术不能只有悲痛，只有苦难，要化悲痛为力量，化苦难为希望。一位艺术家如果没有深厚的生活积淀，他是无法创造出具有强大艺术感染力的作品来的。著名学者文怀沙在评价屈原的作品时曾有两句诗：“若无泽畔行吟苦，哪得千秋绝妙辞。”屈原能将其“行吟苦”，转化为享誉千秋的“绝妙辞”，这正是其不同于一般诗人之处，这也正是其伟大之处。若“苦”仅只为苦，则无屈原也。后世唐之李杜、宋之苏辛，亦如屈原，皆能以真善美之艺术，留传千古。这里不妨让我们来引读辛弃疾的一首词《破阵子》：

醉里挑灯看剑，梦回吹角连营。八百里分麾下炙，五十弦翻塞外声。沙场秋点兵。马作的卢飞快，弓如霹雳弦惊。了却君王天下事，赢得生前身后名。可怜白发生。

辛弃疾（1140—1207），字幼安，号稼轩，是南宋时期文武兼备的爱国主义词人，他一生主张北上抗金，收复失地，但直到头发斑白，他的夙愿也没能实现。除首尾两句，全词写的皆是梦境。现实中的夙愿，在梦中才如愿以偿。虽是梦境，却写得基调高昂，气势恢弘：看那“吹角连营”，“沙场秋点兵”；“的卢飞快”，“霹雳弦惊”。而最后终于收复中原，“了却君王天下事，赢得生前身后名”。词尾虽写了“可怜白发生”，但读完全词后的感受却是令人“壮怀激烈”，是悲壮中的痛快、淋漓与豪气。

历史上伟大的诗人、画家及一切艺术家莫不如此，哪怕是他们经历了人间最大的苦难、悲痛与不幸，他们都能以自己的心灵之光观照它、透视它、放下它，他们以自性的坚强与力量来唤醒人们心中的光明与憧憬。徐渭、八大、石涛，他们的生活是坎坷的，他们的笔毫里饱含着泪水，但他们的艺术却不是泪水。看了他们的艺术作品，所感受到的是丰富多彩、淋漓痛快的笔墨语言及蕴藏在笔墨后那奔突的热情及对希望的呼喊。今天我们看苦禅先生的作品，也会有同样的感觉，他的作品也是伟大的。苦禅先生在十一届三中全会之前经历了那么多挫折，那么多苦难——甚至是九死一生的苦难，但他都无怨无悔，无畏无惧，他笔下表现的却仍然是一种感天动地的浩然正气与磅礴大气。青年时，他经历了饥寒交迫、拉车求学的人生磨砺；中年时，他出于民族大义投身抗日斗争之中，虽被捕入狱，经严刑拷打，却宁死不屈；老年又以其刚正耿直的个性，惨遭“四人帮”的残酷迫害，被罗织了许多莫须有的罪名。苦禅先生堪称苦难一生，挫折一生，但他也仗义一生，豪放一生。他笔下展示给世人看的没有委屈，没有伤感，没有愁怨——所有这些都在他仁者的心灵中融化了，消解了，都变成了怒放的梅花、挺拔的翠竹、盛开的红莲、郁郁的青松，还有那远瞻的雄鹰、如歌如舞的苍鹭……一切都是“泰而不骄，威而不猛”。（《论语·尧曰第二十》）他追求的是阳刚之美，是刚中寓柔，含而不露，是大气度、大境界，是真善美体合为一的境界，是天籁自鸣的境界、是无为而无不为的境界。这恐怕正是苦禅先生人格的迷人之处和艺格的伟大之处。一般人大多无法经受得住这样多的苦难，浅试一二，即会止步。有少数人即便闯过了许多苦难，又有谁能以一种宽大、深广、清明的心去对待这一切并创造出大气磅礴的艺术呢？故如不探知中国近百年来社会发展史与美术发展史，不探究画家非凡的心胸气质、气度与坎坷命运，不谙熟民族文化的精神及传统艺术的美学特征，实难评其人、论其画，更无法界定他在中国近现代美术发展史上所具有的举足轻重的地位。

1975年，他预感到“四人帮”的末日就要来临，他挥写了一幅《白菜江蟹图》，他自喻白菜，心地净洁；以“江蟹”讽喻“四人帮”，横行之日，已无多矣。他在画面上题道：“大白菜七八斤，只卖五六分！（他以此喻示自身处境）人云长江螃蟹最鲜美，七十年来竟嘴馋（点出恨而欲食之的年代，正是他78岁之时），客岁果吃到，高喊无产阶级万万岁！”他的语言很风趣，却很辛辣；很平淡，却很有力；很浅显，却很能揭示客观发展的规律。“四人帮”之流大兴文字狱，他们穿凿附会，无限上纲，罗织罪名，无所不用其极。而苦禅先生却偏偏要在画上长篇大论，嬉笑怒骂，皆成文章。

1976年，横行一时的“四人帮”终于被粉碎了，“玉宇澄清万里埃”，举国同庆，万民欢呼。李苦禅先生高兴极了，他于耄耋之年迎来了祖国的又一个春天。他将一个西瓜抛向屋顶，又准确地接在手中，这伏枥的老骥又将开始新的征程。他在这令人欢欣鼓舞的重要时刻，奋笔挥毫画出了《红梅怒放图》、《芳溢寰宇图》与《晴雪》。第一幅画：红梅朵朵，春意勃发，用以比喻祖国的亿万人民心花怒放；乌云扫尽，春风万里，到处是红旗招展，锣鼓喧天，一个新的时代开始了！第二幅画：经历了苦寒的严冬，春风吹遍大地，兰花的芳香溢满寰宇，新竹的清韵回荡天际，一切都复苏了，欣欣向荣，展现出无限生机。苦禅先生以“春”来比喻当时的万民之心，也以“春”预示着祖国无限美好的未来与前景。第三幅画所表达的是：伟大而英勇的中国人民在阴霾中，在狂风暴雪中，没有迷失方向，更没有被压倒。相反，他们更加无畏，更加坚强，他们有如铁骨丹心的梅树伟岸挺拔，傲然雄立。如今在党中央的领导下一举粉碎了“四人帮”，看那蓝天下风雪过后的白梅如歌似舞，竞相绽放，他们在歌颂新时代的到来，他们在迎接百花盛开、万紫千红的盛世春光。

其时，苦禅先生还有一件寓意十分深刻的作品《英视瞵瞵卫神州》，请看：在一块巨石上他画了一只矫健的雄鹰，鹰在警惕地注视着、观察着、思考着，他庄重而不骄傲，威严而心系未来。他目光“瞵瞵”，仿佛在告诫人们：胜利来之不易，万不可掉以轻心。一定要时时警惕着，捍卫胜利的果实，捍卫神州的万里江山。老人的心与时代共跳动，与祖国共命运。他所怀有的那一颗爱国赤子之心，从来没有变过。

他从苦难中走来，他从日本鬼子的刺刀下走来，他从黑暗的旧社会走来，他对解放后的新中国怀有一种深厚的爱。有人说：“不对！他给毛主席写信就是发泄不满，就是向党挑衅！”著名画家黄胄对这个问题曾做过十分有力的回答：“过去批他给毛主席写信，他有感情，他才写信，他信任你他才写信！他拥护毛主席，对社会主义是一心一意！”（引自《爱国艺术家苦禅大师》）即使在“四人帮”横行时期，他受到那样残酷的批斗、殴打、抄家，但对年轻无知的学生却仍是包容的。他所深深忧虑的不是自己，而是民族、是国家、是国家的兴亡与盛衰。如今“四人帮”被粉碎了，他一方面讴歌胜利，迎接“红梅怒放”的春天，另一方面他也大声疾呼“英视瞵瞵卫神州”：一定要坚决捍卫来之不易的胜利，捍卫人民的政权，要把我们的国家不断推向繁荣、富强、昌盛的新阶段！

前文我们曾说，苦禅先生的艺术到了20世纪60年代已进入成熟期。接下来1964年至1971年，因“四人帮”横行，迫使他辍笔七年。1972年至1983年（除去一年左右的批“黑画”），最后十年，苦禅先生则完全进入了他艺术创作的高峰期——大化之境，攀上了一个光辉的顶点。上面所说四件作品堪称他这一时期的代表作。随着社会的日益安定，文化艺术事业的不断发展，苦禅先生创作的热情愈来愈高，他画的尺幅也愈来愈大。曾有人在50年代就说中国画特别是写意花鸟画无法创作出大幅作品，他不信这个邪，经不断的探索与实践，他决心为中国花鸟画的创作打破这种谬论。70年代初他即成功地创作了许多鸿篇巨制，十一届三中全会以后，他以更旺盛的创作精神进行了更为大胆的尝试。

请看他1980年为人民大会堂西藏厅创作的《墨竹劲节图》吧，这是用三张丈二匹宣纸拼接起来的巨幅宏制。要在这么大的画面上泼墨挥毫，驾驭自如，其难度是可想而知的。当时宣纸平铺在地毯上，苦禅先生脱鞋着袜，先以步丈量一番，审定大局，然后便在儿子李燕的协助下开始落笔。他仿佛已经胸有成竹，镇定从容，1米多长的特制长锋大抓笔，在他双手的舞动下有如关云长的青龙偃月刀，好不威风。时而如铁杵拄地，时而如鹅毛轻飞。人言苦禅先生武功了得，今见此情景，当有大将斫阵，武生“起霸”之气概。他偌大年纪，能在时而前趋后退、挺身绷腿，时而躬身弯腰、或蹲或跪之中，挥运自如，若无深厚的武术根底及创造艺术的巨大热情，是绝对难以胜任的，更是无法将作品最后完成的。

整幅画面，水墨沉雄，酣畅淋漓，竹子的竿、枝、叶笔线纷披，老辣苍劲。苦禅先生于凝重中，倾注了他毕生贫贱不能移的坚强信念，于豪纵中透露了他威武不能屈的高迈品格。人们在对古代墨竹大家的审美欣赏中，都十分喜爱郑板桥的潇洒飞动，而李苦禅更于板桥之外展示了一种雄健拙厚的格调，蕴含着一种坚韧的力量与伟岸的精神。如果说郑板桥的竹子有赵子龙“银枪风中舞”的洒脱，李苦禅的竹子则有关云长“持刀读春秋”的庄重，各具神采，亦各展其妙。

苦禅先生画完后，在画下方的竹竿间题道：“劲节图。未出土时便有节，待到凌云尚虚心。古人云：胸有气节方可写竹。画法云：一世兰半世竹，可见兰竹之不易也。板桥诗云：四十年来画竹枝，日间挥写夜间思。冗繁削尽留清瘦，画到生时是熟时。庚申夏溽暑之月，八三叟，苦禅即题。”说起这画与题词，还有一段缘由需要向读者说明：周总理于“四人帮”横行期间，为保护民族传统文化，曾做过不懈的努力，抽调名画家为国家创作陈列作品即是其一。总理对知识分子的态度，是关切、是温暖、是没有任何成见的体谅与爱护。其对中国画所展示的真善美的美学特色是充分肯定的，故其能说出“苦禅的竹子画得好”的赞语。其实这不单单是赞美苦禅先生一个人，而是在赞美一个群体，赞美延续发展了两千余年的中国画艺术。因此，苦禅先生热爱总理，尊敬总理。总理能在“四人帮”祸国殃民期间坚持真理，坚持正义，这不正像竹子一样坚劲而有气节、有品格吗？“未出土时便有节，待到凌云尚虚心”。对待人民，他总是平易而虚心的。苦禅先生为了纪念总理，便决定画竹以象征总理的高风亮节，象征总理平凡（“虚心”）而又不平凡（“有节”）的革命人生。

这幅画的主题是歌颂总理，但同时也是歌颂一切在困难面前，在挫折面前，在风浪面前勇往直前的人们。“劲”而向上，“节”而无畏，是一切真正的“仁者”所具有的高贵人格和品质。这幅画应该说是一首对高风亮节的赞歌。

苦禅先生于题词中还表达了他于画竹的美学见解：他认为“胸有气节方可写竹”。艺术是画家内在精神的外化，其内在的精神决定其外现的物化的艺术。故唯有气节充沛于胸的画家，其笔下的竹子才会展示出“富贵不能淫，贫贱不能移，威武不能屈”的高尚品德。

同时，先生还认为，除“有气节”之外，画家尚需有“半世”乃至“一世”的不懈努力，夜以继日的苦学苦思，然后方能削尽“冗繁”，留取“清瘦”，概括并锤炼出自己的笔下之竹，才能“生”中寓“熟”，“熟”中含“生”，才能达到“人格”与“艺格”体合为一的最高境界。

在创作《劲节图》的次年——1981年，苦禅先生更令人难以置信地完成了有史以来最大的写意花鸟画创作——《盛夏图》。此画由四张丈二匹宣纸连接而成，面积约有20多平方米。在此之前，老人曾为人民大会堂画过一幅类似的作品，这一次是为了配合北京科学教育制片厂拍摄《苦禅写意》一片所作。

纸铺在客厅的地毯上，周围只留下边边角角的空闲之地。幅面如此之大，如何置阵布势？又从何处落墨？画面中的物象及空白如何安排，如何穿插，又如何衔接？一般人无从想象，即便是有相当绘画能力的行家里手，也会有望洋兴叹之感。苦禅先生经多次实践，已有相当丰富的经验，虽不能说是信手拈来，如探囊取物，却也是不慌不忙，轻车熟路。此次，仍是儿子李燕在一旁作熟练的助手，捧盆递墨，添水换笔。

苦禅先生从青少年时期，对荷花荷叶的婆娑清影就情有独钟。在北平艺专期间，自拜师白石门下，荷花便成了他最爱表现的题材之一。他曾反复研究过徐渭、八大、石涛到吴昌硕、齐白石诸家在荷花造型、用笔、用墨及构图诸方面所表现出的不同的艺术特征，并进行了认真的学习、汲取与熔铸。开始时他笔下尚有较多古人的影子，随着不断地写生与临摹、学与思、体会与感悟，他渐渐地从学而入于古人，到悟而入于自我——辟我蹊径，立己风貌。前文我们曾讲过，他于杭州执教期间曾为灵隐寺作巨幅荷花壁画。到了1960年前后，他所画荷花的个人风貌已完全成熟，像1959年的《墨荷图》、1961年的《荷塘翠鸟》以及1964年的《水乡清气》等，皆笔墨精妙，逸韵神纵。而到了他人生里程的最后十年，则完全进入了“与天同契”的大化之境。下面请看苦禅先生经四个整天连续作战所完成的《盛夏图》。如何评说这幅画的艺术特色呢？我觉得可以从以下几个方面分而述之：

第一，尺幅之大，创造了有史以来写意花鸟画之最。不仅如此，苦禅先生是在84岁高龄，将其完成，此亦堪称历史之最。

第二，此画非仅以大取胜，更以大而精、大而妙、大而奇、大而化，著称于世。其精于笔墨，妙得天籁，奇于神思，化而体道，故其能于有中示无，于有限之象示无限之境。

第三，似妙音，如诗章。画面上墨分五彩，焦、浓、重、淡、清；荷叶田田，层层相叠；荷花亭亭，交相呼应。或直或斜，或顾或盼，或疏或密，或聚或散，还有石、有泉、有茨菰……巨石之上有鹭鸶鸟似歌若舞。他们的歌声与整幅画面笔墨的节奏、物象的节奏、黑与白相协调的节奏交织在一起，有如一曲天籁妙音响彻在我们的耳际，又似一首清气回肠的诗章荡漾在我们心田。

第四，爱国情怀，永垂青史。苦禅先生在画面上题道："盛夏图。国家日趋兴盛，乃余之愿。祖国古称华夏，想炎夏之际，荷花盛开，乃作荷塘即景，何不题之《盛夏图》耶。岁在辛酉冬月，八四叟苦禅。"又题："荷之性情，不枝不蔓，出污泥而不染。余素喜爱之，故六十年来写荷不计其数。然若如此巨幅，乃平生首次也。励公又题。"他绘荷塘盛茂之景，以喻示祖国"兴盛"及自己由衷的"心愿"；同时也歌颂了荷之美德——"出污泥而不染"，以象征整个华夏民族之优秀品格。

第五，高尚人格与艺格的完美结合。这件作品已经在许多方面超越了古人，特别是苦禅先生画面上所展示的磅礴壮气与浩然大美，更是前代画家无法比拟的。苦禅先生将他整个深厚的人生积淀与文化积淀融入他的笔端，故他所创造的意象是厚重、是刚阳、是沉雄、是博大。否则，这样大的画，如何能站立起来，又如何能"充实而有光辉"呢？

苦禅先生曾对采访的记者说："中国人自古就有爱莲、颂莲、画莲的优秀传统，画莲者应当有高洁的品格，方能画出圣洁的莲池妙境。"又说："我一生以荷为师学做人，以荷为友学作画。我一生笔下的荷花、荷叶大约能布满几亩荷塘吧！"他从人格与艺格两个方面苦苦修学，他为民族文化、民族艺术——特别是中国大写意花鸟画艺术奋苦一生，最后终于以他卓绝的努力攀上了中国写意画又一道新的高峰，开创了"李苦禅画派"。这《盛夏图》的创作，既凝聚了他终生的审美追求与审美理想，同时也闪耀着他伟大民族精神与爱国主义思想的绚丽光芒。我曾在观老师《盛夏图》后，激动不已地写下了两首诗，兹录如下：

一

巨毫挥洒墨池翻，泼湿翠云花更妍。
浩浩长风天地起，清香妙韵撒人间。

二

心静始能禅妙谛，艺高才得墨荷香。
古来无二传心语，不染污泥大道彰。

苦禅先生认为，中国大写意艺术的发展不是穷途末路，而是方兴未艾，其间大有可用武之地，关键在人的因素——人的努力、实践与苦斗。苦禅先生在大写意花鸟中所取得的巨大成就，不正说明了这一点吗？当年他拜师齐门之后，便以"革故鼎新"为目的走上艺术的求索之路。在"一日能买三担假"的衰败世风之下，他不为金钱所动，"深耻临摹夸世人，闲花野草写来真"。苦禅先生一心系念于艺术创新，从不为名利而改变自己的初衷。其于艺术能上下求索，锲而不舍，故其能最终有所成就，艺攀高峰。而现在有些学画者，仅得苦禅先生书画之皮毛，便大量制造假画，牟取暴利。有些朋友曾将他们购得的署名李苦禅名讳的作品让我鉴定，其中真迹甚少。其实只要稍有一定的绘画知识，是很容易鉴定其真假的。有人曾问我：能不能讲出一个方法或一个标准，一见即能判断画的真假。我说不仅不能，而且根本没有。这正像我们要认识一个人一样，我们要了解他的外形、五官特征、音容笑貌及身高等等，见得多了，自然就能准确无误地将他认定。反之，则无法确认。而鉴定书画作品的真伪，亦须如此。那应该如何才能涉入这个领域呢？

第一，了解中国画发展的基本概况及中国画的基本特征，多欣赏一些历代名画，在耳濡目染中逐渐认识其深厚的文化内涵。

第二，粗读一点中国画的理论，像顾恺之的《传神论》、谢赫的《六法论》、唐代的画品论、荆浩的《笔法记》及石涛的《画语录》等等。

第三，把握所鉴定画家的基本生平概况及其作品、题跋、印章的风格特征。

下面以苦禅先生的绘画作品为例，作点概略粗浅的介绍（画家生平已见前文）：

（一）笔墨：苦禅先生用笔豪纵大气，含而不露，如锥画沙，如虫蚀木，柔中寓刚。他以书入画，于绘画中具有强烈的书法意味。李可染先生曾说，近代中国画上，线条真正过关的只几人而已，苦禅先生即其人焉。这说明中国画的线条欲达到“真正过关”的高度，是何等不易！又岂是那些浅得皮毛者所能企及的？作伪者的笔法多纤弱、刻板，即稍有变化，亦难有流畅自然的书法笔意。只此“笔法”一着，即可登时判定真假。当然，能辨笔线质量之优劣者，亦须经过不断的学习与实践，随其见多识广，眼力自然随之提高。

于墨法上，苦禅先生特别擅长运用水墨，水晕墨章，墨彩异常丰富。近现代画家能达到五个墨的（墨分五彩）已如凤毛麟角，更何况一些临摹造假者，他们的用墨少变化，平而多板，呆而生滞；即便临摹手段略高者，亦单薄而少于浑厚，变化而失之零乱。至于苦禅先生笔墨中所具有的微妙变化、墨色变化、笔触变化，则更是一般人无法企及的。

（二）造型：苦禅先生笔下无论是花是鸟，都是经过长期写生，而后提炼、加工、夸张、概括而成的。其以意造象，以意写形，夸张而不越其度，变形而不失其真。他画起来自如、随意，机趣盎然。作伪者，或失之协调，或有形无神，或笔墨结构与形体结构全不相合。只要悉心体会，一定能辨其差异。

（三）构图：苦禅先生构图的最大特点是不造作、不安排、不弄险，在他画面中的虚实、疏密、纵横、开合，都处理得非常自然。他的构图没有固定程式，不拘一格。他对章法构图有“四面打进来”的论点，是强调画面的动态张力，以有限示无限，把观众的视线由画内引向画外，求画外之境。他的画面多者丰富，少者精到，皆各具其妙。造假者，临其多者，易杂而乱；临其少者，易空而荒。至于虚实疏密，皆难把握适度。

（四）个性风格：苦禅先生绘画艺术具有十分鲜明的个性风格，即其作品中流露出的一种豪放的宏大气魄。这种“气魄”是画家人生历程、精神道德与文化修养的总和与外化，它是无法临摹的，更是无法伪造的。

（五）题款：苦禅先生画面多数有题（题记）、有款（名称），有些小画只落有名款。他的书法不仅得力于张芝、张旭与怀素的草书，而且将汉碑、魏碑之笔法融入其中，故他的书法放而不狂，刚而不霸，含而不露。伪作者多似其形，不得其神，难入其妙。

（六）印章：苦禅先生所用印章，多为名家刻制，不同时期所用印章内容亦有一定的不同。例如抗战时期他曾被捕入狱，出狱后为纪念自己威武不屈、从容对敌的铁窗生活，在一段时间里他的画作上常钤有“天逸囚窟生”的印章。十一届三中全会后，他欢欣鼓舞，精神上获得了彻底的解放，此时他的画面常会钤有“欣逢盛世”的印章。这两方印章如果印在其他时间段的作品上，便可肯定其假无疑。另有伪造假印者，手法有三：翻刻、臆造与锌板，三者皆可从其刀路、结构、气脉、神韵几个方面辨别真假。其中锌版作伪比较难以分辨，因为它是把印章样本复在锌版上，通过腐蚀的方法做出假印。其特点是不易走样，但其破绽是刻板，无生动之致。如与真印进行仔细比较，则能辨别其微妙的差异。

（七）认识作伪的方法：除古人所运用的临、摹、仿、造之外，现代还有一种"印"法。现代科技异常发达，书画的复制品，几与真迹差别甚微；但经细心分辨，其印刷的痕迹与行笔的痕迹仍是不一样的。还有的甚至将印刷与笔画二者结合起来，先印后染，以掩盖印制的痕迹，这更需要鉴定者悉心区别。但印制毕竟是印制，它在气韵、神采与墨色的鲜亮清润程度上总是无法与真迹相比拟的，特别是苦禅先生的大写意花鸟，其笔触美、墨彩美、气韵美更是印制所难能企及的。

以上对鉴定苦禅先生的写意花鸟画仅是浅说一二，初入门径而已。要真正做到鉴定准确无误，我认为既要读懂他的人，又要读懂他的画，对他应有全面、深入的认识与研究，否则，鉴定就会出现不可避免的偏误。

随着社会对李苦禅艺术认识的不断深化，大师声望愈来愈高，其艺术品的价位也在不断攀升。不过，艺术品的价值绝不能以一时的价位论短长，价位是暂时的，艺术是永久的。元四大家中的吴镇，其作品不是曾经无人问津吗？齐白石初进京时，不也是门庭冷落吗？齐白石的作品在几年前不是还不如个别年轻画家的价位高吗？但大师毕竟是大师，艺术毕竟是艺术，千万不要被一时市场的假象所迷惑。苦禅先生生前与身后，他本人及家属子女曾多次向国家机构、各大美术馆、博物馆无偿捐赠精品力作，故大师的巨幅佳作多在国家有关单位存藏。我这里要为我的老师及老师的家亲后人鼓掌喝彩，因为他们从来没有把眼光仅盯在经济效益上，他们更多想到的是如何让艺术服务国家和服务人民，这是多么令人尊敬的精神！苦禅大师的拳拳之心在他与子女的行动中得到了充分的展示，“爱国至上”、“爱国第一”，已成为苦禅老师及其后人——李家“薪火相传”的家训。在1983年首都各界沉痛悼念书画艺术大师李苦禅教授时，他的儿子李燕曾对记者说：“父亲给予我们兄妹的最珍贵的遗产是他那根植于祖国几千年文明沃土之中的爱国理念。”苦禅老师去世后，全家深深了解他那“一颗赤诚爱国爱民的心”，便一致决定将他各时期的代表作400件及他的一些珍贵收藏捐献给了山东省济南市。苦禅老师的精品力作、鸿篇巨制，虽然没有走向拍卖市场，没有去角逐市场高价，但却献给了国家与人民，贴近了广大艺术爱好者，他的爱国理念，爱国情怀与爱国精神不仅传给了他的家人，而且传向了社会——传给了他的学生以及一切热爱艺术的人。这遗产岂不是更加宝贵，更加无价吗？至于那市场上一时的价位高低又何足道哉！苦禅老师的精神与艺术将永远活在人民的心里。

一代大师　当之无愧

我国写意花鸟画到了近现代获得了长足进展，将诗书画印四者融为一体者，先后就出现了赵之谦、吴昌硕、齐白石等。这一时期，堪称大师林立，名家辈出。写意花鸟画从内容到形式，从笔墨的发挥到色彩的运用，从构图的程式到意境的深化，在大师们的笔下都推向了极致。故在吴齐诸大师之后，欲标新立异、再创一格者，确是难而又难。那么，李苦禅先生在南吴北齐之后选择了一条什么样的道路，为什么他能跳过前人与老师而独辟蹊径，攀上新的高峰？为什么他的老师齐白石对他曾做过那么多、那么高的评价？为什么愈来愈多的名师、大家、学者、教授称他为“一代大师”、“一代宗师”？又为什么他的学生深情不忘，认为他和他的艺术永垂不朽……

李苦禅在拜师齐门之后，就对自己的艺术道路与方向作出了认真的抉择，而正是由于他所作出的正确的抉择，才使他一步一步地走向自己的理想之门。那他究竟作了一些什么样的抉择呢？

第一，拜师先拜人。他认为齐白石的道德高尚，拜师应先学老师的人品，做一个有道德的人。

第二，学艺当师心。他拜师齐门是看重老师的“创新”精神，而与“名气”的大小无关，因为当时齐白石初进京，受人排挤，名气尚还不大。故他从一开始进入齐门就以“重师心不重师迹”、“重创造不重仿造”、“画自己的东西，创自己的笔墨”为宗旨，从不亦步亦趋，以摹像老师为能事。他学老师，是“体会他的笔意，更体会他的用心（即老师的创造之心）。”

第三，写生不离手。苦禅先生如打拳者拳不离手，其写生之笔亦从不离手。其以造化为师，以万物为本，融合前人和老师的笔墨，故其笔下之题材与手法常多新意与生机。白石老人见之，题曰：“英也夺我心，英也过我，英也无敌。”“苦禅仁弟有创造之心手，可喜也！”

第四，不忘民族魂。他一直追寻着老师徐悲鸿提出的“中西

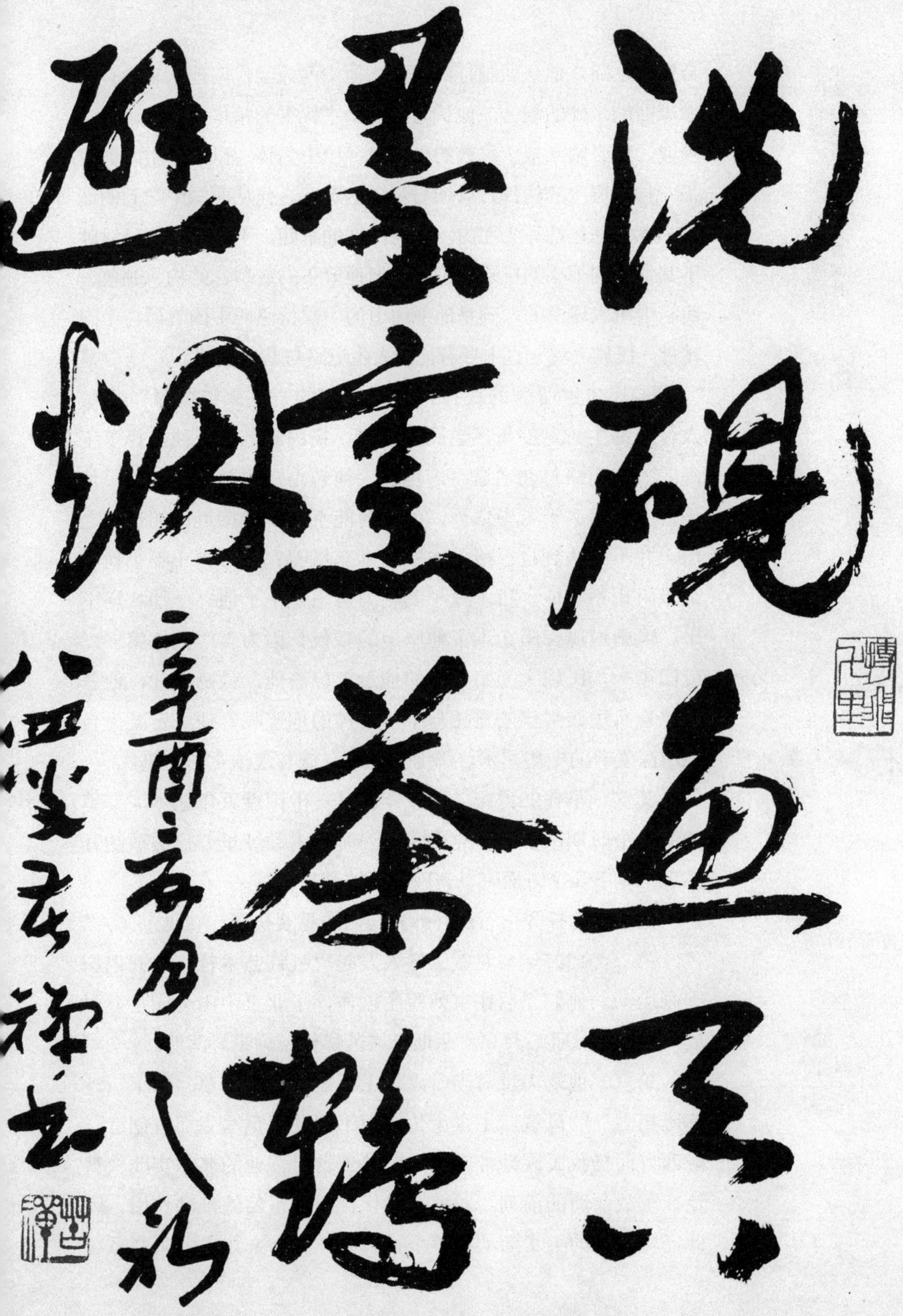

《洗砚鱼吞墨》——洗砚鱼吞墨，烹茶鹤避烟。辛酉夏月之初，八四叟苦禅书。1981年

合璧”之路，他从西画打向中画，他中西兼学，但他从来没有只做表面的生硬的混合。他认为，西画中优秀的精华部分应该学习吸取，但必须立根于民族的土壤里，以中为体，以西为用。他主张一种深层次的精神、意趣与观念的融合。他从西画中学到的造型观念——包括写生在内，那规律性的东西，不就成了他日后胜于其他中国画家的优越性了吗？但他笔下的造型、结构、颜色、明暗中所表现出的，确是地地道道的中国特色、中国气质与中国精神。民族之魂一直主导着他的人生道路与艺术道路。

苦禅先生所作的抉择，用最简明的语言来说就是：重做人、重写生、重创新，走民族之路、扬民族之神。他抉择了正确的人生道路与艺术道路，再加上他超出常人数倍的努力，他于苦中求索，于苦中悟禅，他如何能不一步步接近他的理想之门，并不断达到自己所希求的艺术真境呢？困苦阻止不了他，饥饿阻止不了他，日本鬼子的刺刀也阻止不了他，一切坎坷不平、风雨逆境都阻止不了他坚定的步伐！因为有“人格第一，爱国第一，民族大义第一”的信念支撑着他，鼓励着他，他怎么能辜负民族文化的重托与中华精神的期望呢？他一定要为自己所深爱着的中华艺术，添上自己最真诚与最浓重的一笔。

其实，早在20世纪二三十年代——中国近百年艺术大变革的第一个时期，李苦禅先生就是当时艺术领域里一位勇敢的开拓者。以下几个方面可以表现出他的开拓精神：

第一，选择齐白石及拜师齐门后的重要抉择。（见上文）

第二，1927年与赵望云等人发起“吼虹艺术社”，共倡新国画运动。他们先后在京郊写生创作，于北京中山公园举办画展，并出版《吼虹月刊》两期及《苦禅望云画集》两册。

第三，他竭力反对当时画坛上所盛行的“临摹‘四王’，陈陈相因”的风气，主张承传统而不因袭，重写生而有创造，融西方而扬我民族精神。他反对故步自封，他的艺术实践一直走在革故鼎新的前列，对整个时代曾起过重要的推动作用。因此，应把他的美术活动与整个社会大环境、文化大背景联系起来看。1928年《大公报》所发表他的作品《惨暮》及《惨淡京都》，均充分展示了他的艺术理念与创造精神。1928年7月7日的《大公报》有云：“绘画革命，新的中国画连连出现！我们有厚望于望云与苦禅！”1939年《晨报》上曾以十分热烈的口吻称赞李苦禅先生：“近年来北方艺坛上创造派的先锋、异帜独标、绝类离伦、优入化境者，要算这位大名鼎鼎的李苦禅先生……（他）谈吐亦锋，有‘饮如长鲸吸百川，高谈雄辩惊四筵’之概……热肠古道，肝胆照人，不怕穷！”

第四，他当时从事美术活动（美术教育与美术创作）的范围在北京、杭州与上海，是当时中国美术革新运动的中心城市；他所学习与执教过的几所学校——北京国立艺专、杭州艺专及上海美专等，是当时中国艺术思潮与创新思想最活跃的院校；他所接触的文化人群从师长蔡元培、林风眠、徐悲鸿、齐白石到同窗好友赵望云、王森然、潘天寿、张大千、刘开渠，再到京剧武术界的师友尚和玉、盖叫天、王芗斋等，都是当时中国文化艺术界的优秀代表人物。李苦禅所取得的艺术成就及对艺术革新所起到的举足轻重的作用，是与整个社会的文化大环境分不开的，是与艺术先驱们、师长们对他的影响教导分不开的，也是与他所处的那个文化艺术圈的熏染陶铸分不开的。

第五，他大胆地将京剧艺术引入绘画领域，他以戏解画，以戏悟画，这在当时的画家群中是独一无二、别开生面的。他认为京剧也是一门大写意艺术，与绘画有着许多相通之处，以他山之石攻己之玉，岂不是会取得更好的效果？故在他的画面上我们同时也会感受到京剧的语言、造型、神韵与意境。

苦禅先生在二三十年代已被誉为“大名鼎鼎”的“北方艺坛上创造派的先锋”，又多次为白石大师所称赞：“来日英若不享大名，天地间是无鬼神矣！”并预言：“白石后笔墨当推苦禅。”从解放后到50年代，本该有更加杰出成就的李苦禅却陷入了“左”倾思想及民族虚无主义的包围之中。他不愿去追赶时髦，而被认为“保守、落后”；他被歧视、受冷落，只能在苦心孤诣、自甘寂寞的环境里，默默地锤炼着自己的笔墨。到1960年前后的四五年时间里，整个人文环境比较宽松，李苦禅先生的写意花鸟画创作便出现了较为活跃的局面，并开始进入到他绘画的第三个阶段——成熟期。1964年，从中央美院被当作“城市社教试点”起，至1971年，苦禅先生横遭批判，被剥夺了作画的权利，搁笔七年。1972年至1983年（除去其中四人帮批“黑画”的时间），由于周总理的关怀，由于粉碎了“四人帮”，苦禅先生在生命里程最后的十年，迎来了自己艺术创作的高峰期。他以自己的如椽大笔挥写了新时代最壮美的篇章，也为民族艺术的振兴树起一道新的高峰。

随着社会的不断发展，人们对李苦禅大写意艺术的认识，愈来愈深化，对其评价也愈来愈高。下面我想引用几位名画家、理论家对先生的评语：

许麟庐先生说：“白石大师极爱重苦禅大才，说：‘英（苦禅原名李英杰）也无敌！若老死不享大名，世无鬼神。’大师眼力非凡，苦禅，苦心孤诣，‘禅’其艺术，上追宋代牧谿，学贯青藤、石涛、八大，师承白石先生，而自成一家。形成了古朴、雄浑、厚重的风格。”（许麟庐《哭苦禅》）又说：“李苦禅画派，这是当之无愧的。”（《爱国艺术家苦禅大师》）

黄胄先生说：“李苦禅老先生，我觉得现在还活在我们心里，在美术界也是难得的、少有的这么一个人物，是一代宗师！”（《爱国艺术家苦禅大师》）

刘曦林先生说：“如果说齐白石实现了由高雅向亲近人生的通俗性转化，李苦禅又回归了部分传统文人画的内涵和气质，使之再度趋向高雅的格调。这种高雅在后期不同于古代文人避世、隐逸的超尘，而与80年代再度崛起的民族魂魄取得了共鸣。如果说古代文人画倾向于阴柔之美，李苦禅又和潘天寿一起使之发生了向阳刚之美的转化。正是传统美学、现代民族魂魄和阳刚之美的高扬，确立了李苦禅在现代大写意花鸟画坛上的坐标。”（刘曦林《学我者生》）

孙美兰教授说："美术界论中国花鸟画有'南潘北李'的说法，南潘指的是潘天寿；北李，便是李苦禅。'南潘北李'的美谈反映了人们对现在都已故去的两位中国画大师早有中肯的评价。"（孙美兰《漫然成篇 皆成妙境》）

李松教授说："李苦禅和齐白石、潘天寿都是致力于革新中国画的革新派，他们的革新之道，同属于在传统基础上推陈出新的'传统革新型'。苦禅先生更偏重于发扬文人画的笔墨写意，直抒胸中逸气的精华，摒弃了文人画很多糟粕……"又说：

"当前应大力宣传李苦禅先生的重笔墨写意的艺术精神，确立苦禅大师在中国画历史中应有的崇高地位，这是中国画当前现实发展的需要，是时代的需要。我相信苦禅大师的艺术精神，必然为今后中国画的发展作出更大的贡献。"（李松《现代笔墨大师李苦禅》）

…………

当然还有许多专家评语，此处不再一一引用。苦禅先生的人品与艺品都达到了极高的境界，为人赞誉不止并被称之为"大师"、"宗师"，也是十分自然的。不过，对"大师"的界定，是应有一定标准与内含的，不应是随意的，或是信口说说的。有些"大师"的称谓，随意性太大，故被讥之为"大师满天飞"。因此，对一位画家有没有达到"大师"的地位，应以十分严肃的态度对待之，要研究，要分析，要比较。同一时代中，他是佼佼独出者；在历史的长河中，与历代大师相比，他亦毫不逊色，且有自己的独到之处。他道德好、人品好、有全面的修养与学养；他于艺术上风貌独具，创宗立派；他于理论上，亦有自己独具的见解及比较完整的思想体系；他生前与身后，对整个社会艺术创造与艺术教育都有较大的影响。

下面我们即从这诸多方面，来剖析一下苦禅先生所取得的整个艺术成就及其在取得艺术成就的过程中，所表现出的人格、道德、学识修养及兢兢业业的教学精神。前面各章已详细阐述过的，此处从略；未及讲明的，此处稍详。

二三十年代他已被当时媒体称之为“创造派的先锋”，那对他整个一生所取得的艺术成就，应如何来评价、来认定他在美术史上的地位呢？我认为可从以下几个方面分析与认识：

第一，人格第一。

他曾说：“必先有人格尔后才有画格。”“艺术乃真美善之物，人格不佳其心无真可言，流于书画多生虚伪与浮华。惶言美？而非至美难于臻于善境。”人格是滋生画格的土壤，高度的艺术品则是人格化、道德化美的展示。他一生以“仁者爱人”之心，急人之难，救人之危，济人之困。他从来都是以他人为重，以朋友为重，以学生为重，故被赞为：“品德至高，艺术至高。”（许麟庐语）其人格在仁、义、礼、智、信几个方面都得到了充分的体现。

第二，爱国第一。

爱国主义情怀是他人格第一的集中表现。特别是在民族存亡的关键时刻——抗日战争时期，他一切从民族大义出发，毅然投入抗战的地下工作，即使身陷囹圄，亦大义参天，誓死不屈。他以勇斗顽敌的革命精神在中国近现代美术史上为中国书画家写下了壮丽的一页。

第三，民族性第一，民族精神第一。

1923年作为北京艺专西画系的学生，基于对民族文化的热爱，他做出了一个大胆的勇敢的选择——拜师齐白石门下学习国画。他认为欲走“中西合璧”之路，一定要先立足于“中”，以中为体，以西为用。如果对中国的艺术不认识、不了解、不深入研究，“合璧”即是一句空话，无从谈起。他认为一位中国人、一位中国书画家，对自己的民族及民族文化首先要有充分的自爱、自尊与自信：要爱我民族，传我文化，扬我精神。1962年他送给学生的一篇题字写道：“中国画驾于世界之表，而不识者见之寒心吐舌，伤哉！壬寅春月，禅。”他认为，中国画以其独有的艺术品格、内涵与精神独立于世界艺

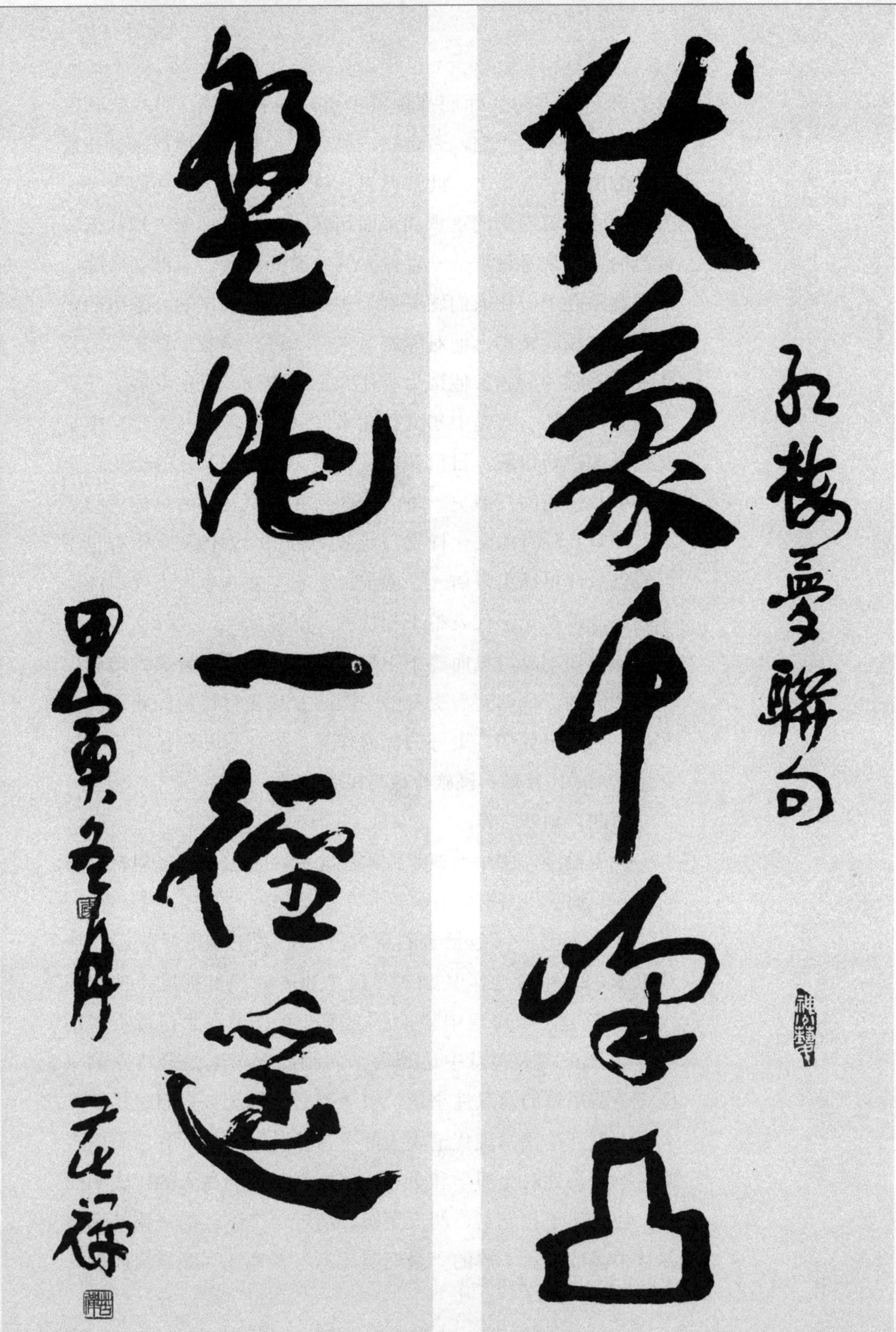

《红楼梦联句》——伏象千峰凸，盘蛇一径遥。红楼梦联句，甲寅冬月，苦禅。1974年

术之林，西方的大师们都称赞不已，而我们自己的某些画家与学者，却不认识它，否定它，抛弃它，甚至还出现了一些反传统的所谓“英雄”。此情此景，能不令人为之“伤哉”——为中国画所遭遇到的重重劫难而伤痛吗？而苦禅先生却从来以自己的艺术现身说法——以他大气磅礴的笔势，于淋漓豪壮的水墨意象之中，让人们感受到一种强烈的、高昂的、豪迈的民族气节与民族精神。他对民族艺术，一直充满着一种真诚的爱和一种坚强的信念。他认为古往今来中国画一直在发展，一直在创新，创新一直是中华文化艺术发展的主流。《大学》中早就说过：“苟日新，日日新，又日新。”中华文化的历史，是一部革故鼎新的发展史。每一个朝代在历史发展的总体大趋势中，都有其独有的文化样式与特质，后一个朝代从来没有也不可能仅只简单地重复前一个朝代。至于某些画家所表现出的保守倾向，那是无法代表整个朝代的。既然如此，为什么有些人对此却视而不见，见而“不识”呢？苦禅先生十分尖锐地提出了这个问题，他期望着更多的中国画家热爱自己的民族及民族文化，创造出更多、更好的优秀作品，以突显并张扬我们华夏文化艺术的民族性、民族特色与民族精神。

第四，画外修养。

他于绘画，曾中西兼学；绘画之外，他擅书法（包括金石研究）、国学、国剧与国术。

（一）书法（包括金石研究）。他的书法既吸收了汉唐草书家的飞纵奔逸，又融入了汉隶北碑的稳健拙厚。他于飞纵中求稳健，于奔逸中显拙厚。李松教授说：“在近百年的画界中真正在大写意中达到书法入画的，苦老是最特殊的一位……从用笔的写意性来说，苦老当之无愧为齐白石之后第一人……”（李松《现代笔墨大师李苦禅》）在恩师齐白石的直接影响下，他对金石学和金石审美进行了极为深入的探索和研究，他收集了自先秦、两汉至明、清近十个朝代的碑铭拓本，并从中汲取大量丰厚的“金石美元素”。他在《跋高灵庙碑》

写道：“后碑泐甚，不可辨……如常读之，加以体会，一似败壁陈纸，久审观之，山川峰峦，来龙去脉，幻变如真，陈于目前胸次矣！习此帖何独不然？”显然，他要从碑石铭刻中悉心体悟，悟其笔法、笔趣和笔意，并于其“不可辨”的剥蚀图像中，悟其“幻变如真”的“山川峰峦，来龙去脉”。这样既可会其书外之妙——金石中朦胧的抽象的画意，又可将其笔道中所展示的“珊瑚枝、金刚画”的美学韵味融入画境之中。同时，他在金石拓片的研究中，为中国文字与书法艺术的发展演化也做了大量有益的工作。

（二）国学。苦禅先生指出：“只单打一画画是小道，需知画之上比它高的是书道，书道之上是诗，再上一层次是音乐，最高层次——大道乃是先贤的哲理：老庄、禅学、易学与儒学。因此，要想使自己的书画高，就须在高层次的学问上下一辈子功夫。没有哲理头脑、文学素养与书法修养的书画家笔下永远高不了。”（李燕《李苦禅纪念馆藏画选·序》）前面各章我们陆续介绍过他对老庄、禅学、儒学的应用，这里我们来重点探讨一下他对《易经》美学的研究：

1. 天人合一。《周易》乾卦《文言》中说：

夫大人者，与天地合其德，与日月合其明，与四时合其序，与鬼神合其吉凶，先天而天弗违，后天而奉天时。天且弗违，而况于人乎？况于鬼神乎？

苦禅先生认为，《周易》十分明确地提出了天人合一的哲学思想，人与天协调统一，其契合点在“德”：唯其有德，才能在人格修养上像天地一样负载万物，才能在艺术造境上如“天地絪缊，万物化醇”（《周易·系辞下》），一切皆得之自然，造乎自然。他还说：“孔子的‘智者乐水，仁者乐山。’（《论语》）及庄子的‘天地与我并生，万物与我为一。’（《庄子·齐物论》）也都是在阐述这同一种思想。

到了后来的诗论与画论，这种思想观念的影响愈来愈大，更有人提出了与之相应的理论，像‘情景合一’、‘物我合一’、‘主客合一’等等，都十分明确地肯定了人与自然的和谐与统一。只有人与自然和谐统一时，画家笔下的形象才会自然而不雕琢，率真而无修饰。才会像苏东坡所说的那样：‘其身与竹化，无穷出清新。’历史上的书画艺术家无不以自己终生的努力，求索着这艺术的最高境界——天人合一的境界。”

2.对立统一。《周易》认为整个世界是以“一阴一阳”、“乾刚坤柔”为始基的有机统一体。苦禅先生把这“阴阳合德而刚柔有体”（《周易·系辞下》）视为易学的精神，而这精神又最能体现中华民族的伟大个性。他说：“我们做人与作画都离不开易学的精神，日本鬼子打进来的时候，英雄的中国人同仇敌忾把他们赶出去，这不就是阳刚之气的表露吗！而对待我们的同胞，我们的朋友，当然应该仁爱、温柔、和气。我们作画同样也离不开刚柔之道，无论是形是神，是笔是墨，都应阴阳刚柔兼备，方是一幅好画，但其侧重点又会因其表现的内容而有所变化。像我画的鹰，在高岩巨石之上‘远瞻山河壮’者，以阳刚为主，但也蕴有宽宏肃静之气；所画‘唤母归来迟’者，以阴柔慈爱为主，但也颇含刚健壮美之韵。或‘天行健，君子以自强不息’（《周易·乾卦》），或‘地势坤，君子以厚德载物’（《周易·坤卦》）；阳与阴，刚与柔二者是互济互补的。”苦禅先生还说：“中国的泼墨写意则是绵里藏针，决不以生硬霸悍为目标。”所谓“绵里藏针”，即是柔中见刚，即苏轼所说：“端庄杂流丽，刚健含婀娜。”刚出于柔，于柔中见刚，谓之真刚、内健，骨与肉兼备。否则，刚而霸，锋芒太露，柔而弱，轻飘无力，皆不得写意用笔要领。阴阳、刚柔、动静两个不同的侧面，在对立中统一，又在相互作用中不断地运动、变化、相生、相成，正如《系辞上》所说：“刚柔相推而生变化。”“刚柔相摩，八卦相荡，鼓之以雷霆，润之以风雨，日月运行，一寒一暑，乾道成男，坤道成女。”一切都在“相推”、“相摩”、“相荡”中，易易相生，生生不息。这“易”——转易相生、变化无穷，即是《周易》的精髓所在。苦禅先生曾对我说：“以易入画，就是要以阴阳相生、刚柔相摩入画，既在变化中求其‘和’——协调统一，又在运动中求其‘神’——变化莫测。”先生以易入画，就是要表现生命、表现生命的律动，故有人称赞他的画是易学精神的赞歌，是生命韵律的状态诗。

3. 立象尽意。《周易·系辞上》说：

子曰：“书不尽言，言不尽意。”然则圣人之意，其不可见乎？子曰：“圣人立象以尽意，设卦以尽情伪，系辞焉以尽其言，变而通之以尽利，鼓之舞之以尽神。”

《周易》认为“言不尽意”，“立象”以“尽意”。其所立之“象”包括了“言”，而又不局限于“言”，它创符号形象以为象征，用以表达语言所不能尽述的深意以及事物的内部变化规律。《周易·系辞下》又说：

古者包牺氏之王天下也，仰则观象于天，俯则观法于地，观鸟兽之文与地之宜，近取诸身，远取诸物，于是始作八卦，以通神明之德，以类万物之情。

这里揭示了：古人创立八卦的过程即是观物取象的过程。苦禅先生认为《周易》所言“立象尽意”与“观物取象”虽然不是讲的艺术创作，但对艺术形象创作的启发是巨大的：（1）言不尽意，立象以尽意——创造艺术形象的目的即在于写意与尽意。（2）观物取象，说明“易象”的创立不是主观的臆想，而是对天地万物仰观俯察、提炼概括的结果。那艺术形象的创造，自然也就需要“外师造化，中得心源”，依照美的规律以意摄象，以意运化，既不追寻极目所知的“表象”，亦不妄生非目所视的“抽象”，而是只求以意为之的“意象”。

苦禅先生对“意象”的阐述，显然源自于他对《周易》的深入研究与理解。绘画艺术史上对“意象”一题著文者亦颇多，但能像他把“表象”、“抽象”、“意象”三者并论者实为罕见；不仅是三者并论，而且是深入浅出地阐述了中国画创造艺术形象美的独到境界。苦禅先生所阐述的“意象”，既非纯客观的“表象”，亦非纯主观的“抽象”，而是天人合一、主客合一、突出中华美学写意精神的、以意为之的“意象”。故此“意”，绝非盲目的“任意”、无知的“随意”，而是在主客、物我、情景交融过程中“囊括万殊”的概括与“裁成一相”的提炼，它所蕴含的是以少胜多，假象喻意，他所强调的是写境传神，是表现画家高尚的情怀、气度、人格与修养。

4. 变化入神。《周易》中提出了所谓“神”的观念：

通变之谓事，阴阳不测之谓神。（《系辞上》）

神也者，妙万物而为言者也。（《说卦》）

范围天地之化而不过，曲成万物而不遗，通乎昼夜之道而知，故神无方而易无体。（《系辞上》）

苦禅先生认为：《周易》所说的“神”，是指事物的变化没有一种固定的格式，它应时而动，应时而变，“唯变所适”，这对指导艺术创作是颇有深义的。中国写意画，虽然也讲究一定的程式，但在程式的运用中，却是千变万化，神秘莫测的。而且常常是画家事先根本无法预料的，一切皆随缘迹化，应运而生。孙过庭《书谱》中说得好：“一画之间，变起伏于峰杪；一点之内，殊衄挫于毫芒。”这点与画——用笔过程中的“衄挫”、“起伏”如何能作出事先的规定呢？一切均应随机应变，唯变而适。那如何才是适度呢？这与各人的悟性及悟性所达到的境界有关。悟性高者，其笔下所展示的神妙变化即高；反之，则低。用笔、用墨、用色、用水，乃至构思、布势与造境，皆与此“神”有着十分密切的关系。苦禅先生非常强调将“神”化入到创作的每个具体环节之中，故其艺术作品所展示给我们的，是生机勃勃，是气韵生动，是随缘迹化，是神妙自然。“神”既表达了创作活动的自由性，又表达了它的规律性；它虽是变化莫测，但又是合于“道”的，“和顺于道德而理于义”的。故在它的主导下所创造出的作品，仿若自然天成，常被世人称之为“神品”。

5. 自强不息与厚德载物。苦禅先生一直以《周易》的“天行健，君子以自强不息”与“地势坤，君子以厚德载物”作为自己终生做人与治学的座右铭。直到他生命的最后时日——1983年6月10日下午，他还深情地抚摸着《周易》，对儿子李燕说：“燕，现在总觉得又发现了一个高深的新境界，要是再活二十年，哪怕十年，笔下一定会有一个大变化……还有好多书没读完，还有两大摞丈二匹没有画完，总觉得画画是小道，人生哲理，先贤的哲理，才是大道。《易经》……高啊！‘天行健，君子以自强不息’……还得往前赶啊！”易学的精神，多么高尚的精神啊！他锲而不舍，勤学不止，直到生命的最后时刻，他想到的仍是“自强不息”，是先贤们的哲理大道，是为时代创造更好的艺术，是为祖国做出更多的奉献。他带走了昨日曾经的苦难，他为后人留下了终生所创造的“真善美”的艺术，这正是一位艺术大师“厚德载物”精神及爱祖国、爱民族精神的最好展示。

（三）国剧。苦禅先生的画与戏结下了不解之缘，他以戏悟画，以戏解画，以戏入画，他的画从神韵、意境乃至造型上都吸取了许多戏曲的元素，前文已有专门的评析，此处不再赘述。

（四）国术。苦禅先生自青少年时期在体育老师屠月三的辅导下即开始了习练武术，后来他又相继结识了武术名家王子平、王芗斋等，在他们的指导与影响下，他受益良多。由于习武，他不仅练出了好的身体，而且练出了坚强的意志。他一生中经历了那么多的波折与苦难（甚至是生与死的），如果没有一个强健的体魄，恐怕李苦禅的名字早已不复存在。因此我们说，这武术在苦禅先生多灾多难的一生中，是任何其他部分都无法代替的。它除了帮助苦禅先生渡过一道又一道难关之外，而且从某些特殊的角度，还深化了他对艺术的理解与领悟。他认为：

1. 武术何止与画理相通，与戏理、文理、兵法之理、治国之理，乃至宇宙之理皆通。

2. 文极而武，武极而文。他说："中国文明屹立于世界，不胜枚举。仅文武之道可见一斑。中国是文极而武，武极而文。你看作画作书本是文化，高者却不斯文，庄子笔下的画家'解衣盘礴'；至唐张旭，兴至时以头发代笔作狂草；张璪'笔飞墨喷'；怀素则'忽然绝叫三五声，满壁纵横千万字'，皆文极似武之意也。再看武术，本当动则有声，闪展腾挪，练高了，反倒文静之至。如太极、八卦形意，摸鱼、转磨、站桩，形似无力，倘应手对敌，（能将对方）发出若干尺远，尚不知如何掷出的。再高了，则全练养功夫，淡泊无争，非特殊境遇逼之打擂、自卫，平日则了无武人神态。吾友意拳高手王芗斋先生即如此。此武极而文之意也。"文与武不仅相通，而且文达到了极致，则表现为武，武达到了极致又表现为文。

3. 用笔如同国术。他说："我体会用笔如同国术：走如风，站如钉。像那太极拳一样的行云流水，重气韵。任何地方不要太露太突出，要含蓄，云行泉流，不紧不慢。行笔不可剑拔弩张，要以意先笔，如同太极拳以意领力，柔中见刚。"苦禅先生于此，以国术之理解画，讲得既形象又深刻，对中国画的用笔作了十分精到的阐述。他认为唯有像太极拳那样"以意领力，柔中见刚"，方能做到"如风如钉"，如"行云流水"，"含蓄"而有"韵致"。

4. 天籁之美，归于化境。苦禅先生说"追求自自然然归于化境……给人天籁之美的怡然享受，正如写意大师八大山人的行笔仿佛不思不勉中得之，却恰如‘绵里藏针’；或云写意笔墨之中有一番‘内家拳’的‘太极气’。‘形意拳’大师王芗斋先生说：‘形不破体，力不露尖’，即近此意。”他十分赞赏写意笔墨中有一番“内家拳”的“太极气”，此气充溢，画家的行笔方能于“不思不勉”中得之，方能臻至“形不破体，力不露尖”的境界——“自自然然归于化境”的“天籁之美”的境界。

第五，艺术成就。

（一）绘画风格：苦禅先生人艺交融，学贯中西，文武兼备，将绘画、书法与国学、国剧、国术五者融为一体，他的绘画风格表现为雄浑、大气、豪放、朴厚，具有阳刚壮美的美学特征。

（二）绘画特点：从大处运意，从大处落笔，从大处造境，将意象美、笔触美、墨韵美与境界美融为一体。

（三）大黑鸟形象，超迈古今。苦禅先生兼擅花鸟、山水与人物，尤长于写意花鸟。他于写意花鸟广泛涉及禽鸟、花草、蔬果及鱼蟹诸类，其中尤擅被他称之为“大黑鸟”的雄鹰、苍鹭、渔鹰等，体形小者如鸡鸭、喜鹊及麻雀，亦有大者气象。他笔下的禽鸟皆展示出一种大气与阳刚之气，这在中国写意画坛上是独树一帜的。

（四）鸿篇巨制，前无古人。苦禅先生于83、84岁高龄先后创作了《劲节图》与《盛夏图》两件有史以来最大的写意花鸟画。其幅面大，气魄大，境界亦大，堪称前无古人，今无来者。大画要能做到致广大而尽精微，大处显其气魄，细处显其精妙，这是相当不易的。苦禅先生经过一系列大画创作的积累，作出了如下总结：

1. 大画要稳敬靖微，不可任气。任气则智昏，顾不到整幅。

2. 笔墨皆用笔法出之，要以笔墨充实。既不干，复不可漶。大幅如小幅之全备。

3. 大画要痛快沉着，笔宜方圆并施，墨宜混沌变化。要以谨严猛勇施笔墨，不可犹豫胆怯也。

4. 大画要生动委婉，画致如小卷、册页然。不可太直板、粗笨呈狂野也。

第六，理论建构。

苦禅先生在书画美学理论上所提出的许多独到的见解，不仅是他本人艺术创作经验的总结，而且也极大地丰富了民族绘画的美学体系。故将其归纳如下以裨益后人：

（一）人画合一。他主张："必先有人格尔后才有画格，人无品格下笔无方。""所谓人格，爱国第一。""临大节而不可夺也。"他将人格、爱国与大节皆融于笔下，他要继我传统，振我国威，扬我民族文化精神。

（二）与天同契。他从《周易》"天人合一"说出发，提出了"与天同契"说。《周易》将"天人合一"作为宇宙的一个重要规律加以阐述，而苦禅先生则更强调了艺术家的主观能动性：艺术家欲创造出优秀的艺术品，必须积极主动地以天地为师，与天地契合。而在"契合"的过程中，自然会达到苏东坡所说："厌于人意"、"合于天造"的境界，达到庄子的"天籁"境界。

（三）书画一体。古人提出："书画同源"。但源虽同，流已分，形成了书与画两门艺术。苦禅先生非常具体地提出了："书至画为高度，画至书为极则。"遂使书与画虽分更合，融为一体。他特别强调以书入画——"写"的过程以及写的过程中所产生的笔触美、墨彩美和气韵美，他十分独到地提出了将"过程美"与"结果美"融为一体，将"空间艺术"与"时间艺术"融为一体。

（四）写生自然。他认为："师造化固然是以陶冶其中以求潜移默化为要，但初步入手的最佳方法当属写生。""一定要在大自然里画自己的稿子，表达自己的意思，创自己的法子。”“自己的速写就是自己最好的画谱。”他认为“写生”是“师造化”、“创己法”、“走我路”的“最佳方法”。

（五）倾心“意象”。他经过自己反复不断的实践及对美学哲学长期深入的研究，提出了著名的“意象”说：他反对仅追求“表象”，妄生“抽象”，唯求“以意为之”的“意象”。此“意象”，是画家在“与天同契”的创作过程中，“以神取形，以意合形”；故其“最后终能做到形神兼备，言简意赅”。

（六）“抛去实际愈远，所要者亦愈近。”苦禅先生与“实际”的关系是既近又远，由近及远。近者是要认识、熟知“实际”；远者，

《鸡声茅店月》——鸡声茅店月，人跡板桥霜。癸丑夏六月，苦禅。1983年

是要抛去“实际”之枝节表象，求其势，求其质，求其魂。如此，即能愈来愈接近“所要者”、“所理想者”——亦即艺术“真善美”之创造。前文对此论点曾做过重点阐述，此处从略。

（七）“笔不工而心恭，笔不周而意周。”苦禅先生非常强调笔墨的功夫及笔墨的运用，但与此同时他更强调的则是心手双畅与笔意相依。他认为优秀的书画艺术家应以心搦管，以意领笔，笔虽放纵不工，其用心却十分恭谨；笔虽不到不周，其笔意却含蓄隽永，丰厚无遗。让审美主体在欣赏过程中能充分感受到：其笔墨虽不工即工也，虽不周即周也，虽不到即到也，笔有尽而意无穷。所谓“心恭意周”者，即先生所言“含蓄”之义——“清秀其中，浑拙其外。严谨其内，宽舒其表。”

（八）“孔老境界，与狂无缘。”苦禅先生曾说：“狂，不招人爱；可有两种：一是无知的狂。一是学问大了的狂，太白即是后者。不过，到了孔子与老子的境界上就与狂无缘了。那是很难体会的！”（李燕《李苦禅画师谈艺》）苦禅先生经常说到的：于“不思不勉”、“不激不励”、“有无双遣”中得之，“柔中见刚”，“稳敬靖微”，“观于象外，得之寰中”，“与天同契”，便是此种境界。这种境界以“形而下”之图示“形而上”之神，是“大象无形”、“大音希声”、“不黏着于相”、“有大美而不言”的境界。

（九）“倘欲画高，四重修养。”苦禅先生说：“写意画是高度的画，它最强调悟性：越到后来，想得越多而下笔越少。这是很高的艺术要求，虽需慢慢去体会，但从一开始就要留意各方面的修养条件。若这些条件不具备，老来画也高不上去。因此，万万不可只顾画画而胸无点墨。”又说：“中国文明最高者尚不在画，画之上有书法，书法之上有诗词，诗词之上有音乐，音乐之上有中国先贤的哲理，那是老庄、禅、易、儒。故倘欲画高，当有以上四重之修养才能高。而了无中国文明自尊心者与此无缘，勿与论！”有民族文化自尊者，必能沉心传统，不负先辈，古为今用，洋为中用，为开拓中华文化的宏伟大业作出杰出的贡献。

第七，教育事业。

苦禅先生终生从事教育事业，他执教60年，为国家培养了大量优秀的人才，被誉为“人民美术教育家”。（详见下篇）

第八，社会影响。

从20世纪的二三十年代——五六十年代——七八十年代——先生辞世以后，虽然中间出现过一段波折，但总的说来苦禅先生的社会影响是不断上升的。著名学者王森然早在1935年就曾在他的《苦禅画集·序》中写道：“苦禅年未及三十，已卓然成家。”又道：“白石先生谓英也过我……推崇备至。诚挽近来艺坛不可多得之杰才。”到20世纪七八十年代，“四人帮”被粉碎后他迎来了祖国发展的盛世，同时也步入了自己书画艺术发展的高峰期。请看：

1972年至1974年，周总理指示抽调一批国画家为宾馆和使馆作陈列画，苦禅先生三年为国家义务作画三百余件。

1974年，77岁，被“四人帮”打成“黑画家”，又遭批斗。

1976年，79岁，粉碎“四人帮”后，恢复名誉与教授职务，绘《红梅怒放》、《芳溢寰宇》、《晴雪》以抒发喜悦之情。

1977年，80岁，当选中国美术家协会理事，义务为文化部中国画创作组作画200余幅。

1979年，82岁，为人民大会堂作巨幅《松鹰图》和《盛夏图》。

1980年，83岁，为人民大会堂西藏厅作巨幅《墨竹劲节图》。

任全国政协委员（特邀）。

参加《中国花鸟画》和《苦禅画鹰》两部科教影片的拍

摄。

12月6日赴香港举办“李苦禅、李燕父子书画展”，并在香港讲学。

《李苦禅画集》，他的第一本大型画集由上海人民美术出版社出版。

1981年，84岁，被选为“中国画研究院”委员。

参加教学片《苦禅写意》的拍摄，完成巨幅国画《盛夏图》。

《李苦禅画集》由山东人民出版社出版，曹禺作序。

1982年，85岁，赴深圳、珠海、广州、苏州等地参观或讲学，曾先后在广州、蛇口分别题词：“人杰地灵，振兴有望”及“振兴中华，由南启北”。

1983年，86岁，中国美术家协会、美协北京分会及中央美术学院在北京饭店举办大型茶话会，庆祝老人86岁寿辰，并祝贺其从事美术教育工作60年。首都美术界和其他各界人士100多人出席了会议。会上老人感激落泪，发出了“再画二十年”的豪言壮语。

6月8日，应邀为日本长崎孔庙书写仪门对联：“至圣无域泽天下，盛德有范垂人间。”写了两份，深感满意，嘱李燕，一份赠日本，一份留中国。

6月11日凌晨1时，心脏病猝发逝世，党和国家领导人同首都文艺界在北京政协礼堂沉痛悼念中国当代杰出的书画艺术大师李苦禅教授。

苦禅先生辞世后，他的各种画选、画集、介绍研究他的传略、文章、专著以及电视教学片数十余种相继发行出版。为纪念他所举办的各种类型的画展，在全国各地也是连续不断。特别令社会各界关注的是：1993年在中国美术馆举办的“李苦禅艺术展”、“李苦禅艺术研讨会”以及1994年由人民出版社结集出版的《李苦禅纪念文集》。著名美术评论家孙美兰、刘龙庭、李树生、李松、刘曦林等认为：李苦禅先生的作品绝不是玩弄笔墨抒发个人哀伤的文人画，他几乎所有的作品都洋溢着阳刚之气，即使在他政治上受到不公正待遇的时候，他的画面中依然是泼泼辣辣的浓厚的乡土气息，充满了无限生机。这次研讨会对李苦禅艺术作了重新认识与重新评价，充分肯定了他国画大师的艺术地位。1999年“纪念李苦禅诞辰百年展”、“李苦禅诞辰百年纪念座谈会”，在京举行；同年冬，10集电视片《爱国艺术家苦禅大师》摄制完成以光盘公开发行，并分别于中央台和北京台播放，在全国观众中引起了强烈的反响。2000年，接着又在山东台、安徽台、河北台、江苏台、厦门台和山西台陆续播放。这都反映了苦禅先生作品中所具有的巨大的艺术魅力及其艺术在广大群众中所产生的深远影响。

李苦禅先生大写意花鸟画所取得的艺术成就，与他所敬佩的几位写意画大师——徐渭、八大、石涛、吴昌硕和齐白石是可以相比肩的，是毫不逊色的，特别在阳刚大气与壮美的风格上，则更显得尤为突出。苦禅先生是继他们之后的又一位写意画大师，他的伟大之处，在于他是从一位农民的儿子、车夫成长起来的艺术巨匠。他不仅具有劳动人民的本色，而且又具备深厚的优秀传统文化及西方文化的功底；他不仅具有强烈的爱国主义精神，又具备高尚文人民族正气的浩然情怀；故他的人生虽含辛茹苦，却仍纯真向善；他的艺术虽饱经沧桑，却依然展示着心灵深处吞吐宇宙的豪情和与万物共春的气魄。曹禺在《李苦禅画集·序》的末尾写道：“歌德曾引过一句拉丁诗：‘人生短促，艺术长存。’我知道这并不是说任何艺术，而是人民所肯定的艺术。苦禅老人的画就是这样的艺术。”

他的人品与艺品，将与世长存，将永远载入中华民族艺术的伟大史册。

六十叟
苦禅

下篇

传道授业，桃李满天下

——李苦禅的教育践行

苦禅先生在其六十年的教育生涯中一直奉行着孔子的教育思想——『诲人不倦』与『有教无类』（《论语·述而》第七《论语·卫灵公》第十五），他认为：作为一位艺术家应该同时是一位教育家，唯有通过教育，才能使中华民族艺术代代相传并发扬光大。自己所学的知识应属于全社会，应毫无保留地传授给一切愿意承传艺术的学生。此正所谓：『人能弘道，非道弘人。』（《论语·卫灵公》第十五）

言传身教 教书育人

李苦禅先生的一生，在不停地从事着艺术创作，也在不停地从事着艺术教育。经不懈努力，他不仅攀上了一个时代艺术的高峰，而且获得了作为一名教师的最为光荣的称号——人民美术教育家。

1983年1月16日在北京饭店的一间会议厅里，首都美术界及其他方面人士100多人，举办大型茶话会，庆祝老人86岁寿辰，并祝贺他从事美术教育60年。会上，苦禅老人激动不已，他说："我一个拉洋车出身的人，教书、画画，却受到如此重视……"刚说了两句，已是老泪纵横，再也说不下去了，只得由其子李燕代读发言稿。最后他充满激情地说："为振兴中华，我要再画二十年的画！"真是"老骥伏枥，志在千里"啊！老人已为振兴中华奋斗了60年，虽至86岁高龄，他仍是豪气凌云，壮心不已！

60年的教育生涯，苦禅先生培养了一大批优秀的美术人才，可谓桃李满天下。凡是受教于苦禅先生门下的学生，每当回忆起老师的教学往事时，无不跷起大拇指说："天下难得的好老师哪！""一代师表啊！"苦禅先生为什么能受到学生如此高的赞誉呢？他在"言传身教，教书育人"方面究竟有哪些突出的表现呢？

苦禅先生每教一个班或一届学生，他的第一节课，首先要传授的内容不是技法与技巧，而是人格、人品、做人与立人。他常对学生说："当一个画家，首先要当爱国的人，爱人民的人，乐于助人的人。"他不仅作如是说，而且自己身体力行。请看：

第一，急人之难，解囊相助。学生中有因家庭生活困难缴不上学费者，苦禅先生常常解囊相助。台湾故宫博物院前副院长李霖灿曾是当年杭州艺专的一位穷学生，在忆及往事时，他曾这样写道：

那时间我因穷，一面学画一面在做家教，言明在学期末一定会把学费缴清。会计室因为我是老学生了，特准许可通融。可是等我集够了钱去补缴学费时，会计主任侯慕彝先生却告诉我，李苦禅教授已代为缴过，且把他写的条子特意拿出来给我看。那劲道的笔迹上面写着——学生李霖灿的学费，在他薪水项下扣除。字句明明白白，我却一时间一头雾水摸不着头脑。

原来李苦禅老师最“爱管闲事”，这大约和他的行侠仗义有点关系。在一次和河南同学的谈话之中，有人把我迄今未能缴清学费的困况告诉了他。他一语不发，回去就写了这张条子，帮一个穷苦学生度过了一个最寒冽的年关。那时候“作难”就叫做“过年”，若没有苦禅老师的拔刀相助，我无疑就要受到学籍上的处分。

像李霖灿这样受过苦禅先生救助的穷苦学生还有不少，苦禅先生晚年时曾接到美国寄来的一封信，内容也是对老师曾经给予的无私帮助表示衷心感谢，当有人问起学生姓名时，他哂然一笑说道：“小事一桩，无需记在心上。听他说工作与生活一切都好，我很高兴！”先生从来就是这样“施人慎勿念”，能帮助学生走出生活的困境，学习顺利，事业有成，就是自己的最大心愿。

先生晚年时的研究生詹庚西，毕业后找不到工作，先生留他住了半年多，同时帮他谋求工作。先生当时发了两次病，住进301医院，兜里却还一直揣着学生的简历，准备碰到合适的领导以为推荐。直到先生逝世，兜里仍装着自己亲笔书写的对学生的推荐评语：“詹庚西品学兼优……”他念念不忘要为自己的学生找到工作。后来当詹庚西拿到这份“评语”时，禁不住流下激动的热泪：“可以说，这是我一辈子，先生对我的恩情留下的纪念。”

第二，救人之危，爱国爱生。苦禅先生在杭州艺专任教时，学生们不仅把他当作学习艺术的良师，而且把他作为革命道路上的益友。杭艺当时是一所被称为“民主堡垒”的学校，有许多爱国进步的青年学生来此求学。1929年，校内成立了进步艺术团体“一八艺社”。1930年苦禅先生来到学校后，他对这批学生有着非常深厚的感情，其中为大家所熟悉的，像沈福文、曹白、力群、胡一川等。他们常去苦禅先生家聚会，甚至国民党追捕他们时，先生的家也成了他们的避难所。当时“一八艺社”的一些成员为了躲避特务耳目，常在苦禅先生家研究工作，把装有抗日救国印刷品的皮箱藏在他家，学生们认为他是一位有正义感的爱国教授，值得信赖。林风眠先生曾对著名油画家肖峰说过：“当时在这个学校（杭州艺专）里，能够讲话的，像苦禅先生，他在艺术上有影响、有成就，同时呢，他是山东大汉，敢于说话，为同学们伸张正义。”（据肖峰回忆《爱国艺术家苦禅大师》）广州美术学院原院长胡一川回忆艺专往事时非常激动，他说他们那些同学，当时能活下来，能够从事艺术，忘不了当时的很多前辈教育家的帮助，其中对苦禅先生更是倍加赞扬。

苦禅先生一方面利用课堂，借讲解历史人物、历代名画的机会，向同学们灌输爱国思想，同时也竭尽全力支持进步学生的一切爱国行动。一天晚上，他发现一伙鬼鬼祟祟的不速之客直奔学生宿舍区，待到一个房间门口，他们便破门蜂拥而入。里面果然坐着一群学生，约摸一二十人。苦禅先生一直尾随其后，见学生已陷入窘危之境，如不赶快想个办法救护他们，恐怕无法逃脱被拘捕的厄运。他灵机一动，急中生智，便咳嗽一声大摇大摆地走进房间，十分从容地对学生们说：“同学们，很对不起，答应给你们补课，有事耽误了一会，让你们久等了……”这里果然是房士圣、宋步云等进步学生在商量如何进行抗日宣传和投身抗日运动之事。便衣特务突然冲进房间，正当他们不知所措之际，苦禅先生出现了，他那机智的话语化解了他们所面临的险境，他们以感激而惊喜的目光望着他，并赶快调整心态以十分随意的答语与老师呼应。

苦禅先生不理会特务们对学生们所携带书本等物的继续搜查，便开始他的讲课：“同学们，先补讲一下上次课未及讲到

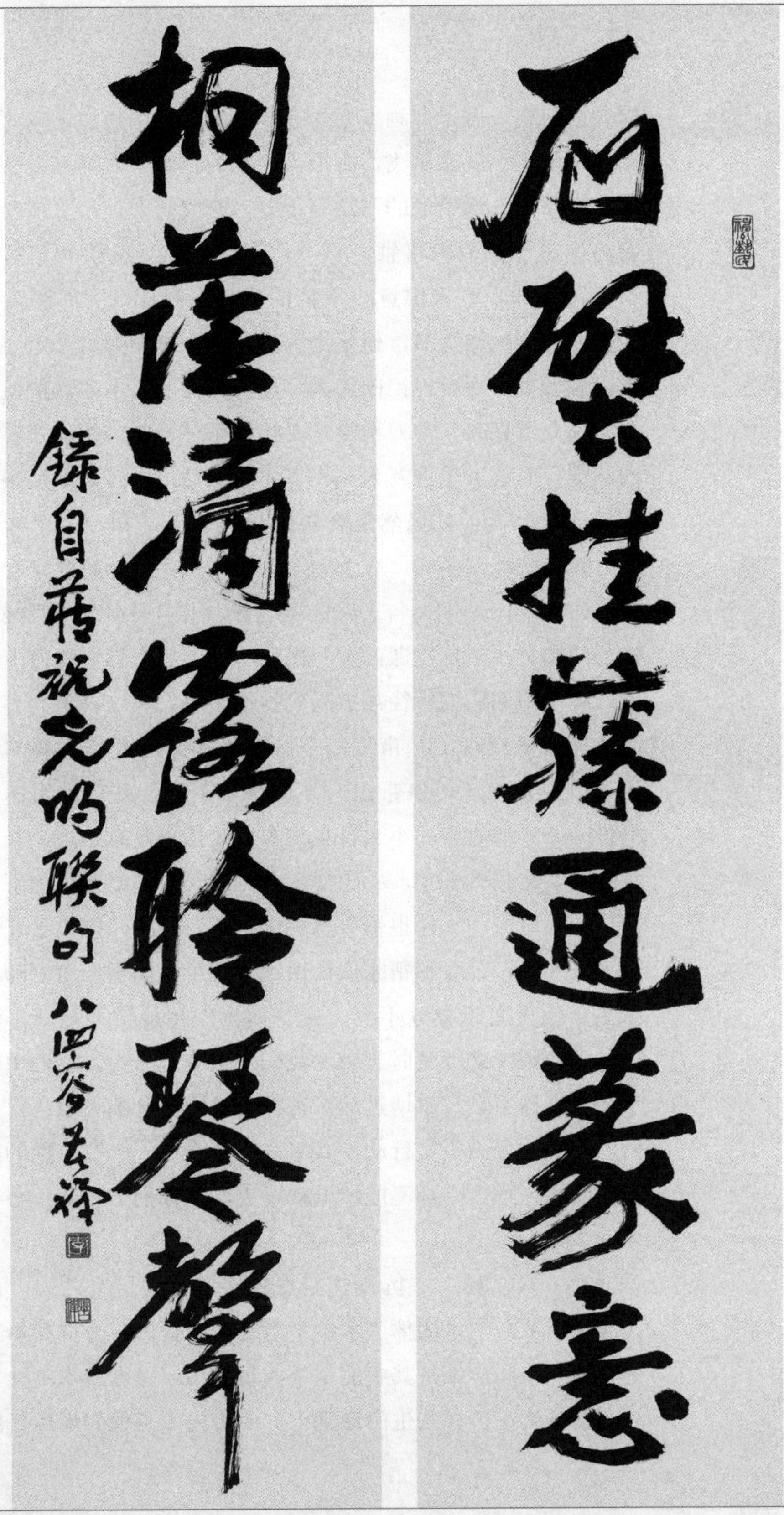

《石壁挂藤》——石壁挂藤通篆意，桐荫滴露聆琴声。录自藏祝允明联句，八四叟苦禅。1983年

的人格问题，做一个画家要先有高尚的人格，他的艺术才能为世人所推重。就以岳飞、秦桧为例，为什么人人都喜爱岳飞的书法作品呢？除了他的书法写得好，有气魄之外，更重要的是因为他是一位爱国将领，是一位民族英雄。秦桧的字写得也不错，但却没有人愿意收藏他的作品，为什么呢？因为他卖国，他没有民族气节，他是个大奸臣！同学们哪，一定要学岳飞，做一个热爱自己祖国的人，这样你们的艺术才有价值，才能为民众所喜爱。千万不能学秦桧，杀害爱国将领，残害自己的同胞，而留下千古骂名……”先生的话，正好切中那帮家伙心怀的鬼胎，他们虽然还在不停地搜查着，却一个个如坐针毡，颇有些惴惴不安。有个胆子大的家伙，居然想要查看苦禅先生的书本，先生无名之火直往上冒，大喝一声：“且慢！你们夜闯校舍，干扰授课，置‘民权’于不顾，你们受何上司差遣？就不怕你们的行径被披露到报纸上吗？我这书里夹有一幅尚未完成的画稿，是市里一位头面人物家老太爷索要的，你们可以搜查，还可以带走，不过得留下张便条，讲明你们的身份……”便衣中的小头目见兄弟们的搜查没有结果，又听先生的一番话颇有来头，心中便生几分胆怯；其他几个部下已被镇住，不敢再动，他也怕事态扩大，不好收场，便说了几句略微客气的话，带着那帮家伙怏怏地离开了。同学们对老师在大家生命攸关之际临危不惧、挺身而出的精神赞不绝口，他们说：“若不是老师及时赶到，我们恐怕难逃一劫，我们中的同学又要被捕了。”事情过后，苦禅先生一再叮嘱大家：“同学们，你们的爱国正义行动，我坚决支持。每一个有血性的中国人在民族存亡之际都不应该无动于衷，但你们一定要小心行事才好！”

“一八艺社”在杭州艺专点起了革命的星星之火，接着又成立了革命艺术团体“木铃木刻社”，曹白、力群和后来去延安的一些同学都是其中的重要成员。当年“木铃木刻社”成立的会场就在苦禅先生的课堂上，因为先生是他们最信任的教

《连年有余图》 1979年

授，他们觉得这个进步学生组织在先生的课堂上成立是最安全的。著名版画家力群先生回忆往事时说：“1931年至1933年，李苦禅先生是我的国画老师……我当时画了一幅国画叫《乞丐》，李苦禅先生很喜欢我这幅画，就给我在这幅画上题了字：‘朱门酒肉臭，路有饿死骨。’从这幅画上也可以看出李苦禅老师的艺术思想，他是同情穷苦人的。当时我们的老师很多，但是唯有李苦禅老师平易近人，和我们很接近。”

四川美术学院名誉院长沈福文回忆起艺专往事时，深情地写道：“1931年前后，苦禅先生在杭州西湖国立艺专执教，我也在这个学校当学生，那个时期进步学生们公开组织了一个‘一八艺社’，我即是其中的社员。有一天，我把一件突然发生的事，告诉李先生：我已被学校默退。他听罢甚为愤怒，立即展笺提笔，书信给杭州艺专当局，意欲挽回我的学籍，李苦禅先生这种为支持正义而向反动邪恶作斗争的精神，是非常坚定彻底的。尔后他又多次去信给校方，表明态度。据我所知，李苦禅先生当年向当局果断斗争的行为，还有若干事例。这样很容易引来祸殃，但他大义凛然，无所畏惧。果然，校方不久就强行辞退了他的教授工作，我也被开除。于是我继续走我的革命之路，李苦禅先生也昂首回到了北平。”

李苦禅先生为支持进步同学，为伸张正义，曾不顾一切地多次出面与学校当局交涉，即便到最后被“辞退”，他也无怨无悔，他也毫不犹豫地走自己认定的爱国之路。他虽然离开了杭州艺专，但他在学校学生中所产生的影响却是极为深刻的，以至后来入校的学生虽未曾与先生谋面，却在许多有关传说中与先生神交，并愈来愈熟悉先生行侠仗义、爱国爱生的高尚品格。他们还从高年级同学的花鸟作业中，感受到先生强烈的画风——阳刚、雄迈与豪纵。著名版画家彦涵回忆说：“苦禅先生走后，我们的花鸟课由潘天寿先生上，潘先生曾说：‘你们画大写意花鸟，你们就临李苦禅先生的，他现在走了，但他的艺术还在，他是一个大家，他很有气魄。’”潘天寿先生以“一个大家”和“很有气魄”，既赞誉了苦禅先生高贵的人品，又充分肯定了他刚健大气的花鸟画艺术。（以上引文皆引自《爱国艺术家苦禅大师》）

第三，义学传授，面向社会。苦禅先生自幼年起对武训兴办义学之举即十分敬佩。青年时他先后拜师徐悲鸿与齐白石，徐齐二位老师都毫不保留地向他传授知识，特别是后来他经常去齐老师家学画，老师不仅不收取学费，还常常留他吃饭，送他笔墨用具。每当忆及往事时，他都会十分激动地说：“没有二位老师的悉心教诲，无私传授，就没有我的今天。我同样要以二位老师为榜样，把我所学的全部知识传授给我的学生。”先生在校内爱生如子，尽心尽职自不必说，对校外大量的美术爱好者，他也是满腔热忱，有求必应。他的家即是他“义学”传授的课堂，只要他校内无课，求学者可随时登他家门，求学求教，他都热情接待，一一指点，挥毫讲解。求学者多时，屋内几无插足之地，他的家人亦不得不离开房间，坐于院中。来求教的学生年龄不一，职业不一，国籍亦不一。有大中学生，中小学教师、知识青年、普通工人、国家干部，还有外国友人，他的家真成了一个面向社会的大课堂，只要是因为热爱中国书画艺术，先生都以一颗坦诚的心，无私的心，欢迎他们的到来。

当时北大的一位在校学生，遇苦禅先生去北大讲学而拜为老师，此后便常去先生家请教。他大约有一百多幅画稿，都留下了当年老师珍贵的批改与题跋。先生见他生活困难，还常常赠以各种书画材料与工具。

一位北师大的学生喜爱美术，但因家庭经济收入低微，无力报考中央美院，只好报考师范（当时师范学生是国家供给制）。苦禅先生也将他收为门下，并鼓励他说：“人不怕穷，我也是从穷日子、苦日子过来的，我还拉过洋车，你一定要很好地学习，有什么困难都要尽量克服，将来一定能成功的。”

这位学生在先生的鼓励下不仅刻苦学习，而且在艺术上取得了不断的进展。

一位山东学生适逢苦禅先生前往济南讲学，便带一卷画前往宾馆拜见，先生不仅没有一点教授架子，还非常热情地接待了这位好学的、素不相识的年轻人。先生耐心地对学生的画做出评讲，指出了改进的方法，还告诉了他联系的地址。此学生后来经常以书信向先生请教，先生也常寄赠他一些画册、字帖和自己的亲笔作品。

一位长期跟随先生学画的学生说，先生就像一位家长，一位慈祥的老人。面对磨难，面对风浪，他是一个钢铁汉子，但对自己的学生，却非常和善，非常慈祥。一事当前他总是先想别人，想到学生，想到穷苦的人。这位学生曾受一农民画家之托，将其所画写意画稿带给先生批改指正，结果先生对五十几张画全写下了题跋：每一幅上的题跋，都是一段针对性极强的画论。那位农民画家虽未得到先生面授，却获得了一份极为丰厚的函授教材。

苦禅先生对学生一视同仁，无疏无密，都是一个“爱”字，真诚的爱，无私的爱。见过面的，没见过面的，身边的，或是远隔千里之外的，他都一样传授；本国的，外国的，他也同等相待。记得1961年暑假，一次我去先生家求教，适逢两位非洲留学生也去求学中国画。这两个学生的名字我记不清了，他们是来华学习汉语的，同时对中国的大写意花鸟十分喜爱，便慕名到苦禅先生家求学国画。我到先生家时，先生正在为他们演示画鹰的方法，边画边讲，讲时还不断强调要注意的问题。我记得，两位留学生还向先生提出了两个问题：一个是先生笔下的鹰为什么和动物园所见到的鹰不一样，一个是先生画的过程像不假思索，结果却恰到好处，而且不打草稿，为什么如此奇妙。先生作了十分简洁的回答，他说：“既然是艺术就应该高于生活，而不是生活的摹写。我的鹰已将鹫、雕、鹰、隼融为一体。我着意显示其神魄，以象征一种英雄的形象。此既非生活之‘表象’，亦非心中妄生之‘抽象’，而是‘以意为之’的‘意象’。至于‘不打草稿’，看似不打，实则早已打过千万次。我年轻时，写生本从不离手，看尽万物打草稿，早已‘成稿’在胸，故画时可信笔画成。你们很年轻，只要经过反复不断的实践，将来一定会成功的。”先生对两位外国留学生的示范、讲解，非常耐心。他绝不因外国人对中国画知之甚少，而忽视他们。相反，他觉得他应借此机会讲得更多一点，以加强国家间的文化交流，以使外国朋友越来越深入地认识并热爱中国艺术。先生以一颗火热的、真诚的赤子之心，对待民族文化与艺术，对待周围一切渴求艺术的朋友与学生。这在所有艺术家当中，是十分难能可贵的。先生以如此热情倾注于艺术教育，学生们称赞他像武训一样在兴办“义学”，进行社会性的义务教育。我觉得先生之“义学”具有如下几个方面的特点：

1. 有学无校，有课无堂。有上学的学生，有授课的老师，但没有校院与教室，如果说有，那即是先生的居室。

2. 面向社会，愿者可学。不管是在职、不在职，在校、不在校，本国人抑或外国人，只要愿意学、想学，都可来学。

3. 面授函授，形式不拘。平时节假，随时可来。而且是来者不拒，来者可学。

4. 不收学费，但求育才。有的学生常说，以后一定要报答老师，老师的回答是“学好画即是对老师的报答”。

5. 学有困难，竭诚相助。他常常赠学生以书画工具材料等物。

6. 教人传艺，尽心尽责。先生以“传道、授业、解惑”为己任。

就这样，先生于校外也培养了大批优秀的美术人才。

第四，有教无类，因材施教。社会各界求学者水平各异，参差不齐，苦禅先生却从来没有将水平低者拒之门外。他依据孔子“有教无类”的教学准则，对层次不同的学生采取不同的教学方法“因材施教”。对尚未进入美术殿堂的初学者，他也是循循善诱，从启蒙抓起。先生曾对我讲过这样一件事：

一位外地的农民青年带着一卷画找到先生住处，先生见他一脸憨厚之气，让他先坐下喝茶歇息。先生打开学生的画稿，见多类儿童画。那学生说，小学毕业后，父母再无力供他继续升学，他便开始一边劳动，一边自学绘画。先生知他家庭生活困难，也像自己小时候一样穷苦，很是同情。先生便以十分浅显的语言给他讲解中国画的特征及学习中国画的基本方法。先生要求他从书法入手，慢慢再临习芥子园配合写生，这样逐步深化。学生临走时，先生送他一本字帖一本画册，还给了他回家的路费。

著名表演艺术家蓝天野，年轻时曾学过绘画，后来改行演戏。但对美术的兴趣仍然不减，想利用业余时间提高自己的动手能力与欣赏能力。他在一篇文章中这样写道：“自然，李先生的画使我动心着迷，是我产生这念头的直接缘由。回想起来，那时对绘画所知实在太幼稚了，但先生身为一代宗师，却不弃陋质，简直就如对一愚钝孩童般，开始给我讲解、指导，并提笔示范。几十年了，忆及当时情景，真是既愧又喜，我一直把初识先生的这一天当作我习中国画的启蒙课。记得先生顺手拿起一张不是宣纸的纸，边画边讲解，画了荷花又画鹰，耐心地告诉我，这是抓兔子的鹰，和雕、鹫等有什么区别等等。自此，我就愈加兴奋感激，常常画上几张，过些日子拿去请先生指点，当时涂抹得自然不成样子，先生却每次都一如平日那样乐呵呵随意为我讲解，有时还给我补上几笔。搁一段时间，还抽出我一张习作，题上几个字，叮嘱我：‘每过些日子，留起一两张，前后对照看看，就可以感觉自己进步了没有，能增加实际体会。’先生对一个幼稚的后进如此热忱鼓励，使我确也感觉自己略有进步。”（蓝天野《含悲抱愧忆苦老》）

著名书画家王乃壮原来是学油画的，并以为油画远远“胜过国画”。后来在一次拜访苦禅先生的过程中，他的观点发生了根本性的变化。他在一篇悼念苦禅先生的文章中写道：“初见苦老就感到老人家没有一点架子，诚挚和蔼，他在指点完允冲的作业后，转而看了我带去的一些不成体统的水墨习作。说来惭愧，美院初期，学校有一股轻视国画的歪风，而我又是学油画的，受了这股歪风影响，也轻视国画。误以为油画写实远远‘胜过’国画，其实是一种愚昧无知。苦老看完我的作业，并没有提出任何看法，只是转身在书架上抽出一本魏碑《吊比干》原拓给我，并指点我说，字写不好是难于画好国画的，因为国画乃需由书入画。短短两句话竟影响了我大半辈子。就这样我不但从此由油画转入了国画，同时也迷上了书法。”后来先生于粉碎“四人帮”之后，还赠他一幅《鹰石图》以为鼓励。他追忆当年“苦老恩情”，感慨不已地说：“苦老虽已作古，但其人其艺都永存于我心中，若无苦老指点，若无一本《吊比干》把我引进中国书画之门，若无《鹰石图》作我壁上无言的画师，则吾今日断无与国画有缘，更无今日之成就，也不会有这等名作收藏。故我始终深深地怀念着苦老，一位最好的老师。”（《一本“吊比干” 难忘苦老情》）苦禅先生以自己的言传身教，使学生不仅认识到“轻视国画”的“愚昧无知”，而且进而热爱、从事并献身于优秀的民族书画艺术。

中央美院原副院长张启仁，曾是苦禅先生抗战时期的一位学生。当时“九一八”事变以后，“不甘心当亡国奴的青年学生张启仁从东北流亡到北京，举目无亲，衣食无着，是苦禅先生收留了这位困顿中的青年，身无分文的张启仁不仅向先生学习绘画，而且吃、住在老师家由老师供养学生的生活。”后来每当回忆起在苦禅先生家吃、住、学画的那段往事时，他“总是很动情地说道：‘天底下，上哪去找这么好的老师！’在苦禅先生爱国思想的鼓舞下，不甘当亡国奴的张启仁在抗战爆发后奔赴延安。后来他当了中央美术学院副院长，上任后第一次对全院教职工讲话，就提到：‘这里有我当年的老师李苦禅先生。’”（李景屏《一代师表》）老师以“仁爱”之心善待学生，学生以感恩之情怀念老师。在苦禅老师逝世以后，虽已过去多年，他的音容笑貌，他的悲心慈行，他的泼墨豪气，仿佛都还活在学生们的心中。学生们常常感念老师的“言传身教”和老师的“教书育人”：老师一切从学生出发，一切为学生方便，如孔子所言：“夫仁者，己欲立而立人，己欲达而达人。能近取譬，可谓仁之方也已。”凡事都应从自己的角度推及他人，考虑他人。己需他人更需，己欲他人更欲。先人而后己，像这样以身作则的老师怎能不令人怀念，又怎能不令人称誉呢？正是己不欲立而自立，己不欲达而自达啊！

第五，不是亲人，胜似亲人。国画家程丽影说：“我是1946年毕业的，在国立艺专他和我是师生关系，我们的感情不一般的。不是亲人，胜似亲人，他太好了，他教学生的时候，毫无保留地把自己的一切都教给学生……所有中国一流的名画家，不管是中西画家，文艺理论美术史论家，都集中在我们学校，但我觉得都没法和我的老师李苦禅先生比。他那么热爱他的事业，热爱他的学生。那会儿交通很不方便，他总是准时到校上课。上课的时候，总是一面讲着，一面示范。只要他一来，教室就热闹起来，气氛就大不一样。这时候都围上来请老师说，看老师画，看得非常认真，听得非常认真。他是非常有名的教授，但他一点架子都没有，平易近人，所以师生之间没有什么隔阂。他把这个艺术事业，这个财产当成是大家共有的。他总是想到学生——你画画有什么困难，有什么问题，生活有什么困难。其实他有时也挺困难的，但他能想到大家。只要我现在一想到他，他的音容笑貌仍然在我心里，我觉得他没有去。”（《爱国艺术家苦禅大师》）这一段真情的话语充分显示了学生对老师的深切怀念，当然这怀念是根植在老师对学生的挚爱之中的。

著名画家王超在忆及苦禅先生对自己教导时说：“李先生是以德育人。他讲，艺术这个东西，画如其人，如果人品不好，艺术是不流传的……（要）严格要求自己的品德，做一个

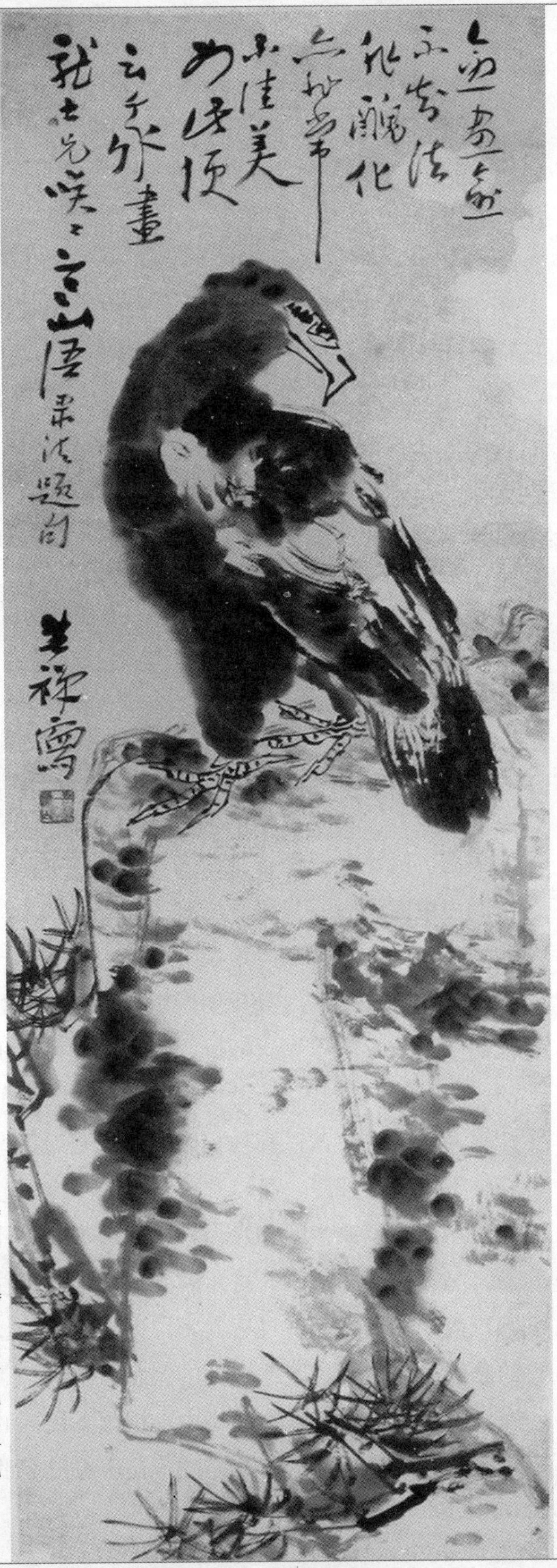

《鹰石图》 20世纪70年代

堂堂正正的中国人……有些穷学生到他那去学画，在他那吃饭，走的时候他还给路费。我觉得他办的这个学，是义学，这样的事太多了……李先生六十大寿的时候，大家决定给李先生过生日，中央美院将此动议上报到文化部，部里立即派人来参与祝寿并给先生送来了寿礼……一时传为画坛佳话。当年李先生又应邀登上了天安门的国庆观礼台，非常高兴，因为他感到国家和人民是他的知心！他确是人民爱戴的老师！”王超先生还说：“地震的时候，我的房子塌了，从一片废墟里全家爬了出来，我孩子掉进一个邻居的蒸包子的锅里了，烫伤非常严重。李先生就叫他的小女儿李建到天津第三体育场临建棚里去看我们，给我们送去一些药品，给我孩子打针。我觉得这样的老师，他对我们的关怀，那种深刻的感情啊，简直是太深了！”（王超《恩师在我心中》）苦禅先生不仅关怀着在校的学生，对离开学校的学生，他同样是一往情深，念念不忘。

苦禅先生的另一位学生吴丽珠教授在《我的恩师——李苦禅先生》一文中写道：“大家都愿意上苦老的课，那时的师生关系，真比父母还亲。我们除了在教室听先生讲课外，还常常到先生家里去，只要我们到了先生家，先生就拿出他的作品和他收藏的一些作品，给我们看。一边看，一边讲，教我们画画、教我们写书法、教我们学做人。就像老鹰带小鹰那样，教我们学会找食的本领。所以我们到了先生家里，就像到了父母的身旁一样，尤其是李慧文师母，当时是我们美院的大夫，医德很高，待人热诚，到他们家中也就更显得亲切了。但我是个笨学生，悟性很差，所以那时常去先生家请教，只是图了自己求知，却忘了先生的休息。在这次苦禅先生作古十年的遗作展上，又有机会和师母、先生的儿、女们叙谈往事。”她非常遗憾以前没有和先生留过一次影，便在先生的遗照前面，和先生的家人一起合影，留作永恒的纪念。她说：“苦禅大师永远活在我的心中，中华儿女的心中，祖国人民的心中。”先生在学生的心目中是平易的、慈祥的，是十分贴近的。他对学生讲课就像家长对孩子一样耐心，态度亲切而平和。学生和他之间没有距离，没有隔阂，没有界限。学生有问必答，有难必帮，有求必应，故学生一直视他为长辈，为父母，不是亲人，胜似亲人。

苦禅先生终身热爱并从事中国画的创作与美术教育，其目的在于使优秀的民族传统能后继有人，伟大的民族精神能发扬光大。中华文化，历史悠久，源远流长。一切优秀的中华儿女、炎黄子孙皆应以继承、发扬民族传统文化为己任，万万不能对不起先辈们为创造并发展民族文化所作出的杰出贡献。苦禅先生一再教导他的学生要有民族自爱、自尊、自信与自强的精神，他常说："通观世界历史，凡欲亡人国皆先亡其精神——文化。欲达此计必先令其国人数典忘祖，惶惶然若丧家破巢者，与能六亲不认，不知所出而认贼作父。然我中华所历举世罕见之数劫而犹未亡殁，盖其不失敬祖爱国之志所使然；倘不知我历史文化之优秀渊源，则祖不可敬，国亦不可爱。倘知我三皇五帝开我中华万世基业，列祖列宗拓我九州神圣疆域，文天祥、岳武穆之伦弘扬我民族浩然之气……则身为炎黄之胄，必从拳拳之心寄傲骨于当世，不负先祖，不失气节，精诚共进，铭耻奋志。自可续千秋余烈，开我中华今后千百年宏巍大业。与日月恒明！"（李燕《李苦禅画师谈艺》）这段话说得是何等刚正不阿、坚贞浩气！堪称创我民族"宏巍大业"的"正气歌"，可与日月恒明，与天地同在！

苦禅先生为了让自己的学生能"从拳拳之心寄傲骨于当世，不负先祖，不失气节，精诚共进，铭耻奋志"，为开创中华文化的"宏巍大业"做出应有的贡献，他于教学上采用了一套自己认为行之有效的方法：

第一，以德传艺，以心传心。先生十分注重德育——人格、人品与民族气节的教育。（见前文，此处略。）

第二，以中为本，体中化西。经五四新文化运动，苦禅先生认识到西方文化中有许多先进的东西值得学习，值得提倡，中国人绝不应闭关自守。他自觉地融入了五四运动以后科学与民主的新思想、新精神。他在学习过程中，通过深入研究，将中西艺术加以比较，他从西画打入中画，又对徐悲鸿、齐白石的美学思想作了反复思考，遂形成了他的艺术观，也形成了他日后的教育观。他常从以下几个方面教育学生：

（一）提倡加强中外文化的全面修养。

（二）提倡借鉴西方素描与速写，从生活中吸取画稿，加强外师造化。

（三）以民族精神为本体，立根在民族的土壤里，学习外来文化是为了丰富自己，提升自己，而不是削弱自己，取消自己，是为了化他入我，而不是以他代我。

（四）中西合璧既不能失去中国画的民族性、民族气派与民族精神，又不能仅是表面的撮合。

（五）既不要对传统艺术的因袭守旧，也不要对外来艺术人云亦云，而是要从民族精神出发，博采众长，创我民族之新，走我民族之路，示我民族之魂。

苦禅先生认为中国画的民族性和文化精髓绝不能丧失，一切学习中国艺术的学生都应该把先辈们创造的书画艺术放在一个崇高的位置上，应该认识到中国画的先进性及其丰厚的文化内涵。那些对中国画抱有虚无主义态度的人，那些认为中国画的发展已是“穷途末路”的人，那些意欲把中国画扫进历史垃圾箱的人，他们的论调不仅是悲观的，而且是无知的。他们根本不了解、不认识中华民族五千年来灿烂的文化、艺术及人文精神。故一位真正的学画者，首先应该是“知”——全面认识本民族艺术的风格、特征及文化内涵；而后是“好”，由于“知”之甚多，才能“好”之益深，从内心里坚定不移地深深地喜爱它；而后是“乐”，由于“好”之益深，才能“乐”此不疲，才能在从事它的过程中坚定如一，并不断取得超越前人的艺术成就。这即是孔子所提出的学习的三个境界“知、好、乐”：“知之者不如好之者，好之者不如乐之者。”

苦禅先生认为无论是学习民族艺术，还是汲取外来艺术，都应以孔子的“知、好、乐”为循序渐进的步骤，层层深入。应首先在“知”字上狠下功夫，因为无“知”，则无有后面的“好”与“乐”。由于苦禅先生对中西艺术都曾做过深入的研究、比较与学习，故他笔下的作品能十分自觉地展示中国优秀的文化特质。同时他对外来艺术的吸收与融化，也表现得十分自然而不露痕迹。中央美院侯一民教授说："中西融会是近百年来我们艺术界追求的一个目标，但是有的人做得好，有的人做得不是那么理想。做得好的，首先他要有中国文化的底蕴，有中国文化的素养，有真正的文化根底，真正弄懂了中西文化的最深层的东西，而不是表面的相加，或者是表面的借用。而在李先生的作品里很难看出这种生硬结合的痕迹。甚至有很多人不相信李先生受了西方的影响，但是如果我们细细地看来，他的确化入了很多，吸收了很多。譬如说他对于传统的突破，在破格这一点上，我们就可以找到一种借鉴的痕迹，起码这种借鉴，展示了他的胆量，展示了他的魄力。但是他又不露痕迹，他的作品的确纯粹是中国的，是中国人的气质，是中国人的精神，特别是中国知识分子追求的那种崇高的人品观念。洒洒脱脱，不露斧凿痕迹，在当代艺术家里边，作为当代的艺术大师，他是当之无愧的。"

苦禅先生作为当代的艺术大师，在中西融合上为他的学生与后人做出了非常出色的榜样。中与西应是主与辅、体与用的关系，绝不能颠倒位置；二者是深层的相融，绝不是表面的相加；相融之后，仍然是中国的特色、中国的气派与中国的精神。有些人之所以认为苦禅先生没有受西方的影响，是因为他们从先生的作品中看不到生硬结合、表面相加的痕迹，所看到的只是完全中国化了的形色、气质与神韵。这就像一些外国的艺术大师学习东方的东西一样，他同样也是不露痕迹的。因为真正的大师，是化他入我，而绝非以他代我抑或他我相加的。毕加索喜爱东方的、齐白石的艺术，还曾临摹过齐白石的虾，但谁又能从他的作品中看到齐白石的踪迹呢？

苦禅先生曾给他的学生讲过马蒂斯从东方艺术中汲取营养，中央美院教授吴小昌在《1993李苦禅艺术展研讨会》上说："'怎样把西洋画的色彩融到中国画里'这方面的问题，苦禅先生对我说得非常多。他特别提到了马蒂斯，他说：‘小昌啊！你不要忘了，马蒂斯肯定看过我们东方的东西，他把东方的东西变成了西方的一种色彩意味表现了出来。’说着他就给我画了一张菊花（现在还在我家里），画的是黄花，叶子墨色中稍加花青，边画边说：‘这两个颜色出来了，我再点上几笔土红吧！这里就有冷暖关系了。’他讲色的冷暖、对比。他的画里不仅有青藤、八大，还吸收了现代绘画（尤其是马蒂斯）。多年来大家对苦禅先生的笔墨说得比较多——怎么像青藤、八大，但对他的画怎么创新——从吸收西方绘画的方面来看，谈得太少了！”西方大师马蒂斯学习东方的东西你看不到，中国大师李苦禅汲取西方的东西，你同样也无所察觉。苦禅先生的画里有青藤、八大，也有马蒂斯，但都不是表面形迹简单的再现，而是深层意味的、“形而上”的融合与运化，最

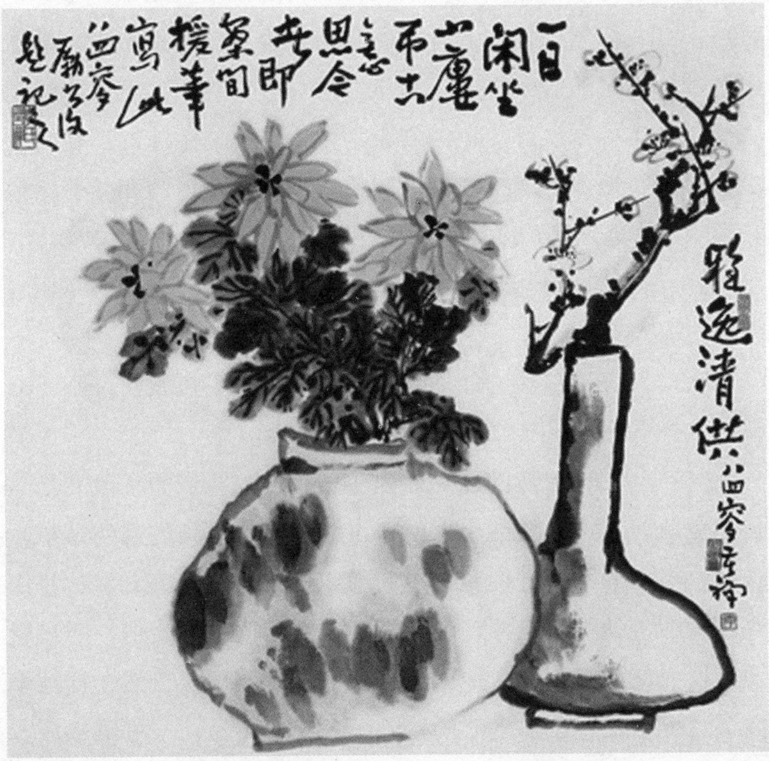

《雅逸清供图》　1981年

后都化成了李苦禅，化成了李苦禅所独有的艺术语言与艺术风格。

第三，强化写生，创己笔墨。在要求学生继承传统、临摹名迹的同时，先生最强调的是写生，这是他为实践“中西合璧”所迈出的最重要的一步。清末民初画坛，摹古守旧之风甚重，先生能于艺术教育界振臂高呼：重写生、重师造化，“画自己的东西，创自己的笔墨”，无疑是发聋振聩的时代最强音。他在杭州艺专教学时，当堂写生即是他教学的一项重要内容。他的学生李霖灿在《铁骨铮铮的艺术家——李苦禅》一文中写道：“李苦禅老师教我的时候，记得是预科的三年级。他为人特别谦恭，上课时一再说自己也是一个学生，和大家来共同研究国画等等话语。他倒也很像是一位大学长，带来了不少动物标本，八哥、乌鸦、鹞鹰之类，摆满了课堂。而且主张写生。且不断叮咛示范，同学们见他平易近人，大家都乐于和他亲近，真发挥了‘打成一片’的和谐效果。”话虽不多，却道出了苦禅先生的教学态度、教学方法与教学效果。先生除让学生写生鸟类标本之外，还经常带学生去大自然中速写。他将堂上的慢写、细写、素描与课外的粗写、略写、速写相结合。他教学生写生、速写，要培养学生三个方面的能力：

（一）认识自然的能力。通过写生认识自然万物的本质与特征，深入其里。

（二）表现自然的能力。通过写生训练手疾眼快，心手双畅，做到下笔稳、准、狠。

（三）创造自然的能力。先生曾说：“我们的手段乃是与自然竞争。艺术家要造个人的宇宙，把美与不美的东西杂糅、选择，不好的不要，由我们重新编织出来。《千字文》本是周兴嗣编的，他很有天才，皇上把一千个不同的字交他，明日就要，要成文而且有韵。他就如同我们编织整理大自然一样地编成了《千字文》，靠多年的修养啊！实在不易，一夜编成后，须发皆白了。我们，是以艺术家的科学方法整理自然。再高一

《泼墨风竹苍鹭》 20世纪60年代

步就是美学，美学也是哲学。”先生所说“重新编织”，“整顿自然”，就是以“自己的笔墨”创自己的“稿子”、自己的“意象”与自己的“宇宙”，这样才能像周兴嗣那样创出《千字文》式的不朽的时代杰作。

第四，做人要老实，作画不可老实。这是苦禅先生经常对学生讲的一句话，这句话的后面，还有一句：“要想人所非想，画人所不敢画。”前后两句话可以说是他一生“做人”与“作画”的经验总结。“做人”一定要严格遵守社会的道德规范，老老实实，一丝不苟，做一个真正高尚的人；而“作画”则法无定法，规无定规。学古人法，但不为古人法所囿；学古人笔，但不为古人笔所限；要运我之笔，创我之法，“要想人所非想，画人所不敢画”，这即是先生所谓的“不可老实”。如果老老实实地按照古人之法亦步亦趋，则千人一面，还有什么创造，还有什么发展呢？故“做人”要按照一定的道德规范，“作画”则不能都按照一定的成法与成规。“做人要老实，作画不可老实”。苦禅先生以十分通俗的语言，揭示了一位画家“做人”与“作画”两个方面所应有的准则。这里我们重点探讨“作画”方面，所谓“作画不可老实”，解释得更简略、更概括一点，即是：要突破前人，创我新路。先生常给学生们讲：“我学齐老师只是看，体会他的笔意，更体会他的用心。”先生在这里向学生们传授了他学习老师的具体经验与做法：

（一）他没有简单地依照老师的画样与模式，亦步亦趋。

（二）他“只是看”——细细观看老师蘸墨、落笔、运笔与收笔的过程，“体会”老师的“笔意”，更“体会”老师经营位置的“用心”。这个“体会”十分重要，即以心悟心，深入理解与领会老师是怎样“用心”的。

（三）他要把他所体会到的“笔意”——用笔中的意蕴，“用心”——置阵布势中的妙思，融入到自己的速写、笔墨与构图之中，“画自己的东西，创自己的笔墨”。

当时不少人说：李苦禅是白石弟子，为什么他的画不像老师呢？这一方面说明了一般多数人认为学生学其师应在画风与画法上像其师，另一方面确也展示了苦禅先生在坚定不移地走着自己“不与人同”的创新之路。实际上他一直是在谨遵师教：“学我者生，似我者死。”白石老人为有这样一位大胆创新的学生而感到自豪，他曾这样以热情的话语称赞苦禅先生：“余门下弟子数百人，人也学吾手，英也夺我心，英也过我，英也无敌。”白石老人弟子数百人，为什么独赞苦禅先生呢？这一方面表现了白石老人慧眼如炬，是一位识得“千里马”的伯乐；另一方面也展示了老人的胸怀与气度，他总希望自己的学生能有所创造，有所革新，有所成就，能“青出于蓝而胜于蓝”。苦禅先生亦如此，他也像白石老师一样，希望自己的学生不要停滞在一个水平上，要敢于走前人所未走的路，创前人所未创过的画。

他经常鼓励学生要敢想敢创，要善于思考，善于变通，要善于随学随想，迁想妙得。他曾对学生说：“每习画，造型之外，再及形外一切必要提高条件。要随学随想，方有一切变化进程。虚心参看别人作风，注意自然环境等等，如俗云：七月八月出巧云，汲此巧云形势可变化奇峰，层峦叠嶂，气韵含浑。奇石怪木亦可变为动作之人形。大树身能变为怪石。或者言之太神秘矣，岂是神秘！如努力用功，孜孜不懈即能实现，要在神而求之。读古人或作家之画，除必得其气韵形势外，有机地得其纵为横用，虚变实，实变虚，变通运用。”（李燕《苦禅画语摘编》）先生以十分生动的语言向学生们揭示了艺术创造的奥妙，同时也是在讲艺术创造“不可老实”，不可一即一，二即二，亦不可山即山，云即云；要随学随想，要由一思十，举一反三，由此及彼，由少及多。先生特别强调：

1.“随学随想，方有一切变化进程。”艺术创作者在学古人、师造化——“学”的过程中，要“随学随想”，要充分发挥“想”的作用。所谓“想”，即联想，即想象。马克思称想象力是促进人类发展的最伟大天赋，因为想象是创造性的，想象是人类心灵的创造。人们可从“巧云”想到“奇峰层峦”，从“奇石怪木”想到“动作人形”，从“树身”想到“怪石”等等，不一而足；“学”无止境，“想”无止境，“变”亦无止境。艺术家非凡的想象力、联想力是其进行艺术创造的关键所在。

2. 不可谨于形貌，“要在神而求之”。对自然物象与古人妙迹的认识、理解、乃至联想、想象，要多体会其神、其意、其韵、其趣，这样其想象的空间，就会无限拓展，以至浩渺无际。譬如从八月巧云，我们不仅可以想到奇峰，还可以想到大海，想到人心中翻滚的思潮，想到书画家神妙飞动的笔法等等。从古人画作中，我们可以化纵为横，化横为纵，虚而为实，实而为虚，如此变通运用，则其变无穷。这样“神而求之”，既能由表及里，由此及彼，又能触类旁通，迁想妙得，而渐渐进入艺术创造的高层次与高境界。

第五，对学生理讲千遍，不如一笔示范。这是苦禅先生常说的一句话，也是他课堂教学中的一个重要环节。他说他跟齐老师学画就是站在旁边看老师示范学出来的，如今他当老师也应像齐老师那样，把他所学、所知，全部都教给学生。他认为知识是全社会的，不应视为自己的私有财产，毫无保留地以最有效的方式方法传给学生，是他应尽的责任。而当场演示，即是学生学习绘画最直观的途径。苦禅先生的演示法，在画的同时配合并加强了“讲”的环节，边画边讲，以讲释画，以讲助画，把实践与理论有机地结合起来。他曾对学生说：“无论多大多严肃的题目，在作画时，都应该灵活构思，脑筋不能死。所以我给你们上课时，边画边讲，画时常常说话，这样同学们不紧张，对画也就能更深地理解。”他还说：“我们的画是文化艺术的一部分，不是我个人的，所以应该大公无私地教给学生，而同学们有新方法的，我也吸收下来，学习就要这样，因为一个人的知识是有限的。”（裘兆明《苦禅恩师精神永在》）先生以如此豁达无私的情怀对待艺术，对待教育，对待学生，他一直认为老师和学生之间是平等的，师有所短，生亦有所长，学生的长处，老师也应虚心吸取。

有一位学生在回忆苦禅先生的课堂教学时，这样写道："苦禅先生给我们上课既严肃又活泼。他以身作则，身教先于言教，每次上课都提前进入教室，先动笔示范，边画边讲解。从题材、章法、题跋、用印到意境，无所不及，神奇变化的笔墨情趣尤感层出不穷。这种教学方法使同学们扩大了眼界，开阔了襟怀，非常兴奋，往往一俟先生佳作驻笔，便回报以热烈的掌声。我们觉得看李先生作画，听李先生讲课，乃是一种充盈艺术智慧的享受！当然，李先生并不停留在一般性示范上，他还针对每个同学的具体情况做个别辅导，深入批改作业。他常说：'十年树木，百年树人'，他是这样说的也是这样做的，言行一致地为教学事业鞠躬尽瘁。"（王超《恩师在我心中》）先生对作画过程中的每一个具体步骤——题材、章法、用笔、用墨、用色到题款用印和意境，都在画的过程中作逐一讲解，这使学生在潜移默化中逐步领会与把握，把有形的与无形的、相与理紧密地融合在一起。

苦禅先生无论是在学校课堂上，还是在校外居室的课堂上，他认真教学的精神，都是一样严谨的。一位学生曾这样追述他向先生请教怎么画竹："1948年春一个星期天，我往苦禅先生住处去请教画竹，先生首先讲了竹的特性和其外形特点，又谈了运笔用墨的表现技法，口中讲着就铺开纸，用笔画起来。苦禅先生常这样说，对学生理讲千遍，不如一笔示范，当先生停下笔时，我想到可染先生对我谈苦禅先生笔墨之高超，尤其在用墨方面，国内很少能比上先生的。当我把这话告诉苦禅先生时，苦禅先生立即说道：'哪里！哪里！用笔的高古，我不如可染。'先生说这些时是那么严肃认真。"（李洋《回忆李苦禅先生》）

苦禅先生为了向外国友人展现中国写意画独步世界的艺术

魅力，也常运用当场演示之法。他的一位学生对老师为外宾演示画鹰，曾有过这样一段生动的记述：“苦老一生为了艺术苦修、苦练，他注重画家的人格、画格，他一生坦坦荡荡，与世无争，但在大是大非面前总是表现着一身正气，他是一个爱国者，有着强烈的民族自尊心与自信心。记得一次苦老正在给我们上课，院领导带几个外宾来参观。经过介绍，知道客人是丹麦王子，并且很懂得绘画，陪同者请苦老随便画几笔给外宾看看。苦老吩咐我们在桌子上铺上一张六尺宣纸，他很神气地站在桌前思索片刻，然后拿起一支大提笔，沾满墨，很有激情地画起来。我们经常看先生表演，很熟悉先生的画路，但这回也看傻了，不知先生今天画的什么。只见墨色浓浓淡淡在宣纸上飞舞，那些外宾更是个个睁大双眼，正在大家惊奇之间，苦禅先生突然放慢节奏，从容地整理了几笔，霎时间一只活灵活现的雄鹰跃然纸上，所有外宾几乎同时惊喜地大呼一声‘哇！’原来，今天苦老一反常规，先从鹰的尾巴画起。这时王子通过翻译向苦老表示敬佩，王子又问苦老应该怎么理解中国的绘画？苦老稍作思考，似乎在寻找合适的词汇，然后对翻译说：‘你跟他们说：这就是中国的印象派！’外宾们听过翻译后，纷纷点头表示赞叹与理解。外宾走后，又引起苦老对中西文化的一番比较和评论……先生说：中国文明有几千年了，不要老觉得比西洋人矮，觉得矮是因为中国人过去老是蹲着或跪着，你堂堂正正挺起腰杆站起来，不就不矮了吗！”（李宝林《崇拜的偶像，亲近的师长》）苦禅先生向学生们示范，向外国友人示范，其所展示的不单单是一种技法，一幅画面，他是从民族自尊与自信出发，堂堂正正地展示着灿烂的中华文明、中华文化与中国精神。这东方水墨、东方写意，其中蕴含着深厚的文化内涵与哲理，它不仅在中国美术史上放射着夺目的光彩，而且是人类艺术发展史上一朵耀眼的奇葩。

第六，若无矛盾，便无艺术。苦禅先生在给学生讲创作讲欣赏时，常常提到“矛盾与统一”、“多样与统一”、“变化与统一”，他说：“无矛盾便无艺术性可言。戏剧如是，一出戏从头到尾没什么波澜起伏，台下早睡了。这种戏叫‘温’或‘瘟’。写字也讲‘无往不复，无垂不缩’，纵笔也要有横劲。京戏的‘子午步’、‘弓字步’都是矛盾。连伸个‘兰花指’，念白‘你来看’，也是欲左先右，欲上先下地划空一圈才显得美。不然便发僵。大写意从章法到用笔都极讲矛盾。”先生从戏剧、书法到大写意，都讲到矛盾与变化的问题。有人不禁会问，为什么艺术一定要有矛盾呢？又为什么要说“无矛盾便无艺术性可言”呢？因为艺术是表现生命，是反映生活的，而人类社会，人类所居住的整个自然界，无处不蕴含着矛盾，发生着变化，如《周易·系辞上》上说：“一阴一阳之谓道。”天下万事万物无不在阴阳之道的自然规律中发生、发展与变化。艺术即是人类心灵与天地万物交融的产物，又何能例外？故先生视“矛盾”为“艺术性”发生的根本条件。他认为，没有了“矛盾”就等于没有生命，没有生命当然也就没有艺术。他在给学生演示时，常常一边画一边讲如何认识矛盾，如何运用矛盾，又如何将矛盾统一。

记得有一次暑假，我去先生家请教画荷花（当时还有几位学生同在），先生一边画一边讲：“这荷叶在画面占的空间多，是画的主体，画一片叶子要注意其笔触的大小、长短、方向与交错的变化。画两片以上则要注意它们之间形态、位置与墨色的不同。其间添花，或全开或花苞，或全露或半露，都要依疏密而定。画水草要有势，要生动，千万不要乱了画面。画翠鸟可增加画的生机，但要注意和花叶之间呼应有致……”先生对用笔、用墨到经营位置每一步所显示的矛盾统一都讲得很细，很具体，大家听完之后均有茅塞顿开之感。

先生从整体章法的角度，讲“矛盾统一”，讲“变化协调”，对学生的启发更大，因为在学生有了一定的造型、笔墨与色彩基础之后，这章法构图就成了一个十分突出的难题。有许多同学在局部处理上还可以，一到全局，就矛盾百出，无法统一。艺术作品中需要矛盾，需要变化，但最后一定要达到协调统一，形成一个完整的艺术体。否则，没有“统一”像没有“矛盾”一样，同样也没有艺术，没有永垂后世的优秀的艺术品。先生就如何解决章法一题，曾对学生做过多番讲解，略归纳如下：

1. 要大胆，要创造，周而愈美。先生常对学生说：“章法要大胆，要险，要创造，敢想敢干。”首先要“敢”要“创”，不过仅有敢创的精神还不行，还应配以周密的思考。因为无慎思的蛮干是难以成功的，故先生又说：“思索愈周到而章法愈美。”能在落笔之先思索周到，胸有成竹，则落笔时就能做到不慌不忙，镇定从容，其章法就愈能臻至完美的境界。先生还对此作了进一步的解说：“胆愈大心愈小，智愈圆而行愈方。诚哉是言！作画亦然，可三复是语。”他认为一位画家在作画时，应把“胆大”与“心小”（心细）、“智圆”与“行方”（圆，即圆融；方，即端方）两个对立的侧面统一起来。因为只有当他于大胆落笔而又不失缜密小心、于智慧圆通而又不失率真质朴时，他的画才能挥洒有度，进退自如。

2. 大处纵横交错，小处欲扬先抑。先生曾对学生说：“八大山人的章法，大处纵横交错，大开大合；小处欲扬先抑，含而不露。张弛起伏适可而止，绝不剑拔弩张。这样，自然冲突中产生了和谐之感。”先生认为对画面“大处”与“小处”的处理在手法上应有所区别：“大处”应“大开大合”——其矛盾变化应鲜明而突出；“小处”应“含而不露”——其矛盾变化应轻缓而微妙。但不管是“大处”是“小处”，是张是弛，是起是伏，都应“适可而止”，都应在“冲突”中达到“和谐”。否则剑拔弩张，僵硬而不自然，有矛盾而无统一，则失去了艺术美的生命。

3. 每作要“整”，专精致一。苦禅先生讲章法时，常常是先从“矛盾”讲起，侧重对“无矛盾便无艺术性”的理性认识。当学生认识到了许许多多矛盾的双方是构成艺术画面的重要因素时，先生便引导他们进入到认识的第二阶段——将矛盾统一起来的阶段。无矛盾只有单调——如一幅画没有浓淡、聚散与疏密，它不是艺术；而如果它有浓淡、聚散与疏密，却杂乱无章，仍然不是艺术。故先生在对学生进行第二阶段章法教学时，便时时对学生耳提面命，要注意“协调”，注意“整体”，注意“统一”。

他曾说：“今后注意每作要‘整’，‘整’即包括：协调、气韵、多样统一等等。作者心意整与静——灵，方可做到‘整’字。此近老年之追求，专精致一也！癸丑夏六月九日偶语之思。”这里对“整”字的认知与体悟，是他1973年对长期以来从事艺术教学与艺术创作的经验总结。他不仅认为“‘整’包括协调、气韵、多样统一等等”，而且认为“整”是“作者心意整与静——灵”的展现与折射，章法之“整”来自于心意的“整与静”，来自于心意与自然万物相体合的一种“灵”性。如果作者的心意是破碎而不完整的，是躁动而非宁静的，他的画面如何能“整”呢？我们的写意画即为写意，其意整则画整，意碎则画碎，意灵则画灵，意滞则画滞，如何能有例外？孔子曰：“吾道一以贯之。”（《论语·里仁》）画家笔下的作品亦应如此，不散乱，不庞杂；要完整，要贯通，要“专精致一”。先生还以京剧舞台上的场面作比，来说明章法的完整性：“八大山人的章法、字、画的黑白与印章搭配得当，一丝不苟，仿佛京剧的场面：一人出将，满台有戏；两人出场，顾盼生姿；众人武打，疏而不散。”讲得太生动了！一幅画无论是少是多，是大是小，都应“搭配得当，一丝不苟”；都应“满台有戏”，“顾盼生姿”；都应“疏而不散”，密而不杂；万万不可少而空泛，多而杂乱，小而失势，大而少韵。

第七，上下宇宙谈，每谈接画缘。苦禅先生在课上课外向学生传授画法时，有时侧重讲解与画面相关的用笔、用墨与章法，有时则跳出画外，天南海北谈，上下宇宙谈，每谈皆与画接缘。其实先生是在旁敲启发，以使学生能更好、更直观、更形象地理解绘画中的某些问题。这正是孔子所倡导的“不愤不启，不悱不发”（《论语·述而》第七）的教学法。他在自己的一幅《山水》中曾题：“三位老翁竟日谈，一说海，一说山，三聊山精海怪和云烟，此谓上下宇宙谈。”其实，上下宇宙，天地万物，何处非画稿，何处无画材，事事相连，物物通贯，皆可举一以反三，触类而旁通。

他的学生在回忆先生于北平艺专所作的一次演讲时说：“1947年我在北平国立艺专（中央美术学院前身）上学。当时学校规定，每月有一名教授向学生作讲演，事先在广告栏公布讲演人姓名和时间。因之有幸得以聆听苦禅先生的讲演。虽时隔46个年头，至今仍记忆犹新。一开始先生谈了蚕吐丝蜂酿蜜的故事，当时还认为是尽人皆知的事，为什么要讲这些？以后听先生说到一个人来到世上，对国家都应有贡献；小小昆虫对人类尚能有所裨益，难道身为万物之灵的人，不应该、不能够对社会对国家做出贡献吗？才明白先生讲故事的含义。先生说：作为学艺术的人来说，只有把艺术学好学精，才能谈到贡献。而艺术没有捷径，必须像蚕吐丝那样，一点一滴，日积月累，终能汇成江河，垒成高山。我们都讲爱国，都愿爱国，真正爱国的人，就是对国家对社会有贡献的人。当然先生讲的还很多，我记忆中，当时听讲的学生那么多，而室内却鸦雀无声，散场时，大都带着鼓舞向上的心情议论着。先生的讲演，以平凡的故事，讲出了至理名言，深入浅出而又水乳交融。在我的脑中，先生的讲演形成一个印象：书画无捷径，需下真工夫。这次讲演也正是先生一生学艺的写照。”（李洋《回忆李苦禅先生》）苦禅先生以蚕吐丝，蜂酿蜜作比，示伟大寓于平凡之中。只要勤勤恳恳，兢兢业业，默然劳作，无私奉献，人人都会像春蚕、像蜜蜂为社会、为祖国做出应有的贡献。否则，何能称之为人，又何能称之为爱国家爱民族之人，而作为“万物之灵”呢？比喻虽简，却鼓舞人心；说理虽浅，却发人深省。

另一位学生在讲到苦禅先生对学生采取启发式教学时说："有一次苦禅先生为我们示范画松树，松树画得曲折变化，十分有姿态，有几个同学齐声称赞，苦老一边画一边讲起来：画，不是生物挂图。可是不同的人对画有不同的理解，有不同的要求。譬如，这棵树若让搞植物的人来看，他们会讲这棵树管理不好；让林业工人看，他会说这种树不可成材，只能当劈柴；如果让车把式看了，他会说这个树做个马套子不错。逗得大家全笑了起来。我们这些学生时间长了也掌握了苦老上课的规律，苦老画画时虽看似山南海北的侃大山，但大都跟画画有关，有时会蕴含许多哲理，我们在高兴地听他谈天说故事时也特别留心，不要漏掉那些精彩的部分。"先生以生活中的实例非常生动而浅显地讲明了艺术作品不同于生物挂图，艺术家应以艺术的标准、艺术家的眼光认识、理解并创造真正有艺术性的作品，绝不能简单地认为符合了某种生活真实，即是达到了艺术为人民服务的目的。在同一篇文章中还有一段记述："苦老不止一次地说过一句话：'画画就是游戏'。在五六十年代流行文艺为政治服务口号的岁月里，苦老的这句话，给我们的印象尤其深。古人云：游于艺。艺术不是说教，不是图解，艺术是在愉快、轻松的创作中、欣赏中使精神得到放松，在轻松中使精神得到陶冶和净化。苦老用一句通俗的大实话，讲了他对艺术的理解。当然，他所说的游戏和现在有些青年人提倡的'玩'艺术有着截然不同的含义。"（李宝林《崇拜的偶像，亲近的师长》）"游于艺"一语源于《论语·述而》："志于道，据于德，依于仁，游于艺。"前三者——"志于道，据于德，依于仁"，是指一个人的道德修养；而"游于艺"则是指一个人对"礼、乐、书、数、射、御"各种艺事的学识修养。所谓"游"，除了有学习、欣赏、娱乐的含义之外，更带有一种精神上的放松、无拘无束与自由自在的深义。先生将"游于艺"的思想观念引入绘画创作，要求学生以轻松愉快、有意无意与自由洒脱的心境，进行艺术欣赏、创作构思与挥毫作画。先生把“游”十分通俗地释为“游戏”，目的即在于此。艺术创作一方面是十分严肃的、认真的，另一方面在创作的过程中艺术家又必须是自由无拘的，甚至是旁若无人的。此时他的运笔仿若纸上舞蹈，游戏自若，毫无束缚。在这种“游戏”的状态中，艺术家才有可能创造出真正好的作品。有人将先生的“游戏”说视为“玩世不恭”、“背离政治”、“颓废的文人墨戏”等等，根本都是风马牛不相及！正所谓欲加之罪，何患无辞？先生的“游戏”说，旨在说明艺术家于创作时所应持有的特定的心境与状态，这恰恰是为了创造出优秀的艺术作品，以更好地实现艺术的教育功能，又何来“不恭”、“背离”与“颓废”呢？清代画家恽寿平说得好：“作画须有解衣般礴旁若无人之意，然后化机在手，元气狼藉，不为先匠所拘，而游于法度之外矣。”（《南田画跋》）苦禅先生完全是按照真正艺术创作的规律来教导学生的，其目的为了让学生在创作过程中能信笔挥毫，自由落墨，“不为先匠所拘，而游于法度之外矣”！

中央美院教授杨先让对苦禅先生的绘画教学有如下评价：“李先生的教学，大家都知道，不理解的时候（都认为）怎么谈得这么多——海阔天空。可是他的教学，正像陆游给他的后人说学诗主要是在诗之外。学画不止是那几笔怎么画，怎么布局，这是形而下的问题。他古今中外都谈，这个谈，那个谈，什么意思？启发！因为艺术不止是这一点，表现在这一点上，是其他的含量集中在这儿。真正的好老师旁敲侧击，哒、哒、哒……这是最重要的。所以他的教学，在美术学院太特殊了，这不是谁能继承的问题，是咱干不了的问题，那是他的一个总和。”（《爱国艺术家苦禅大师》）

苦禅先生以他知识的总和向学生诠释绘画，他谈老庄、禅、易、儒，谈文学、诗词，谈京剧武术，谈古今中外，谈社会人生，目的都是为了引导，为了启发，以其它方面的知识点启发学生参悟绘画之真谛。当然，先生也是以此来引导学生重视并强化画外修养，因为“汝果欲学诗，功夫在诗外（陆游《示子遹》）”。学绘画亦如学诗，能真正悟解其中奥妙者，若仅止于技，以画言画，恐怕是绝难做到的。唯有像苦禅先生所说的那样，加强“四重修养”——书法、诗词、音乐与先贤哲理，其才能渐次达到。先生的教学受到学生们的赞誉，同时也受到老师们的赞誉，被称为“特殊”的，难以“继承”的，这不仅说明了先生所具有的勤勤恳恳的敬业精神，而且也展示了他作为一代艺术大师所达到的艺术高度。

苦禅大师虽然离我们去了，但他仿佛永远活在我们心中，我们爱他的艺术，爱他的教学，我们更爱他的为人。在人们心目中，他首先是一位伟大的仁者、伟大的爱国主义者，然后才是一位教授艺术家。他从普通的车夫、农民的儿子，成长为一位人民教育家、艺术家、写意画大师。他以一种大爱、一种真情融入到他的人格、画格与教学之中，他高扬了中华民族“真善美”的文化气质与精神，他为他的学生和成千上万中华文化的传递者树立了一个平凡而光辉的榜样！

我们永远怀念苦禅先生！

附

作者《题咏李苦禅书画作品》绝句三十六首

（一）苦禅老师教我学画六首

（1）

人格当先应谨记，
修身爱国莫生疑。
千山万壑曈曈日，
梅影兰香尽入诗。

（2）

青藤高格世称奇，
品艺双优今古稀。
挥笔泼来皆寓我，
高情逸韵有人知？

（3）

流水行云若太极，
挥毫泼墨意生奇。
柔中须见阳刚力，
大象驰骋已忘机。

（4）

朝夕临池悟画法，
有无双遣始天成。
无雕无琢无心处，
出水芙蓉妙韵生。

（5）

师法古人当以心，
心心相印始为真。
承前启后莫停步，
万紫千红才是春。

（6）

刻舟求剑实拘泥，
论画以形毋太低。
莫若神游物象外，
圜中意到任驰驱。

（二）读《英视瞵瞵卫神州》

泰而不骄威不猛，
瞵瞵英视卫神州。
廓清苍宇除“妖孽”，
祈愿江河万古流。

（三）读《怒放图》

举国同欢气象新，
心花怒放万家春。
千山齐舞香如海，
天地澄清万里尘。

（四）读《盛夏图》

妙韵清芬盛夏图，
随风翠叶接天都。
巍巍华夏五千载，
磅礴红莲万世舒。

（五）读《松石苍鹰图》

刊落表层书理想，
抛离实际探真微。
赏观松石苍鹰卷，
玄化意瞑云气飞。

（六）读《松韵泉声》

流水潺潺古木间，
春风浩浩满云山。
飞毫纵墨似无我，
鸟语传来已忘缘。

（七）读《墨竹水仙》

淡然清气两三枝，
新蕊初萌展妙姿。
读罢寂然如入境，
凌波浩荡月明时。

（八）读《秋味图》

此心清白菜根香，
如玉似冰君应尝。
与物相融才入妙，
写来秋韵思茫茫。

（九）读《劲节墨竹图》

如椽大笔可凌云，
铁划银勾气象新。
高节谁能如劲竹，
风雷不改更精神。

（十）读《晴雪》

逸韵满枝春意浓，
东风晴雪乐融融。
苦寒经过冰消尽，
天地飘香万处同。

（十一）读《茶花古缶》

一枝红艳茶花香，
古缶千年情韵长。
如火如荼心地里，
终生何处忘家乡。

（十二）读《双鸡图》

纵逸超拔双鸡图，
意蕴无穷今古殊。
白石叹言无此胆，
朱耷若见应踌躇。

（十三）读《鲇鱼图》

如翔如跃水中行，
墨气淋漓意象丰。
齐老惊呼神妙笔，
古今谁有此纵横。

（十四）读《三世逢喜声》

三世有缘逢喜声，
挥毫呈兴此中情。
怀仁修德终难忘，
告慰后人当力行。

（十五）读《雄鹰图》

淋漓落墨洒峰峦，
信笔生风韵自然。
有意俱臻无意处，
瞵瞵英视壮河山。

（十六）读《不染图》

无支无蔓净无尘，
不染不污莲叶新。
写到无人无我处，
花开如玉照禅心。

（十七）读《鱼鹰图》

如龙戏水满湖中，
水墨淋漓复有情。
自古无人传妙韵，
大师挥写意融融。

（十八）读《和鸣图》

晨曦初显露浓浓，
泼墨山花青石风。
群鸟和鸣千壑响，
迎来初日满苍穹。

（十九）读书法《画至书为极则》

书中八法入毫端，
金石铭文写竹兰。
书画须知一合相，
千山万水幻云烟。

（二十）

读书法《中国画驾于世界之表》

驰墨骋毫郁愤生，
迴肠荡气民族情。
中华高艺有人识，
节义当传华夏风。

（二十一）读书法《书为心画》

书为心画应缘成，
万象皆从我意生。
迁想常如天岸马，
鹰鹏展翅壮云峰。

（二十二）读《梅鹊图》

自拟丹心潭水寒，
横笛谁似月中仙。
向空花绽两三朵，
青石临风鹊梦圆。

（二十三）读《大吉图》

与天同契百花丛，
万象尽融毫楮中。
写出“大吉”机已忘，
淋漓墨彩意葱茏。

（二十四）读《墨芭蕉》

潇潇洒洒芭蕉雨，
墨叶迎风益傲然。
“竖笔”写来抒己意。
铅华洗尽过前贤。

（二十五）读《荷藕图》

冰房玉节出泥中，
墨线钩成气韵浓。
更写青莲淡淡叶，
浑然阔笔写玲珑。

（二十六）中西合璧

民族为根西是用，
中西合璧更求新。
相通意蕴乃真解，
莫作凑合失国魂。

（二十七）以戏悟画

韵味戏中含，
风神台上观。
能从戏理悟，
画境自然然。

（二十八）赞苦老尊师重道

尊师重道古今传，
苦老终生奉作先。
师艺师人从不忘，
耄耋犹礼墓碑前。

（二十九）刑具千般奈我何

腥风血雨舞狂魔，
刑具千般奈我何？
不屈不挠抒“正气”，
心中吟唱意嵯峨。

（三十）爱人常在无缘中

仁者慈悲情意浓，
爱人常在无缘中。
如能救助蓬门苦，
九死一生心不惊。

（三十一）有教无类

育人无有类，
学者尽相同。
不倦诲人意，
孜孜终日行。

参考书目

1.黄寿祺，周易译注， 上海古籍出版社，1989.
2.陈鼓应，老子注译及评介， 北京：中华书局，1988.
3.刘俊田，四书全译， 贵州人民出版社，1990.
4.张耿光，庄子译注，贵州人民出版社， 1991.
5.宗白华，艺境，北京大学出版社， 1987.
6.周积寅，中国画论辑要，江苏美术出版社，1985.
7.石涛，石涛画谱，四川美术出版社，1987.
8.潘天寿，潘天寿谈艺录，浙江人民美术出版社，1985.
9.上海书画出版社，历代书法论文选，上海书画出版社，2007.
10.刘曦林主编，李苦禅纪念文集，人民出版社，1994.
11.裔萼，中国名画家全集·李苦禅，河北教育出版社，2002
12.郑理、佳周，李苦禅传，作家出版社，1987.
13.李燕，风雨砚边录——李苦禅及其艺术，上海书画出版社，1987.
14.李燕，苦禅宗师艺缘录，国际文化出版公司，1991.
15.李苦禅画集，上海人民美术出版社，1980.
16.李苦禅画集，山东人民出版社，1981.
17.李苦禅画集，黑龙江美术出版社，1989.
18.苦禅教学画稿，天津人民美术出版社，1999.
19.李苦禅（大型画集），人民美术出版社，1996.
20.李苦禅画集，北京工艺美术出版社，2005.
21.李苦禅画鹰，湖南美术出版社，1983.
22.荣宝斋画谱（十七）·李苦禅纪念馆藏画集，荣宝斋出版社，1987.
23.十集电视片——爱国艺术家苦禅大师，1999.
24.陈洙龙，中国书画名家画语图解·张大千，中国人民大学出版社，2010
25.李祥林，中国书画名家画语图解·齐白石，中国人民大学出版社，2009.
26.边平恕，中国书画名家画语图解·吴昌硕，中国人民大学出版社，2010.
27.杨成寅、林文霞，中国书画名家画语图解·潘天寿，中国人民大学出版社，2009.
28.徐志兴，中国书画美学简论，江苏美术出版社，1998.
29.杨身源、张弘昕，西方画论辑要，江苏美术出版社，1990.
30.洪再新，中国美术史，中国美术学院出版社，2000.
31.李福顺，中国美术史，高等教育出版社，2003.
32.刘汝礼、张少侠，西方美术发展史，人民美术出版社，1990.
33.李泽厚、刘纲纪，中国美学史，中国社会科学出版社，1984.
34.俞建华，中国古代画论类编，人民美术出版社，2007.
35.中央美术学院美术史系中国美术史教研室，中国美术简史，高等教育出版社，1990.

图录

人品与艺品的完美交融

大学毕业时，徐志兴老师曾赠我一件写意作品：在这幅题为《清香》的画中，一只水鸟立于石崖之上，低首凝视着绽放的荷花，笔墨苍茫挺拔，意境空灵而富有生机，寥寥几笔的勾勒，仿佛能让观者听到啾啾鸟鸣，又可以嗅出夏日的荷香。虽然已经过去20多年了，这幅画仍一直悬挂在家中，不时牵动着往日的回忆。

那时，我学的是美术教育，徐志兴老师教我们国画，得知我喜爱荷花，临别前专门画了这幅墨荷相赠。他在画中题道“常见苦禅先生画荷，意幽景阔，余甚慕之”，表明自己非常喜爱李苦禅先生的写意荷花，尤其羡慕他那笔下妙趣横生的构图和幽深阔远的意境。

徐志兴老师学画走的是私塾式的路子，他自幼随舅父、著名花鸟画家萧龙士学画。上世纪六十年代初，还在读高中的他就在舅父的带领下，进京拜李苦禅为师，并入王铸九、许麟庐诸家门下学习绘画。他数十年勤耕不辍，融多家于一炉，从而铸造出自己鲜明的艺术风格。萧龙士先生曾称赞他的花鸟作品“笔苍墨润，厚重挺健，构图多奇趣”。李苦禅先生对他的花鸟画更是赞誉有加，称赞其“用笔拙健，溢阳刚之气”。有趣的是，徐老师在北京外国语学院上大学时学的是西班牙语，却对自己所钟爱的书画艺术一直锲而不舍，朝夕临池。他毕业后做了多年的大学外语教师，后来学校组建美术系时因缺少专业教师，遂改行教授国画和书法。当时，我是他教授美术专业的第二届学生，师生之间交往颇多。我工作后一直与老师保持联系，至今仍不时能得到他的教诲。

在坚持绘画创作的同时，徐志兴老师非常注重对书画理论和国学传统的研学与探究。他认为，一名画家只有从哲学、美学和文化的高度认识绘画并把握其内涵，才能创造出真、善、美相统一的艺术作品，才不至于将绘画仅只停留在“技”的境地。他常说“一位画家应以诗心、画心熔铸天地之心。”为此，他常以诗家的眼光观察世界，用画家的情怀表现万物，以诗观物、以意造境，从而将自己的美学思想融入到书画艺术的创作之中。

多年来，他对苦禅先生的传奇人生和艺术风格进行了深入探讨，曾先后撰写了《李苦禅美学思想初探》等多篇论文。现又进一步对其人品、艺品的形成和发展脉络进行系统的梳理和总结，从而完成了这本对苦禅先生道德、艺术与教育全面研究的专著。书中很多鲜为人知的内容，都是来自他的亲身经历，他说："此书是我与老师的交流与对话，也是我对老师仁德修养、治学精神、教育思想学习的心得与感悟。"

苦禅先生于道德修养上堪称厚德载物，于艺术创造上则为自强不息，于艺术教育上则是诲人不倦。为了国家民族的解放与独立，他曾是一位坚贞不屈、视死如归的英勇战士；为了拓展和深化艺术教育，他是一位具有强烈敬业精神的人民教育家；为了振兴具有中国特色的大写意花鸟画艺术，他用尽毕生精力创造出了与古人迥异的大气磅礴的独特画风。

人艺交融，斯为上乘。历史上真正能够盛传不衰的书画作品，一定是人品与艺品的完美交融与统一。品读徐志兴老师这本专著，我们即可以对苦禅先生"进德修业"的整个艺术人生有比较深透的认识与理解，可以感悟到大师艺术背后所具有的鲜明的人格魅力。读其画如见其人，思其人如观其画。其绘画艺术给人的审美享受是大气，阳刚之气；是大美，无为之美。

徐志兴老师在向苦禅大师学习的过程中，不仅师师之"术"，更师师之"德"；不仅自师，亦教自己的学生与后人继而师之。这本书一方面固然表达了他对老师由衷的追思、怀念与评价，同时他更希望能将老师的爱国情怀和高尚品格不断传承与发扬。他以饱含深情之笔揭示了苦禅大师的传奇人生、奋苦人生与禅悟人生，揭示了一代写意画大师的艰辛之路与成功之路。该书亦传亦评，由事入理，理事相发，探幽抉微；语近意重，情深思远，行文之间亦颇有些苦禅大师的豪气。特别是大师那份救苦济贫、义薄云天、临危不惧且视死如归的民族气节与爱国情怀，更是令人读来感怀良多，赞叹不已。徐志兴老师说：“学其画，先学其人。”此言诚是。一位艺术家，其道德、学养及胸襟气度，正彰显着其艺术的高度，其人品与艺品永远是紧密相连的。

书中对苦禅大师以禅入画、以易入画、以孔孟老庄入画，将诗、书、戏、武融入画中，作了十分全面而深入的阐述。纵观历史，我们不难发现这样一条不容忽视的规律：中国古代书画史中，几乎所有的名师大家都是学者型的，都具有相当丰厚的民族传统的文化修养。苦禅先生自然亦不例外。不仅如此，他更多了一层别人所无、自己独有的修养：武术与京剧。显然，他之所以能在书画领域里游刃有余，创新立异，不只因为他在绘画技巧方面的功力深厚，更在于他在道德与学识诸方面的深厚修养。当其纵情挥毫之际，心性艺风皆自然流露，画意磅礴，为常人所不及。故其艺“非画也，真道也。”中国书画家能在自己的艺术追求中，做到“非止于技，而进于道”，即可以说他已达到了艺术的最高境界。这是苦禅大师成功的秘诀，是历代书画家的必由之路，也是本书所昭示的一个永恒的真理。

生命不息，艺术长青。愿徐志兴老师在治学与创作的道路上越走越宽，硕果累累。愿苦禅大师对人品艺品的求索精神能永裨后世并得到承传与发扬！

孙茂勇

辛卯年中秋于述荷堂

鸣　谢

本书在撰写的过程中，参用了大量文献资料及图片，特此对所参用书的作者表示感谢，对苦禅大师之子李燕教授全家的鼎力相助表示感谢，对徐州工程学院图书馆、艺术学院同事及茂勇同仁的大力支持表示感谢，对出版、发行此书的南方日报出版社表示感谢！

笔者　2011年10月12日